Über dieses Buch

Diese Biographie, für die den Autoren bislang unbekannte Quellen aus den Woolf-Archiven zur Verfügung standen, ist die Geschichte eines ebenso glanzvollen wie qualvollen Lebens einer großen Dichterin und zugleich das Porträt einer wahrhaftigen, überaus glücklichen Ehe. Virginia, eine ungewöhnliche, emanzipierte und doch so abhängige Frau und Leonard Woolf, der Schriftsteller und fürsorgliche Ehemann, der fast dreißig Jahre lang das Leben und literarische Schaffen der Dichterin teilte und beeinflußte, ihre Freunde, lauter klangvolle Namen, der Bloomsbury-Kreis – hier fließen die geistigen Strömungen Englands in der ersten Hälfte unseres Jahrhunderts zusammen. Im Vordergrund aber stehen Virginia und Leonard, deren literarischer Genius zwar berühmt ist, deren Persönlichkeiten und Beziehung zueinander aber noch nie mit solcher intimen Kenntnis ihrer Lebensgeschichte und mit dieser Offenheit dargestellt wurden. Virginia, die als Tochter des Schriftstellers Sir Leslie Stephen den Umgang mit Berühmtheiten wie Thackeray, Tennyson, George Eliot und Henry James von Kindheit an gewöhnt war, heiratete Leonard Woolf, den Intellektuellen aus einer angesehenen Anwaltsfamilie, 1912 im Alter von dreißig Jahren. Bis zu ihrem Tod 1941 war Leonard für Virginia Arzt, Krankenpfleger, Vater, Ehemann und literarischer Berater – ein Gefährte, der ihr fast dreißig Jahre lang immer wieder über ihre tiefen Depressionen hinweg helfen konnte, bis sie glaubte, ihm diese Belastung nicht länger zumuten zu können, und freiwillig in den Tod ging.

Die Autoren

Beide lernten die Woolfs so intim kennen wie nur wenige Menschen – beide aus ganz verschiedener Sicht.

George Spater wurde nach 25jähriger erfolgreicher Karriere als Rechtsanwalt in New York City 1973 Dozent an der University of Sussex, wo er aus persönlichem Interesse das umfangreiche Woolf-Archiv ordnete und katalogisierte, das nach Leonards Tod in den Besitz der Universität kam. – Ian Parsons, Verleger und Kritiker, bemühte sich schon früh um die Taschenbuchrechte an Virginias Romanen, kannte die Woolfs seit 1935 persönlich und war mehr als zwanzig Jahre Leonards Nachbar, sehr guter Freund und – seit der Fusionierung von Chatto & Windus und The Hogarth Press 1946 – auch noch sein Geschäftspartner.

George Spater / Ian Parsons

PORTRÄT
EINER UNGEWÖHNLICHEN EHE
Virginia & Leonard Woolf

Mit einem Vorwort von Quentin Bell
und 133 Abbildungen

Fischer Taschenbuch Verlag

Die Originalausgabe erschien 1977
bei Jonathan Cape Ltd./The Hogarth Press, London, unter dem Titel
›A Marriage of True Minds. An Intimate Portrait of Leonard and Virginia Woolf‹

Aus dem Englischen von Barbara Scriba-Sethe
Redaktion: Ingeborg Frauke Meier

Deutsche Erstausgabe
Fischer Taschenbuch Verlag
Oktober 1980
Umschlagentwurf: Jan Buchholz/Reni Hinsch
unter Verwendung eines Fotos mit Leonard und Virginia Woolf 1912,
aufgenommen in Dalingridge (Sussex), kurz vor der Hochzeit
Fischer Taschenbuch Verlag GmbH, Frankfurt am Main
›A Marriage of True Minds. An Intimate Portrait of
Leonard and Virginia Woolf‹
© 1977 by George Spater and Ian Parsons
Vorwort: © 1977 by Quentin Bell
© 1980 by Fischer Taschenbuch Verlag GmbH, Frankfurt am Main
Gesamtherstellung: Hanseatische Druckanstalt GmbH, Hamburg
Printed in Germany
1080-ISBN-3-596-22221-4

INHALT

Für Trekkie
die dieses Buch möglich machte

DANKSAGUNG

Seit 1960 sind zwei bedeutende Werke über das Leben von Leonard und Virginia Woolf erschienen: die fünf autobiographischen Bände von Leonard Woolf und die Biographie über Virginia von ihrem Neffen Quentin Bell. Seitdem ist viel neues, unsere Kenntnis von Leonard und Virginia erweiterndes Material zugänglich geworden. 1972 erwarb die Berg-Collection der New York Public Library ein großes Archiv, das 84 bis dahin verloren geglaubte Briefe von Lytton Strachey an Leonard Woolf enthielt. Einige dieser Briefe werfen ein neues Licht auf Stracheys Bemühungen, eine Ehe zwischen Leonard und Virginia zu stiften (Kapitel 4). Außerdem befindet sich in dem Archiv einer der wenigen erhalten gebliebenen Briefe, die Leonard an Virginia schrieb, während er um sie warb (Kapitel 5). Für das vorliegende Werk wurde weitgehend auf die ersten drei der von Nigel Nicolson herausgegebenen Bände der Briefe von Virginia Woolf zurückgegriffen, die 1975–1977 erschienen, außerdem auf Nicolsons *Portrait of a Marriage* (»Portrait einer Ehe« – Harold Nicolson und Vita Sackville-West –), das 1973 herauskam und ein interessantes Licht auf die Beziehung zwischen Vita Sackville-West und Virginia Woolf wirft (Kapitel 8 und 9). Das gewaltige, aus etwa 60 000 Briefen und Dokumenten bestehende Woolf-Archiv, das Trekkie Parsons 1969 großzügigerweise der Universität von Sussex übereignete, ist erst kürzlich geordnet und klassifiziert worden. Es enthält u. a. Leonards Ceyloner Rechnungsbuch (Kapitel 4), die Originaldokumente der Hogarth Press (Kapitel 7), ein Tagebuch Leonard Woolfs von 1898 (Kapitel 1) und fünfzehn unveröffentlichte Briefe von Katherine Mansfield an Virginia Woolf (Kapitel 9). Die Autoren dieses Buches hatten außerdem Zugang zu den persönlichen Tagebüchern Leonard Woolfs, die einen Zeitraum von 60 Jahren umfassen, von 1910 bis 1969. Dank dieser Tagebücher und anderer Dokumente konnten Irrtümer korrigiert werden, die in den fünf Bänden von Leonard Woolfs Autobiographie auftauchen, die er zum großen Teil geschrieben hat, als er schon in den Achtzigern war. Auf einige der

Fehler wird im Text besonders hingewiesen, aber in vielen anderen Fällen wurden die korrekten Daten ohne Kommentar wiedergegeben. Wo Unterschiede zwischen dem vorliegenden Werk und der Autobiographie auftauchen, haben die Autoren die Richtigkeit ihrer Information überprüft.

Schließlich hatten die Autoren das große Glück, daß sie alle Photos aus den fünf Monks-House-Alben verwenden durften, die jetzt im Besitz von Mrs. Parsons sind. Diese, zusammen mit dem Stella-Duckworth-Album in der Berg-Sammlung, haben es ermöglicht, daß über 100 bisher noch nie veröffentlichte Photos in diesen Band aufgenommen werden konnten.

Man kann in die Welt der Woolfs nicht eindringen, ohne immer wieder dankbar auf die bemerkenswerte große Biographie von Professor Quentin Bell über Virginia Woolf zurückzugreifen und auf sein früheres Werk *Bloomsbury* (1968). Darüber hinaus sind wir Professor und Mrs. Bell zu besonderem Dank verpflichtet für ihre Bereitschaft, uns jederzeit zu Auskünften zur Verfügung zu stehen, unser Manuskript kritisch zu lesen und uns mit hilfreichen Vorschlägen zur Seite zu stehen, die wir, wie wir hoffen, in dem vorliegenden Band entsprechend berücksichtigt haben. Ebenso sind wir Mrs. Parsons verpflichtet, die uns Leonard Woolfs persönliche Tagebücher leihweise überlassen, und Paul Levy, der die erste Fassung des zweiten Kapitels überprüft hat.

Für die Erlaubnis zur Benutzung von Copyrightmaterial danken wir außerdem: Mrs. Angelica Garnett (für Virginia Woolf und Vanessa Bell); Mrs. Middleton Murry, der »Society of Authors« als Verwalter der Nachlässe von Katherine Mansfield und Lytton Strachey; Michael Holroyd, dem Autor der Biographie über Lytton Strachey; A.D. Peters als Rechtsvertreter von Alec Waugh für die Erlaubnis, aus einem seiner Briefe zu zitieren; dem King's College, Cambridge, für die Genehmigung, aus einem Brief von E. M. Forster zitieren zu dürfen, Mme. Catherine Guillaume für den Auszug aus Richard Aldingtons Brief und Mrs. Valerie Eliot für den Brief in Versen von T.S. Eliot. Alle anderen Copyrightquellen sind, wie wir hoffen, im Anhang genau genannt und mit Dank verzeichnet.

Schließlich möchten wir dem Bibliotheksleiter Peter Lewis und dem Bibliothekar Adrian Peasgood von der Sussex-Universität danken, daß sie uns den Zugang zu dem Material, das im Besitz der Universitätsbibliothek ist, erleichtert haben.   G.S./I.M.P.

»Ich freue mich, daß man mich dazu aufgefordert hat, dieses Buch zu lesen und darüber zu schreiben.« Wie viele hunderttausend Male mögen diese Worte wohl schon benutzt worden sein ohne den geringsten Anflug von Aufrichtigkeit! Anders in diesem Fall: denn George Spater und Ian Parsons haben ein Werk über Virginia Woolf verfaßt, das unser Wissen wirklich wesentlich erweitert, ein Buch, das uns nicht nur von Dingen berichtet, die neu sind, Dingen, die das Ergebnis einer offensichtlich umfassenden und intelligenten Forschungsarbeit sind, auch der Erschließung bisher ungenutzter Quellen, sondern auch von Dingen, die in sich selbst wichtig sind. Bei diesem Thema bedarf man aller erdenklichen Hilfe, und die Autoren des vorliegenden Werkes haben einen wesentlichen Beitrag geleistet. Darüber hinaus ist ihr Buch klar und anschaulich geschrieben, ohne unnützes Beiwerk.

Aber das ist noch nicht alles. Die Autoren verbinden eine Studie über Virginia mit einem Porträt von Leonard, das viel Neues enthält. Zugegebenermaßen war hier ihre Arbeit ergiebiger, da sie sich auf ein bisher weniger erforschtes Gebiet begaben; doch kann diese Tatsache ihre Verdienste nicht schmälern. Und ich möchte nicht vergessen zu erwähnen, und das nicht ohne eine Spur von Neid, daß die Autoren das unerhörte Glück hatten, neue photographische Quellen zu entdecken, eine äußerst wichtige Form historischer Dokumentation.

Ich hatte immer gehofft, daß mein eigenes Werk Bücher wie dieses, das heißt, ernsthafte literarhistorische Bücher, nach sich ziehen würde. Als mich vor zwölf Jahren Leonard Woolf bat, die »offizielle Biographie« über Virginia zu schreiben, hatte ich erhebliche Zweifel, ob ich überhaupt eine solche Aufgabe in Angriff nehmen sollte; was mich schließlich unter anderem bewog, es zu tun, war eben diese Überlegung, daß mein Werk die Grundlage schaffen würde, auf der Studien wie *Porträt einer ungewöhnlichen Ehe* unternommen werden würden: dieses Buch oder vielmehr die Idee zu Büchern wie diesem war in gewissem Sinn die *raison d'être* von meinem.

Selbst auf die Gefahr hin, hochtrabend und langweilig zu wirken, möchte ich doch einige Befürchtungen zur Sprache bringen, mit denen ich mich auseinanderzusetzen hatte, als ich mich entscheiden mußte, ob ich Leonards großzügiges Angebot annehmen sollte, und erklären, warum ich mich schließlich entschloß, den Versuch zu wagen. Wenn es mir gelingt, das deutlich zum Ausdruck zu bringen, werde ich vermutlich auch sagen können, warum ich dieses Buch für so wertvoll halte.

Schon 1964 gab es einen beträchtlichen Berg an Literatur zur Virginia-Woolf-Forschung. Aber er zerfiel in zwei sehr ungleiche Teile. Auf der einen Seite gab es Aileen Pippetts *The Moth and the Star*, das praktisch eine Lebensgeschichte von Virginia war. Auf der anderen Seite gab es Studien, die sich kritisch mit ihrem Werk auseinandersetzten. Die Abgrenzung der beiden Kategorien gegeneinander war alles andere als sauber; Aileen Pippett schmückte ihre Geschichte mit einer Erörterung der Romane aus; die Kritiker wiederum lieferten einen kurzen Bericht über das Leben der Schriftstellerin. Und gerade das war es, wenn auch nicht allein, was mich beunruhigte. Vom Biographen schien man zu erwarten, gleichzeitig Kritiker zu sein, und vom Kritiker, gleichzeitig Biograph zu sein, und obwohl ich glaubte, ich könnte einen passablen Bericht über Virginias Leben schreiben, hatte ich ernsthafte Zweifel, ob ich irgend etwas Neues oder überhaupt Interessantes über ihre Romane sagen könnte. Etwas Neues sagen zu müssen, war für mich zweifellos die erschreckendste Aufgabe; denn um solches zu tun, hätte ich unweigerlich alles lesen müssen, was andere schon über sie zu Papier gebracht hatten, und das, muß ich gestehen, schien mir ein undurchführbares, heroisches Unterfangen.

Schließlich aber schien mir die Geschichte von Virginias Leben so bemerkenswert, daß sie für sich selbst stehen konnte und nichts gewänne – oder weniger als nichts –, wenn ich rekapitulieren würde, was andere bereits über ihr Werk gesagt hatten, oder wenn ich wertete, was jeder intelligente oder sensible Leser besser für sich selbst tun sollte. Deswegen bin ich von Mr. Spaters Landsleuten kritisiert worden; aber sie waren in anderer Hinsicht so nachsichtig, daß ich immer noch der Meinung bin, die für mich einzig vernünftige Entscheidung getroffen zu haben, nämlich auf die Wertung des literarischen Werkes zu verzichten.

Als ich über Virginia Woolfs Leben zu schreiben begann, hegte ich also, wie schon gesagt, die Hoffnung, daß ich den Weg für andere bereiten würde, so wie Michael Holroyds Lebensbericht über Strachey es mir ermöglicht hatte, weitere Beiträge zu einem Bereich der Kulturgeschichte zu liefern, der noch nicht genügend erforscht war. Dabei habe ich versucht, die Wahrheit ans Licht zu bringen: George Spater und Ian Parsons haben es genauso gemacht. Dafür haben sie den rechten Augenblick gewählt. Es gibt immer noch etliche Zeugen, die neues Beweismaterial liefern können; die Archive, die mir zur Verfügung standen, waren umfangreich, aber es blieb noch genügend Raum für andere, die auf diesem Gebiet Untersuchungen anstellen wollten. Seit dem Erscheinen meines Buches ist noch weiteres Material zugänglich geworden. Der Zeitpunkt für eine solche Studie wie die hier vorliegende ist daher denkbar günstig. Und ich bin sicher, daß solche Studien gebraucht werden. In einem kulturhistorischen Bereich wie diesem kann niemand ein Thema allein bewältigen. Die Geschichte Virginias und Leonards hat viele Facetten, ist schwer greifbar und läßt viele verschiedene Arten der Auseinandersetzung mit ihr zu. Alles in allem ist es richtig und zweckdienlich, daß das Werk eines Biographen, der seine Aufgabe mit den Einsichten, aber auch mit den Vorurteilen eines Neffen angeht, ergänzt wird von anderen, die einen ganz anderen Lebenshintergrund mitbringen und von denen einer sogar aus einer anderen Hemisphäre kommt. Geschichte ist etwas zu Komplexes, als daß sie nur von einer Person umrissen werden könnte, sie wird von Historikern, die sich den Fakten aus verschiedenen Richtungen nähern und nur einig sind in ihrem gemeinsamen Interesse und ihrer Integrität, zusammengetragen – oder zumindest hofft man, daß sie so zusammengetragen wird.

Bis jetzt, muß ich gestehen, hatten sich meine Erwartungen nie ganz erfüllt. Viele Untersuchungen haben sich mit dem Leben von Virginia auseinandergesetzt, indem sie es kritisch beleuchteten, anstatt neue Fakten zu bringen; und die Suche nach Wahrheit, soweit sie überhaupt unternommen wurde, zeigte dabei eher frivole oder zotige Züge (ich will nicht verschweigen, so schrecklich sich das vielleicht anhören mag, daß ich eigentlich lieber journalistisch frivole und zotige Texte lese als die meisten Literaturkritiken). Diese Werke sind Nebenprodukte dessen, was in der akademischen Welt als Wachstumsindustrie zu bezeichnen ist, und haben ein solches Volumen erreicht, daß ich mich bei der Einführung zu einer Bloomsbury-Ausstellung bemüßigt fühlte, die Frage zu stellen: »Haben Sie noch nicht genug?«

Was ernsthafte literarhistorische Studien angeht, scheint mir die Antwort zu sein: »Nein.« Damit meine ich nicht, daß die Öffentlichkeit noch nicht gesättigt wäre; wahrscheinlich wird sie tödlich gelangweilt sein, obwohl ich es bezweifle. Was ich wirklich meine, ist, daß es weiterer Kenntnisse darüber bedarf. Es gibt immer noch genügend Unwissenheit, um ein solches Werk wie *Porträt einer ungewöhnlichen Ehe* hundertmal zu rechtfertigen. Das Traurige ist – aus meiner Sicht der Dinge –, daß man sich vielfältig bemüht hat, ein paar grundsätzliche Fakten über Bloomsbury zutage zu fördern und dies nicht genügt hat, selbst die wildesten Spielarten von Mythos und Verworrenheit zu revidieren. Um das zu erreichen, brauchen wir jemanden, der intelligent, aufrichtig und fähig genug ist, vorhandenes Material zu prüfen und gegenzuprüfen, der in der Lage ist, alte Verallgemeinerungen mit neuen Augen zu betrachten, Rechnungsbücher zu untersuchen, nach neuem sichtbarem Beweismaterial zu forschen, den Geheimnissen solch seltsamer Wesen wie den Aposteln auf den Grund zu gehen, unser schnell anwachsendes Wissen auf den neuesten Stand zu bringen und eine maßgebliche und lesbare Zusammenfassung zu liefern. In der Tat, was wir brauchen, ist dieses Buch.

Januar 1977   Quentin Bell

DIE FRÜHEN JAHRE

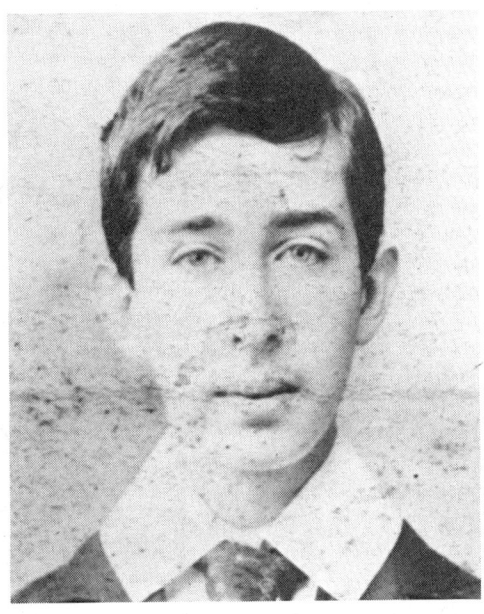

Im Woolfschen Haus in Kensington gab es neun Kinder. Ein zehntes Kind starb als Säugling. Bella, die älteste, wurde 1877 geboren, und von da an bis 1889 wuchs die Kinderschar fast jedes Jahr um ein weiteres Kind: Herbert 1879, Leonard 1880, Harold 1882, Edgar 1883, Clara 1885, Flora 1886, Cecil 1887 und Philip 1889. Das Haus in 101 Lexham Gardens war sehr groß: »Die ›Dienstboten‹ (es gab deren acht und eine Erzieherin) arbeiteten und lebten ganz unten und ganz oben im Haus: im Souterrain verrichteten sie ihre Arbeit, und dort hatte auch der Lakai ein dunkles Schlafzimmer; hoch oben, in einem Bereich, wo wir nie hinkamen, schlief das weibliche Dienstpersonal. Darunter befanden sich die Kinderzimmer, und da lebten die beiden Kindermädchen mit den Kleinkindern; einen Stock tiefer wohnten die älteren Kinder, die schon zum Klassenzimmer-Leben avanciert waren; und wiederum darunter, im ersten Stock und im Parterre, lebten mein Vater und meine Mutter . . .«

Das Oberhaupt dieser kleinen Gemeinde war Sidney Woolf, ein Strafverteidiger – ein Kronanwalt mit »eifriger und scharfer Miene« und einem Einkommen von fünftausend Pfund im Jahr, der jeden Morgen in seinem eigenen Brougham zum King's Bench Walk gefahren wurde. Sidney Woolf, »sehr nervös und ungemein angespannt«, dessen geistige Intoleranz, dem Bericht seines Sohnes Leonard zufolge, »in etwa proportional zu seiner ethischen Toleranz zu sein schien«, kam aus einer großen jüdischen Familie, die sich durch »Härte und Strenge« auszeichnete. Die Mutter, Marie Woolf, stammte aus Holland. Ihre jüdischen Eltern mit Namen de Jongh* emigrierten nach London, als sie noch ein Kind war. Die de Jonghs, auch eine große Familie, waren, wenn auch körperlich robust, seelisch sanftmütig. »Ich mochte Deine Mutter«, schrieb einer von Leonards Vettern, »aber ich hatte Angst vor Deinem Vater.«

Leonard bewunderte seinen Vater ungeheuer. Eine Zeitlang sah es so aus, als ob er beruflich in die Fußstapfen seines Vaters treten würde. »Ich glaube, er mochte mich ebenso, wie er stolz auf mich war, da ich als kleiner Junge intelligent, doch zurückhaltend war und ein heftiges Temperament hatte, also ihm glich.« Leonard ähnelte seinem Vater auch noch in anderer Hinsicht. Er hatte dessen nervöses Händezittern und seine geistige Intoleranz geerbt. Und wie Leonard es selbst vorsichtig ausdrückte: »Von meinen ersten Lebensjahren an hatte ich, glaube ich, schon einen Anflug von beträchtlicher Halsstarrigkeit in mir.« Dieses Charakteristikum haftete ihm sein Leben lang an. »Die wesentlichen Charakterzüge«, schrieb Leonard, »werden in frühester Kindheit geprägt und

---

* Leonards Mutter ist in seiner Geburtsurkunde als »Marie Woolf, ehemalige Goldstucker, geborene Jongh« vermerkt. Ihr Vater, Nathan Jacob de Jongh, wurde nicht »von einem pferdegezogenen Omnibus umgefahren und getötet«, wie in Leonards Autobiographie (1 LW20) behauptet wird, sondern verletzte sich, als er unglücklich von einer Bordkante glitt.

1 Leonards Vater,
Sidney Woolf,
Kronanwalt zu einer Zeit,
als es nur 175 in ganz
England gab

2 Seine Mutter,
Marie Woolf, mit 84.
Virginia bezeichnete sie
als »flink wie ein Wiesel«.
Sie ist 91 Jahre alt
geworden

ändern sich nicht mehr zwischen dem dritten und 83. Lebensjahr.« Als Leonard um die Achtzig war, brachte er während einer Ausschußsitzung des *New Statesman* eine schwere Anschuldigung gegen einen der *New Statesman*-Angestellten vor. Der Angestellte konnte den Anklagepunkt sofort durch schriftliche Dokumente widerlegen und verlangte eine Entschuldigung. Alle anderen Direktoren waren sich darin einig, daß eine solche angebracht war. Leonard saß einfach still da, zitterte, sagte nichts und erklärte dann langsam, daß er sich seit seiner Jugend nie mehr entschuldigt habe, ganz gleich wie die Umstände lagen, und daß er das auch jetzt nicht tun könne. Daraufhin bat man ihn, wenigstens seine Anklage zurückzuziehen. Nach langer Pause meinte er, er werde sie zurückziehen – »wenn auch ungern«.

Es ist unschwer zu verstehen, daß Edgar, der nicht gerade seines Vaters Liebling war, seinen älteren Bruder als erdrückend empfunden hat. Doch trotz aller Geschwister-Rivalitäten, die unter der Oberfläche existiert haben mögen und gelegentlich sogar zum Ausbruch gekommen sind, waren die Woolfs eine heitere und glückliche Familie. Die Eltern waren freundlich zu ihren Kindern, sie straften sie nur selten, und die Kinder vergnügten sich im wesentlichen zu Hause und bei ihren vielen Verwandten, die sich wohl das Interesse der Woolf-Kinder an ihnen gar nicht recht erklären konnten: eine beliebte Zerstreuung war ein Kartenspiel mit den Photographien ihrer zahlreichen Onkel und Tanten, wobei der oder die häßlichste den Stich bekam. Es gab eine Familienzeitung, die Z. N. – *Zoological News* –, die von 1897 bis 1900 in einer Auflage von 33 Stück erschien. Leonard arbeitete gelegentlich daran mit, aber im wesentlichen war die Zeitung das Werk der jüngeren Kinder.

Jedes Jahr wurde die Familie zu einem Ferienaufenthalt aufs Land geschickt: nach Henley, Tenby, Penmaenmawr, Speldhurst, Whitby. »Am Abreisetag wurden sechs, sieben, acht und schließlich neun Kinder, Dienstboten, Hunde, Katzen, Kanarienvögel und einmal sogar zwei weiße Ratten in einem Vogelkäfig sowie Berge von Gepäck in einem Omnibus zum Bahnhof gefahren und dann in einem reservierten Salonwagen zu unserem Ziel.«

Das Leben in diesem Stil endete 1892, als Sidney Woolf im Alter von 48 Jahren starb und seine Frau mit neun Kindern allein zurückließ – das älteste war sechzehn, das jüngste drei –

ohne genügend Mittel, das Leben im bisherigen Stil weiterzuführen. Dienstboten wurden entlassen und das große Haus verkauft, und die Familie zog – mit einer Köchin, einem Zimmer- und einem Hausmädchen – in ein kleines Haus in die Colinette Road in Putney.

Solange Sidney Woolf gelebt hatte, waren die Kinder größtenteils von Kindermädchen, Erzieherinnen und Lehrern zu Hause unterrichtet worden. Herbert kam mit zwölf ins Arlington House nach Brighton, und auch die anderen Söhne besuchten alle diese Schule, sobald sie in etwa das gleiche Alter erreicht hatten, was durch die Großzügigkeit des Direktors ermöglicht wurde, der sie zu stark ermäßigten Kosten aufnahm. Im Arlington House lernte Leonard bei einem seiner Lehrer, mit »Stil« Cricket zu spielen, und wurde von einem »kleinen Jungen, der wahrscheinlich die schmutzigste Phantasie in einer ungewöhnlich verdorbenen Schule hatte«, über Sex aufgeklärt. Bis dahin waren Leonards Vorstellungen von Sex auf Kindergarten-Erfahrungen beschränkt: »Gewöhnlich saß ich da und hielt unerlaubterweise unterm Tisch Händchen mit einem kleinen blonden Mädchen... Und irgendwie brachte ich ein viel älteres Mädchen mit schwarzen Haaren, das nicht im Kindergarten war, dazu, einen großen Skandal zu verursachen, indem es mich in der Halle küßte.«

1894 erhielt Leonard – ebenso wie drei seiner jüngeren Brüder: Edgar, Cecil und Philip – ein Stipendium für die St. Paul's School. Der Direktor der St. Paul's School war F. W. Walker, der zu Leonards Zeiten Jahr für Jahr berichten konnte, daß St.-Paul-Schüler mehr Stipendien gewonnen hätten als die von Eton, Harrow, Winchester, Rugby oder den anderen beühmten Privatschulen Englands. »Über ihn ist die berühmte Geschichte im Umlauf«, schreibt G. K. Chesterton, »eine mäkelige Dame habe ihm geschrieben und sich bei ihm über die gesellschaftliche Herkunft der Jungen an seiner Schule erkundigt, und da habe er geantwortet: ›Madam, solange sich Ihr Sohn zu benehmen weiß und das Schulgeld gezahlt wird, spielt seine gesellschaftliche Herkunft für uns keine Rolle.‹« Leonard erzielte in St. Paul's große Erfolge. Er spielte Cricket, Football und Fives. Auch seine schulischen Leistungen waren ausgezeichnet. Er gewann eine Menge Preise sowie ein kleines Stipendium und eine Beihilfe fürs Trinity College in Cambridge. Noch eindrucksvoller: er lernte die klassischen Sprachen so gründlich, daß er sein

Leben lang mit Leichtigkeit Griechisch und Latein lesen konnte. »Klug und entwickelt sich gut«, war Walkers lakonische Beurteilung 1898. Wie Leonard es selbst ausdrückte: »Ich war scheußlich intelligent... ein entsetzlicher kleiner Intellektueller.«

Während seines letzten Jahres in St. Paul's wurde Leonard in den Junioren-Debattierklub aufgenommen (einen Debattier-Klub für Ältere gab es nicht). Es war eine exklusive Gruppe außergewöhnlich talentierter Jungen, die sich an Samstagnachmittagen in den Häusern der einzelnen Mitglieder trafen. Chesterton, der sechs Jahre älter war als Leonard, gehörte auch dazu und nahm immer noch regelmäßig an den Zusammenkünften teil. Diese wirkten sich entscheidend für Leonards Jahre in Cambridge aus.

Während Leonard in St. Paul's war, hatte seine Schwester Bella angefangen, für Zeitschriften zu schreiben und sich so Geld zu verdienen. 1894 erschien ein Buch, das eine Kurzgeschichte von ihr enthielt. Sie war damals erst siebzehn Jahre alt. 1897 und 1898 kamen zwei Kinderbücher von ihr heraus. Herbert, der ein Jahr älter war als Leonard, verließ die Schule, um in die Stadt zu ziehen und eine Laufbahn an der Börse einzuschlagen. Edgar, Cecil und Philip folgten Leonard nach Cambridge – Cecil als Stipendiat des Trinity College, die beiden anderen als Studenten des Sidney Sussex College. Aber Marie Woolf hielt ihre Familie fest zusammen. Bella und Herbert lebten ebenso wie die sieben jüngeren Kinder weiter zu Hause. Anzeichen von Rebellion kamen nur von Leonard. »Sie liebte alle ihre neun Kinder«, schrieb Leonard in seiner Autobiographie, »aber mich liebte sie wohl weniger als die acht anderen, da sie spürte, daß ich für ihre Einstellung zur Familie, zum Universum und zu den Beziehungen von einem zum anderen wenig übrig hatte.« Eine nähere Erklärung dafür gibt er nicht, aber etwas später sagt Leonard: »Ich weiß, es war kurz nach meinem vierzehnten Geburtstag*, als ich verkündete, daß ich ein Ungläubiger sei und in Zukunft nicht mehr in die Synagoge gehen wolle, und ich bin sicher, daß ich diesen Schritt schon einige Zeit erwogen hatte, bevor ich ihn tat. Als ich meiner Mutter feierlich mitteilte, daß ich nicht mehr an Jehova glaubte, weinte sie, aber ihre Tränen

* Leonard irrte sich hier im Datum, denn seine Tagebuch-Eintragung vom 26. September 1898 (als er fast 18 war) lautet: »Verbrachte den ganzen Tag in der Synagoge.« Über die Jahre 1899 bis 1904 liegen keine Tagebücher vor.

3 *Leonard 1911 in Studland mit seiner ältesten Schwester, Bella, und Mrs. Ross, einer Nachbarin der Woolfs, deren Tochter Leonards Bruder Edgar Woolf heiratete*

4 *Leonards Mutter und seine älteste Schwester Bella*

waren nicht sehr überzeugend, weder für mich noch für sie, glaube ich. Sie war ehrlich bekümmert, aber nicht übermäßig; daß ich Gott leugnen und mich weigern wollte, in die Synagoge zu gehen, verursachte einen Familienaufstand, aber nur einen kleinen, der nicht lange anhielt.«

Was Leonard betraf, gab es mit Sicherheit noch andere Äußerungen fehlender Übereinstimmung. Zum einen meinte er, seine Mutter weine zuviel. In seinem zweiten Roman, *The Wise Virgins*, der 1914 veröffentlicht wurde, gab er eine Beschreibung von ihr, in der er ihre Tränen erwähnte und sie im übrigen als grotesk, »overdressed«, oberflächlich und griesgrämig schilderte. Die anderen Kinder sprachen von ihrer Mutter häufig als »Lady«. Leonard tat das nie. Als Leonard Virginia Stephen heiratete, war seine Mutter zutiefst beleidigt, weil die beiden es ablehnten, sie zur Hochzeit einzuladen. Auch von Leonards Brüdern und Schwestern nahm niemand daran teil. Es kam zu keinem offenen Bruch, aber von Zeit zu Zeit sagten sie Leonard unumwunden, daß es ungerecht von ihm sei, nicht zu würdigen, mit wieviel Umsicht und Tatkraft ihre Mutter allein eine große Familie durchgebracht habe. Diese Vorwürfe bewirkten nicht, daß Leonard seine innere Einstellung änderte. Doch bis zu ihrem Tod 1939 stattete er seiner Mutter regelmäßig alle zwei bis drei Wochen einen Besuch ab.

Leonard berichtete von noch anderen Veränderungen in seinem Leben, während er die St. Paul's School besuchte. Er errichtete, so behauptete er, eine Fassade und umgab sich mit einem Panzer »zum Schutz für die nackte, zarte, zitternde Seele«, um so seine eigentlichen Gefühle vor der »gewöhnlich feindlichen Umwelt« zu verbergen. Dieser Panzer wurde »im Laufe der Jahre immer dicker und vollkommener«. Und so war er 1899 bestens gerüstet für sein Studium – mit einer soliden klassischen Basis, die er sich in St. Paul's erworben hatte, einem Stipendium, das seine Kosten größtenteils deckte, einer harten Schale, um sich gegen ein unfreundliches Universum zu schützen, einem festen Glauben an seine eigene Intelligenz und einer neugefundenen Freiheit von den Zwängen jeglicher etablierten Religion.

Virginia Stephen wurde am 25. Januar 1882 in 22 Hyde Park Gate, Kensington, geboren, fünf Kutschenminuten von dem Woolfschen Haus in Lexham Gardens entfernt. Die beiden

Familien hatten denselben Arzt – einen Dr. Seton –, lebten aber ansonsten wohl in verschiedenen Welten. In beiden Fällen gab es das große viktorianische Haus, die vielen Diener, die große Familie, die Sommerferien auf dem Lande. Aber 22 Hyde Park Gate verfügte über ein breit gefächertes und intensives Kulturleben, das unweigerlich – wie nur wenige andere Londoner Häuser – seine Bewohner prägte. Führende Persönlichkeiten der Kunst und des Geistes verkehrten dort: Maler, Kunstkritiker, Botschafter, Staatsmänner, Beamte im öffentlichen Dienst, Richter, Philosophen, herausragende Akademiker, Dichter, Romanschriftsteller, Verleger und Journalisten.

Virginias Vater, Leslie Stephen (er wurde 1902 mit dem Bathorden geehrt), war der Sohn von Sir James Stephen, einem Kolonial-Unterstaatssekretär, und Enkel von James Stephen, einem Kanzleivorsteher am Gerichtshof des Lordkanzlers. Alle drei waren Schriftsteller. Sir Leslie war Essayist, Kritiker, Herausgeber, Biograph, Philosoph und Historiker. Seine *History of English Thought in the Eighteenth Century* (Geschichte des englischen Denkens im 18. Jahrhundert), 1876, sechs Jahre vor Virginias Geburt, erschienen, war ein schlagartiger Erfolg und wird auch heute, ein Jahrhundert später, noch nachgedruckt. Leslie Stephen war der erste Herausgeber des *Dictionary of National Biography*, eines ungemein gelehrten Werkes, denn es griff das Leben der großen Männer der englischen Geschichte »von den frühesten Zeiten an« auf und setzte sie in Beziehung zueinander. Elf Jahre lang war er der Herausgeber des *Cornhill*. Er schrieb sieben verschiedene Biographien (zusätzlich zu den 378, die er für das DNB verfaßte) einschließlich des Einleitungsbandes – über Samuel Johnson – der Reihe *English Men of Letters*. Bei der Wahl von Tennysons Nachfolger als Präsident der London Library gab man ihm vor Gladstone den Vorzug, und von Oxford, Cambridge, Edinburgh und Harvard wurden ihm Ehrentitel verliehen.

Während seiner Studienzeit in Cambridge war er ein großartiger Läufer und Ruderer, und später wurde er ein berühmter Bergsteiger; als Kind jedoch war er zart und kränklich gewesen, zerbrechlich, leicht ermüdet und erschöpft – im ganzen nicht als gesund zu bezeichnen. Außerdem war er scheu und überempfindlich gegenüber Kritik. Als er drei Jahre alt war, schrieb seine Mutter: »Ein Wort oder auch nur ein tadelnder

Blick verursacht ihm größte Seelenpein«, und zwei Jahre später: »Er ist das sensibelste Kind, das ich je gekannt habe.«[*]

Virginias Mutter – die schöne Julia Jackson – stammte auch aus einer vornehmen Familie, die sich aber auf anderen Gebieten auszeichnete. Ihr Vater und zwei ihrer Onkel hatten in Indien auf wichtigen Posten als Staatsbeamte gedient. Ihre Tante Virginia war die Countess Somers, die Mutter der Herzogin von Bedford. Eine andere Tante war Julia Margaret Cameron, eine der ersten englischen Photographinnen. Eine weitere war Sarah Prinsep, die mit Schriftstellern und Malern befreundet war.

Julia Jacksons erster Mann war Herbert Duckworth; er starb 1870 und ließ sie (sie war erst 24) mit drei Kleinkindern zurück: George, Stella und Gerald. Auch Virginias Vater war schon einmal verheiratet gewesen, und zwar mit Harriet Marian Thackeray, einer Tochter des Schriftstellers; sie war 1875 gestorben. Sie hatten ein Kind, ein geistig zurückgebliebenes Mädchen, Laura. Als Leslie Stephen 1878 Julia Jackson Duckworth heiratete, hatten sie also bereits vier Kinder, zu denen sich schnell vier weitere hinzugesellten: 1879 Vanessa, 1880 Thoby, 1882 Virginia und 1883 Adrian.

Das Haus in 22 Hyde Park Gate, ein ziemlich ödes Gebäude mit fünf Stockwerken, wurde um zwei weitere Etagen aufgestockt, damit es die zahlreicher gewordene Familie und die vielen Diener aufnehmen konnte, die zu viktorianischen Zeiten für eine Familie solchen Ausmaßes notwendig waren. Die vier kleinen Stephen-Kinder, deren beide Kinderzimmer im obersten Stockwerk des Hauses lagen, stellten eine deutliche Einheit dar, da sie etwa zehn Jahre jünger waren als die vier Kinder aus den früheren Ehen. Adrian wurde immer als das Baby angesehen (er war seiner Mutter Liebling), und zwischen Vanessa, Thoby und Virginia entstand ein starkes Zusammengehörigkeitsgefühl, das sie ihr ganzes Leben lang verband: Vanessa war heiter und praktisch, Thoby edelmütig, gutaussehend und kraftvoll, Virginia wild und koboldhaft. Virginia hatte nicht nur einen ausgeprägten Sinn fürs Komische – es schüttelte sie häufig vor Lachen –, sie entdeckte auch sehr früh, daß sie die Gabe hatte, andere zum Lachen zu

---

[*] Diese Sensibilität hat er nie verloren: »Ich bin wie mein Vater«, schrieb Leslie Stephen 1895, »hautlos, übersensibel und nervlich erregbar.«

bringen, indem sie sich rein zufällig einer Sache bediente und sie mit ihrer blühenden Phantasie zu einer einfallsreichen Geschichte ausarbeitete. Ihre Zuhörer waren entweder verzaubert, schockiert oder amüsiert, je nach Verständnis und dem Ausmaß, in dem die Geschichte von der Wirklichkeit abwich.

Schon sehr früh stand fest, daß Vanessa Malerin werden würde; ihr Vater zeichnete gut und unterhielt seine Kinder oft mit seinen Tierskizzen, und herausragende englische Maler der damaligen Zeit, darunter Watts, Burne-Jones und Holman Hunt, waren Freunde der Familie. Ebenso sicher war, daß es Virginias Bestimmung war, Schriftstellerin zu werden und damit dem Vorbild ihrer Stephen-Vorfahren zu folgen. Und was konnte natürlicher sein, als daß aus einem Haushalt, wo Thackeray, Tennyson, George Eliot, Meredith, Henry James und Thomas Hardy ein und aus gingen, auch ein Schriftsteller hervorginge?

Virginia griff zu Feder und Tinte, »wie manche Leute nach der Flasche«. Ihr erster Abnehmer war *Hyde Park Gate News*, ein Wochenblatt, das Thoby und Vanessa 1891 als gemeinsames Unternehmen starteten und das vor allem dank Virginias Anstrengungen bis 1895 bestehen blieb. Die Ausgabe Nr. 45, Bd. 2, die das Datum vom 21. November 1892 trug, enthielt folgenden Bericht der damals zehnjährigen Virginia:

»Mr. Leslie Stephen, dessen ungeheure literarische Fähigkeiten allgemein bekannt sind, ist neuerdings Präsident der London Library, so wie es Lord Tennyson vor ihm war und Carlyle vor Tennyson, und dies wird zu Recht als eine große Ehre betrachtet. Mrs. Ritchie, Thackerays Tochter, die am Tag nach der Ernennung zum Lunch kam, gab ihrer Freude darüber Ausdruck, indem sie von ihrem Stuhl aufsprang und in kindlicher, jedoch eben ganz aufrichtiger Manier in die Hände klatschte. Mrs. Stephen freute sich vor allem darüber, daß Mr. Gladstone nur Vize-Präsident geworden ist. Sie ist keineswegs ›mißgünstiger‹ Natur, aber wir vergeben jeder Frau, wenn sie triumphiert, weil ihr Mann Mr. Gladstone überrundet hat. Wir glauben, daß die London Library eine sehr gute Wahl getroffen hat, indem sie Mr. Stephen über Mr. Gladstone stellte, da Mr. Gladstone, mag er auch ein erstklassiger Politiker sein, Mr. Stephen im Schreiben unterlegen ist. Aber da Mr. Stephen mit dem Taktgefühl und der Bescheidenheit, die unter vielen anderen guten Eigenschaften immer das Verhalten großer Männer kennzeichnen, am Ende der Debatte hinausging, können wir unseren Lesern nicht mit mehr interessanten Details dienen.«

So wurden die jüngeren Stephen-Kinder schon von früh an mit bedeutenden Persönlichkeiten vertraut, mit einigen im direkten Kontakt, mit anderen durch Gespräche bei Tisch, und – wie von den Sprößlingen ihres freimütigen und ketzerischen Vaters nicht anders zu erwarten – betrachteten sie diese nicht aus ehrfürchtiger Distanz. »Diese wichtigen Leute«, schrieb Virginia in ihrem typisch schelmischen Ton, »haben immer so wie Du und ich geredet; Tennyson pflegte zum Beispiel zu mir zu sagen: ›Reich mir das Salz‹, oder ›Danke für die Butter‹.« Scharen junger intelligenter Männer versammelten sich sonntags in Hyde Park Gate, wenn Julia Stephen hofhielt. Wie sich ein Bewunderer später erinnerte, kamen sie »angetan mit den besten und längsten Gehröcken, die wir hatten, und trugen (wie die Sitte es damals verlangte) unsere abgetragenen Hüte in den Salon. Und ich erinnere mich auch an eine höhnische und offensichtlich feindselige Viererbande, die sich drängelnd im Hintergrund hielt und sich über unsere befangene Würde zu mokieren pflegte.« Dieselbe feindselige Bande beobachtete entzückt und hoffnungsfroh den Freund ihres Vaters, Henry James, wenn er »seinen Stuhl gefährlich weit zurückkippte, während er den gekonnt verschlungenen Faden seiner Sätze ausspann. Einmal passierte es dann herrlicherweise, und er fiel hintenüber, beendete aber auf dem Fußboden seinen Satz.« Diese Unehrerbietigkeit gegenüber wichtigen Leuten war gepaart mit einer Respektlosigkeit religiösen Dingen gegenüber, die sie von ihrem Vater geerbt hatten, dem Autor von *An Agnostic's Apology* (1893). Allerdings zeigten sich die Stephen-Kinder – ein wahres Produkt des viktorianischen Englands – echt verlegen wegen der Peinlichkeit, daß die Familie ihrer Mutter vier Generationen zurück einen französischen Vorfahren aufwies.

Von 1882 bis 1894 verbrachte die Familie den Sommer immer in St. Ives in Cornwall, wo sie Talland House mieteten, ein

5 *Leslie und Julia Stephen mit Virginia im Hintergrund, ca. 1892*
6 *Virginia und Adrian Stephen um 1886*
7 *Kricket-Spieler in St. Ives, ca. 1892. Zu jener Zeit war Virginia (links im Bild) als eine »Teufels-Boules-Spielerin« bekannt*

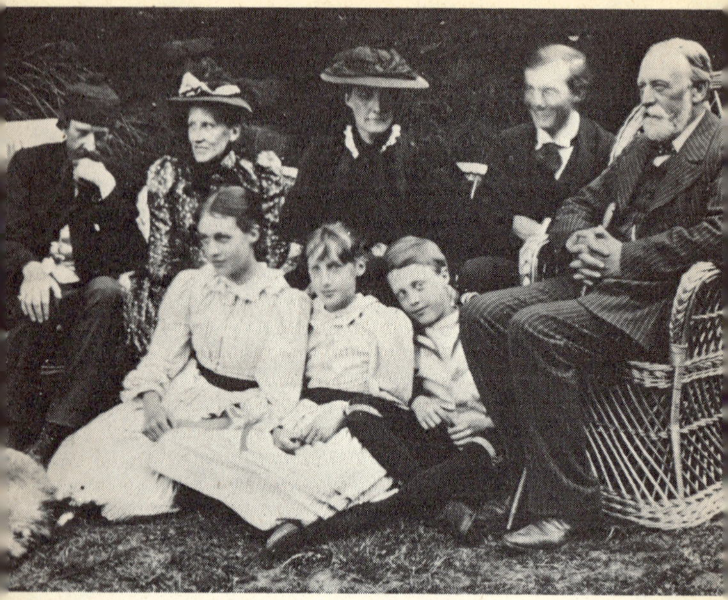

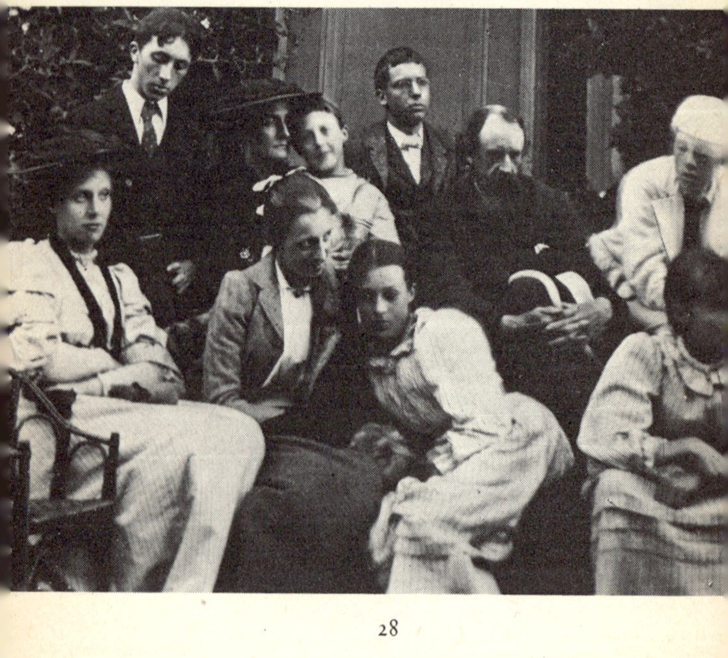

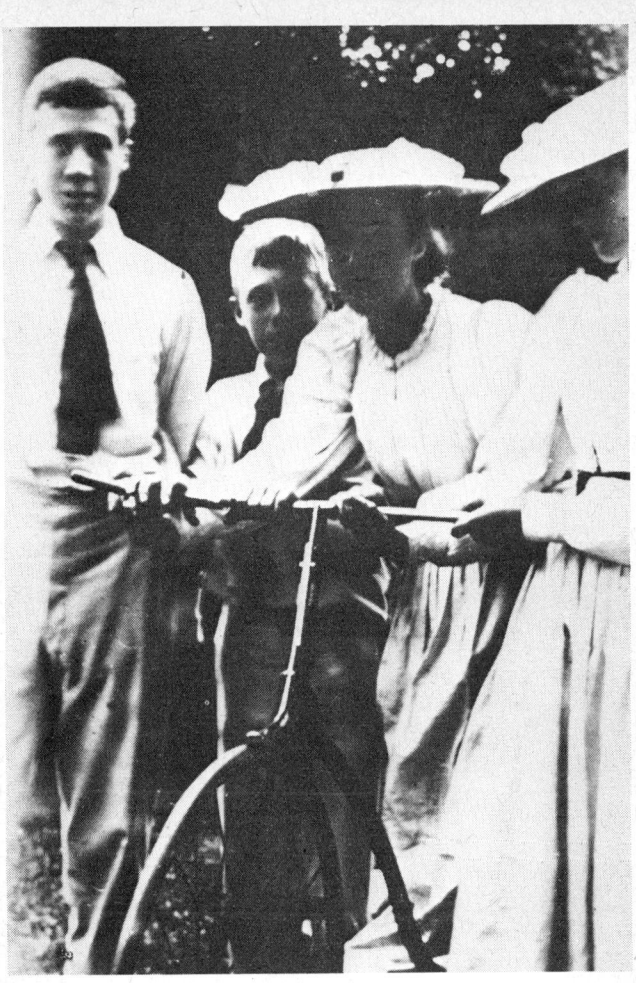

10 *Thoby, Adrian, Vanessa und Virginia*

8 *Vordere Reihe: Vanessa, Virginia, Adrian. Hintere Reihe: Sir Leslie Stephen, Lady Albutt, Mrs. Stephen, Gerald Duckworth, Sir C. Albutt. St. Ives, ca. 1892*
9 *Vordere Reihe: Stella Duckworth, Lily Norton, Vanessa, Virginia. Hintere Reihe: Dick Norton, Julia Stephen mit Adrian, Gratwick, Sir Leslie Stephen und Thoby.*

12 *Vanessa vor ihrer Staffelei mit Virginia, Thoby und Adrian*

13 *Adrian, Thoby, Vanessa und Virginia*

14 *Vordere Reihe: Adrian, Mrs. Stephen, Leslie Stephen. Hintere Reihe: George Duckworth, Virginia, Thoby, Vanessa, Gerald Duckworth*

11 *George Duckworth und Virginia*

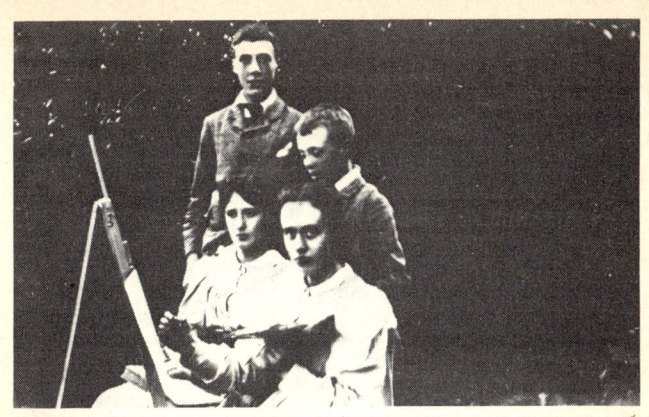

15 *Thoby Stephen*

16 *Thoby Stephen*
mit seinem Vater

17 Sophie Farrell,
die Familienköchin.
Als die zweite Generation
der Duckworth' und der
Stephens in getrennte
Wohnungen zog,
erklärte sie: »Ich sollte
mich unter euch allen
aufteilen können.«

18 Hilfskräfte
in St. Ives um 1892

19 *Talland House, wie es heute aussieht, in »luxuriöse Ferienwohnungen« verwandelt. Das oberste Stockwerk wurde durch Umbauten verändert, und auf der rechten Seite wurde ein Flügel angebaut*

20 *Verrückte Späße in St. Ives, ca. 1892. Stehend: Virginia und Jack Hills. Sitzend: Vanessa und Walter Headlam*

21 *Jack Hills und Stella Duckworth vor ihrer Heirat*

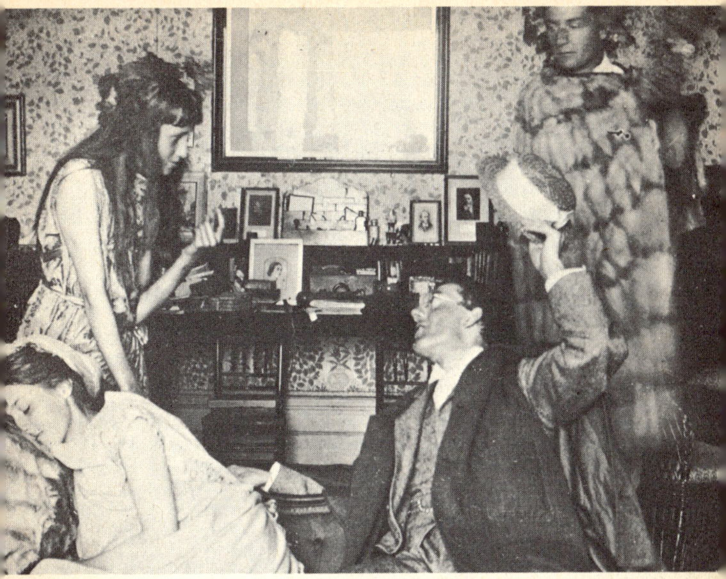

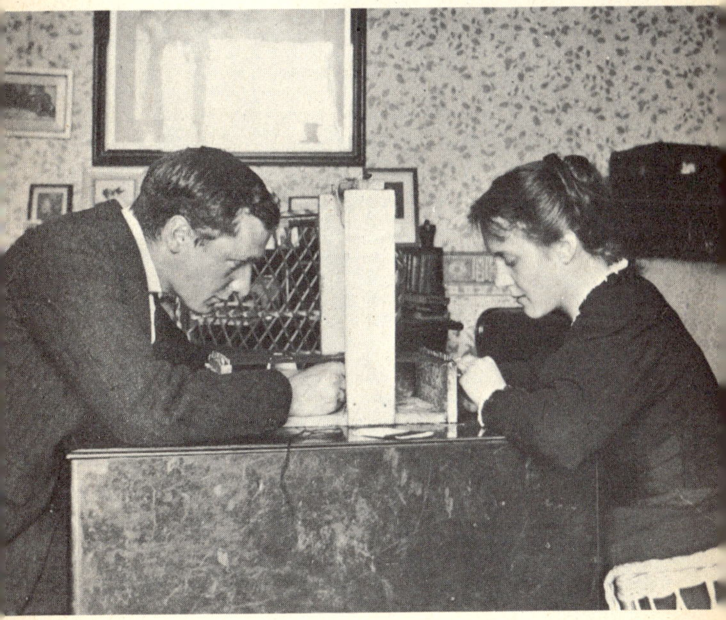

weiträumiges Gebäude mit Blick über die Bucht und auf den Leuchtturm, das Godrevy Lighthouse. Dies bildete den Hintergrund für Virginias glücklichste Kindheitserinnerungen; die Familie war jung und gesund und intakt, Thoby und Adrian waren in den Ferien zu Hause, und es gab alle möglichen wundervollen Dinge zu sehen und zu tun, wie Virginia in ihrem Roman *Die Fahrt zum Leuchtturm* berichtet. Die Stephen-Kinder waren, wie ein Nachbar aus St. Ives es ausdrückte, »alle groß und blond, mischten sich nie unter andere Kinder, fast wie Götter und Göttinnen«.

Diese Idylle nahm 1895 ein Ende, als Julia Stephen starb. Sie war erst 49 Jahre alt. Leslie Stephen verfiel in düstere Trauer. Er hatte nicht nur eine heiß geliebte und liebende Frau verloren, er hatte seine eigene Sicherheit verloren; denn sein Glück – seine ganze Existenz – hatte von der Zuneigung und der ständigen Ermutigung abgehangen, die seine Frau ihm siebzehn Jahre lang geschenkt hatte. Virginia, ein dreizehnjähriges Mädchen, mit der ganzen Sensibilität ihres Vaters ausgestattet, erlitt einen doppelten Verlust an Sicherheit; ihre Mutter war nicht mehr da, und statt ihr eine Stütze zu sein, beanspruchte der Vater ihr ganzes Mitgefühl und das der restlichen Familie. Immer wieder erlebten sie mit, wie der große Mann, ein Nachfolger Tennysons und Carlyles, der Gladstone ausgestochen hatte, beim Abendessen zusammenbrach und schluchzte. Damals hatte Virginia ihren ersten Nervenzusammenbruch. Sie hörte »Stimmen«, ihr Puls raste, sie war erregt und nervös. Es gibt nur wenige Hinweise, inwieweit das damals ernst genommen wurde.*

Wie ihr Vater in seiner Jugend, war auch Virginia immer zart gewesen. Dr. Seton, der Virginia seit ihrer Geburt betreute, untersagte ihr den Unterricht und verordnete ihr Bewegung.

Nach Julia Stephens Tod übernahm Stella Duckworth deren Haushaltspflichten, einschließlich der Vorlage der Haushaltsrechnungen jeden Mittwochnachmittag, und als zwei Jahre später Stella heiratete, gingen diese Pflichten auf Vanessa über. Stella war während ihrer Verlobungszeit so überglücklich, daß sie Fröhlichkeit in dieses Haus voll ungebrochenen Trübsinns brachte; aber nach drei Monaten Ehe war

---

* Leonard behauptet fälschlich, Virginia habe in dem Anfall von 1895 einen Selbstmordversuch unternommen, indem sie aus einem Fenster gesprungen sei (3 LW 77). Dies ereignete sich erst 1904.

auch sie tot. Vor den Augen eines sensiblen Kindes begann die heile Welt von St. Ives vor 1895 sich plötzlich als chaotisch zu enthüllen, wo ohne Vorwarnung eine hingebungsvolle Mutter mit 49 und eine glückliche Stella mit 28 sterben konnten; wohingegen eine unglückliche, unausgeglichene Laura bis zu ihrem 75. Lebensjahr in Heimen und Heilstätten lebte. Virginia hatte genügend Zeit, über die Fragen des Lebens, der Liebe und des Todes nachzudenken. Denn sie war entsetzlich allein. Ihre Brüder, Thoby und Adrian, waren seit 1891/92 im Internat. Ihre Halbbrüder, George und Gerald Duckworth, verließen das Haus täglich, um zur Arbeit zu gehen. Vanessa ritt morgens im Park aus und ging später am Tag zum Kunstunterricht. Als Vanessa in die Gesellschaft eingeführt wurde (sie war drei Jahre älter als Virginia), war sie abends häufig außer Haus. Virginias eigenes »Eingeführt-Werden« war ein absoluter Mißerfolg. Sie verstand es nicht, sich richtig anzuziehen; sie genoß die Zwanglosigkeit auf dem Lande, wo »Kleidung nicht so wichtig ist, was für mich«, bemerkte Virginia, »immer der Himmel auf Erden ist«. Sie beherrschte nicht die Kunst des »small talk«; wenn man in 22 Hyde Park Gate nichts zu sagen hatte, sagte man nichts. »Gestern abend ging ich zum Tanzen«, schrieb Virginia, »und fand eine dunkle Ecke, wo ich mich hinsetzte und *In Memoriam* las.«
Wegen ihrer schwachen Gesundheit ging Virginia nicht mit ihrer Schwester reiten, und bis auf ein paar verschiedene Kurse im King's College in London erhielt sie außerhalb des Hauses keinerlei Ausbildung. Sie brachte sich im wesentlichen alles selbst bei, mit etwas Hilfe von seiten ihrer Eltern und der Lehrer, die nach Hyde Park Gate kamen. Ihre überschäumende Phantasie ist nie durch akademische Disziplin gezügelt worden und ihre natürliche Sensibilität nicht durch die Verbindung mit weniger sensiblen Schulkameraden abgestumpft. Ihr beschränktes Wissen über Sexualität hatte sie sich durch die klassische Literatur erworben, im Gegensatz zu Leonard, dem sein jugendlicher Schulfreund alles haarklein schilderte; die plumpen erotischen Tätschelversuche ihrer beiden Duckworth-Halbbrüder hatten sie eher verschreckt und verlegen gemacht denn aufgebaut. Und sie war einsam, was die Häufigkeit, mit der in Virginias Romanen einsame Menschen vorkommen, bestätigt. Einen Großteil ihrer Jugend verbrachte sie allein in dem Sieben-Etagen-Haus mit Dienstmädchen und einem trauernden, zunehmend

22–25 *Diese vier
bemerkenswerten Photos
von Virginia allein
und mit ihrem Vater
wurden um 1903 von
G. C. Beresford auf-
genommen. Sie sind zwar
gelegentlich reproduziert,
aber noch nie als Serie
zusammen gezeigt worden.*

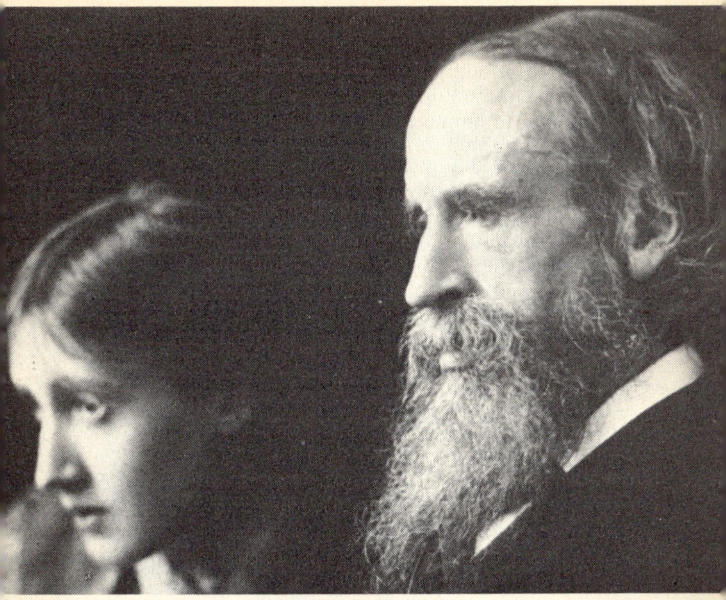

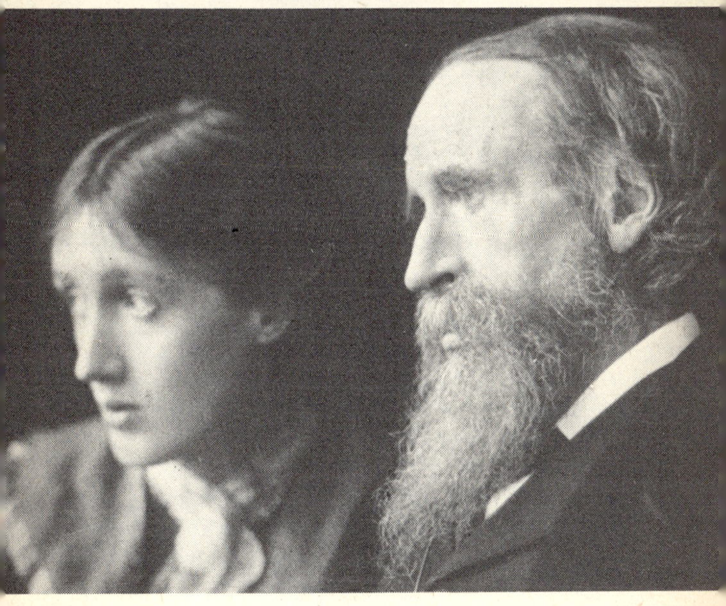

tauber werdenden Vater, der sich jeden Morgen in sein Arbeitszimmer einschloß und noch mehr Nahrung für seinen Trübsinn fand durch den Verlust seiner engsten Freunde, von denen acht zwischen 1896 und 1901 starben. Henry James bezeichnete 22 Hyde Park Gate als »jenes Haus mit all den Toten«. 1899 trat Thoby ins Trinity College in Cambridge ein. Dort fand er viele neue Freunde. Er schloß sich einer Gruppe von fünf anderen Erstsemestlern an, die sich »Midnight Society« nannten: Clive Bell, A. J. Robertson, Lytton Strachey, Saxon Sydney-Turner und Leonard Woolf. Die Gruppe traf sich an Samstagen um Mitternacht in den Räumen von Clive Bell, um sich gegenseitig Gedichte vorzulesen.

Thobys zwei schöne Schwestern besuchten im Juni 1900 den Trinity-May-Week-Ball. Dort trafen sie Thobys munteren Freund Clive Bell, der trotz seiner Erziehung, in der das Reiten und Jagen im Vordergrund gestanden hatten, »einer jener seltsamen Engländer war, die aus ihrer Umgebung ausbrechen und sich der Kunst und der Literatur verschreiben«. Im folgenden Sommer trafen die beiden Mädchen Leonard Woolf, als sie in Begleitung ihrer Cousine, Miss Katherine Stephen, der Vorsteherin des Newnham College, »in weißen Kleidern und großen Hüten und mit Sonnenschirmen in den Händen« in Thobys Zimmer kamen. »Ihre Schönheit«, schrieb Leonard Jahre später, »raubte einem buchstäblich den Atem.«

»Vanessa und Virginia waren auch sehr still, und einem oberflächlichen Beobachter hätten sie ernst und ruhig erscheinen können. Jeder, der viele Pferde verschiedenster Art geritten hat, weiß, daß ein Pferd, wenn man sich ihm das erste Mal nähert, bei oberflächlicher Betrachtung höchst ruhig und gesetzt wirkt; wenn man aber nach bitteren Erfahrungen gelernt hat, mehr als einen oberflächlichen Blick auf ein Reitpferd zu werfen, das man noch nicht kennt, entdeckt man im Augenhintergrund des Tieres einen Ausdruck, der einem rät, sehr, sehr vorsichtig zu sein. Ebenso würde der aufmerksame Beobachter auch tief hinten in den Augen der beiden Stephensfräulein einen Ausdruck bemerkt haben, der einen ermahnt hätte, vorsichtig zu sein, einen Ausdruck, der die Gesetztheit Lügen strafte, einen Ausdruck von großer Intelligenz, höchst kritisch, sarkastisch, satirisch.« Es mag sein, daß Leonard einige seiner späteren Erfahrungen in diese lebhafte Beschreibung der Stephen-Mädchen hineinverwoben hat.

2

DIE APOSTEL

Desmond MacCarthy und G. E. Moore
bei einem Besuch im Monks House um 1940

»Es ist an dieser Stelle notwendig«, schrieb Leonard Woolf im
ersten Band seiner Autobiographie, »etwas über diese Gesellschaft – ›die Apostel‹ – zu sagen, und zwar wegen der
ungeheuren Bedeutung, die sie für uns hatte, wegen ihres
Einflusses auf unser Denken, unsere Freundschaften, auf
unser Leben.« Wenn Leonard auch mit seinem »uns« und
»unser« wahrscheinlich die Apostel selbst meinte, gibt es
keinen Zweifel, daß der Einfluß der Gesellschaft auf Virginias
Leben – obwohl indirekt – von fast gleich großer Bedeutung
war.

Leonard wurde 1902 in die Gesellschaft gewählt. Damals gehörten zu den anderen Jungstudenten-Mitgliedern Saxon Sydney-Turner (der mit Leonard das Zimmer in Great Court teilte), Lytton Strachey, A. R. Ainsworth, Ralph Hawtrey und J. T. Sheppard, der spätere Leiter des King's College. Im Jahr darauf wurde John Maynard Keynes in die Gesellschaft aufgenommen. Zu den schon früher gewählten Mitgliedern, die aber immer noch aktiv waren, zählten E. M. Forster, Roger Fry, Desmond MacCarthy, Bertrand Russell, Alfred North Whitehead, Gerald Balfour, G. H. Hardy, G. M. Trevelyan und vor allem der Philosoph G. E. Moore. Sieben dieser Personen – Woolf, Sydney-Turner, Strachey, Keynes, Forster, Fry und MacCarthy – gehörten später zu dem Kreis, der heute als »Bloomsbury« bekannt ist.

Der offizielle Name für die Apostel war »The Cambridge Conversazione Society«. Diese Vereinigung war 1820 als Geheimbund gegründet worden; aus Unterlagen, die beim Tod ihrer Mitglieder zum Vorschein kamen, geht hervor, daß zu den prominentesten Größen der Vergangenheit auch Alfred Tennyson, Arthur Hallam, James Clerk Maxwell, Henry Sidgwick und Richard Monckton Milnes (der spätere Lord Houghton) zählten.

Die Mitglieder wurden sehr sorgfältig ausgewählt. Obwohl im Durchschnitt weniger als drei im Jahr zugelassen wurden, meinte Bertrand Russell, daß es der Gesellschaft gelungen sei, »die meisten der intellektuell herausragenden Leute zu gewinnen, die in Cambridge waren«, eine Feststellung, die möglicherweise mehr von Russells Eitelkeit als von statistischer Genauigkeit zeugt, jedoch ein Körnchen Wahrheit enthält. Man pickte sich in Cambridge junge Studenten heraus, die hervorragende Schulzeugnisse aufzuweisen oder glänzende Prüfungsaufsätze für ein Stipendium geschrieben hatten, und unterzog sie während ihres ersten Studienjahres einer näheren Prüfung. Sie wurden zu Teenachmittagen und Spaziergängen eingeladen, wo sie mit Mitgliedern der Gesellschaft zusammentrafen, ohne vermutlich den Zweck dieser Begegnungen zu kennen. Die so beobachteten Personen waren im Sprachgebrauch der Gesellschaft »Embryos«.*

Obgleich man die Söhne, jüngeren Brüder und Freunde der

---

* Sir Geoffrey Keynes beschreibt in *The Letters of Rupert Brooke (1968)*, S. 145, einen Embryo fälschlicherweise als jemanden, der in die Gesellschaft schon aufgenommen worden war.

Apostel in Betracht zog und sie auf ihre Eignung hin überprüfte, waren solche Beziehungen keine sichere Gewähr für eine Aufnahme. Leslie Stephen, dessen Bruder ein Mitglied der Gesellschaft war, wurde nicht aufgenommen, was er immer bedauert hat. »Wollen hoffen«, sagte er, »daß ich eine Lektion in Demut gelernt habe.« Ähnliche Demutslektionen wurden den Söhnen Sir Leslies, Thoby und Adrian Stephen, erteilt. Aber sein Enkel Julian Bell, der Sohn Vanessa Stephens und Clive Bells (eines Nichtmitglieds), wurde etwa achtzig Jahre nach dem Mißerfolg seines Großvaters in die Gesellschaft gewählt. Der für die Mitgliedschaft glücklich auserwählte Kandidat war »geboren«, wenn er eingeführt war. Bei der Einführung bekam er Zugang zum »ark«, zu einer Zedernholz-Truhe, in der die Dokumente der Gesellschaft aufbewahrt wurden, einschließlich der Akten von vergangenen Vorgängen, des Buches, in dem sich alle Mitglieder eintrugen, und eines Aufsatzes von jedem Mitglied, der bei den Zusammenkünften der Gesellschaft vorgetragen worden war.*

Während des Semesters wurden die Zusammenkünfte jeden Samstagabend abgehalten: »Denn die aktive Teilnahme des Mitglieds war Ehrensache, und alle anderen Verabredungen hatten dahinter zurückzustehen.« Es wurden Tee und Sardellen-Toasts gereicht, die sie »Wale« nannten. Die Mitglieder saßen um den Kaminvorleger, während einer, der »Moderator«, einen Vortrag hielt, der so kurz wie eine Viertelstunde oder so lang wie zwei Stunden sein konnte. Darauf folgte eine Diskussion. Es wurde erwartet, daß sich jeder daran beteiligte, und der Moderator durfte sich einmischen. Dann wurde ein Beschluß ausgearbeitet (der oft keinen Bezug zur Diskussion hatte) und darüber abgestimmt. Bevor man aufbrach, wurde noch das Thema für den Vortrag des nächsten Treffens festgelegt, wobei man zwischen vier Titeln, darunter einem humoristischen, wählen konnte, die das Mitglied vorlegte, das bei jener Zusammenkunft die Diskussion leiten sollte.

Die Diskussionen drehten sich in erster Linie um literarische oder philosophische Themen. »Die sozialen Verhältnisse er-

---

* Die Mitglieder, die beim Jahresessen der Gesellschaft am 16. April 1969 anwesend waren, beschlossen nach längerer Diskussion, ob Informationen »über die frühen Jahre der Gesellschaft ... Studenten zugänglich gemacht werden sollten«, daß »gegenwärtig ... an dem grundsätzlichen Prinzip der Geheimhaltung nichts geändert werden« solle.

schienen vor 1900 nicht ganz so erschreckend oder bedroh-
lich, wie sie heute rückblickend wirken ... Erst der Krieg von
1914 brachte die Menschen dazu, so zu denken, wie wir es
heutzutage tun«, merkte Leonard später an.

Diese regelmäßigen Zusammenkünfte waren nicht auf das
etwa halbe Dutzend Studenten-Mitglieder beschränkt, sondern waren auch für die »Dons«, die Lehrer, zugänglich,
wenn sie Mitglieder waren, oder für jeden anderen Apostel,
der zufällig in der Nähe war. Auch sie hielten, wie die
Studenten, Vorträge und nahmen an den Diskussionen teil,
einschließlich der Debatten über das schwierige Problem,
welche Embryos man aufnehmen solle. Mitglieder, die die
Universität verlassen hatten und nicht mehr regelmäßig bei
den Samstagtreffen dabei waren, »stiegen auf« und wurden
»Engel«. Der Name »Apostel« (der, wie Mitglieder der Gesellschaft annehmen, die Erfindung eines »neidischen und
höhnischen« der Geschichte unbekannten Außenseiters war),
bezog sich vermutlich auf die übliche Besucherzahl bei den
Zusammenkünften und – laut Bertrand Russell – auf die
Tatsache, daß »wir uns selbst ziemlich ernst nahmen, denn
wir meinten, daß die Tugend der intellektuellen Aufrichtigkeit in unserer Obhut lag«.

Dieses erhabene Gefühl rührte zweifellos von dem sehr selek-
tiven Charakter der Gesellschaft und ihren hochgestochenen
Zielen her. Die Mitglieder der Gesellschaft waren »Brüder«
Platons und anderer großer Philosophen; sie lebten in der
Wirklichkeitswelt der deutschen Metaphysiker und waren
deshalb von einer Bindung an Zeit und Raum ausgespart.
Dagegen lebten Nichtmitglieder, als »Phänomena« bezeichnet, in einer Welt des Scheins. Nicht anders die Embryos.*
Dieser ganze Unsinn war halb humorvoll, halb ernst gemeint,
aber von Anfang an war Leonard Woolf »einer der apostolischsten Männer, die es je gegeben hatte, und das blieb er bis
zum Ende seines langen Lebens«.

Die Samstagabend-Diskussionen waren laut Henry Sidgwick
»vom Geist der Wahrheitsfindung« beherrscht, dem »mit
uneingeschränkter Hingebung eine kleine Gruppe vertrauter
Freunde« anhing, »die völlig offen miteinander waren und
sich ausgiebig in humorvollem Sarkasmus und spielerischem

---

* Sir Thomas Browne sagte schon im 4. Kapitel der *Hydriotaphia* (1658): »...mir
scheint, wir können zwar mit den Begriffen Platons umgehen und sind doch nur
Embryo-Philosophen.«

Gepländel ergingen; doch jeder respektiert den anderen, und wenn einer spricht, versucht der andere von ihm zu lernen und das zu sehen, was er sieht. Absolute Offenheit war die einzige Pflicht, auf der die Gesellschaft traditionsgemäß bestand. Daß man konsequent bei einmal gefaßten Meinungen blieb, wurde nicht verlangt... Wahrheit, so sahen wir es damals, war das, wonach wir strebten und was wir bewahren mußten...« Bertrand Russell bestätigte siebzig Jahre später Sidgwicks Beschreibung: »In der Diskussion war es ein Prinzip, daß es keine Tabus, keine Grenzen geben sollte, nichts, was als schockierend angesehen würde, keine Schranken für eine absolute Gedankenfreiheit.«

Zusätzlich zu den samstäglichen Zusammenkünften traf man sich einmal im Jahr in einem Londoner Restaurant zum Essen oder während der Anfangsjahre im »Star and Garter« in Richmond. Der Präsident, ein »Engel«, brachte einen Trinkspruch auf die Gesellschaft aus, den der Vizepräsident, das jüngste Mitglied der Gesellschaft, erwiderte. Der Präsident sorgte noch für eine Reihe von Trinksprüchen, auf die jeweils andere anwesende Mitglieder antworteten, und hier bot sich Gelegenheit, apostolischen und nostalgischen Witz zu entfalten. Als 1922 der Wirtschaftler Ralph Hawtrey, später Sir Ralph Hawtrey, Präsident war, lauteten die Trinksprüche:

> »The Ark« (die Truhe)
> »The Whales« (die Wale)
> »The Hearthrug« (der Kaminvorleger)

Dies war damals in großen Zügen die Struktur, nach der die Gesellschaft funktionierte. Um den Einfluß der Gesellschaft auf ihre Mitglieder zu erklären, muß man jedoch noch drei weitere Dinge erwähnen. Zunächst einmal hatte die Gesellschaft fast immer ihre ungenannten, aber allgemein anerkannten Helden – gewöhnlich jemanden außerhalb der Gesellschaft. Einer der ersten Helden war Barthold Niebuhr, der deutsche Historiker, der moderne wissenschaftliche Methoden in das Geschichtsstudium einführte. Als Strachey, Woolf und Keynes in die Gesellschaft aufgenommen wurden, war der Held ein Mitglied – G.E. Moore, der spätere Philosophieprofessor, damals ein »fellow«, Dozent am Trinity College. Will man Moores Einfluß auf Generationen von Cambridge-Studenten und auf Menschen wie Virginia richtig einschätzen, der Moores Gedanken indirekt übermittelt wurden, muß man sich seine Denkmethode ebenso wie den Kern seiner Schlußfolgerungen vor Augen halten. Moore konzentrierte sich auf drei Dinge, die er für wesentlich hielt: 1. die Frage klar und präzise stellen, bevor man versucht, sie zu beantworten; 2. jede übernommene Lehre und Meinung zurückweisen, solange ihre »Wahrheit« nicht bewiesen war; und 3. die Gedanken einfach und deutlich formulieren. »Was genau meinen Sie?« war die Frage, die Moore immer wieder stellte. Diese Rezepte, die sich in das Bewußtsein seiner Studenten durch eine Vielfalt aufsehenerregender forensischer Mittel einprägten (Aufreißen der Augen, Hochziehen der Augenbrauen, Herausstrecken der Zunge, beim Verneinen ein so heftiges Kopfschütteln, daß sein Haar flog), riefen das hervor, was Leonard Woolf als den »bezwingenden« Einfluß Moores bezeichnete. »Diese Klarheit, Frische und der gesunde Menschenverstand waren das, was uns in erster Linie ansprach.« Aber auch Moores extremer Rationalismus sprach seine jungen Schüler an. Jahre später erkannte Leonard, daß dies zu weit gegangen war, daß eine auf Mooreschen Richtlinien basierende Religion »zwei schwerwiegende Fehler hatte... Sie ignorierte die Außenwelt der Aktion, des traditionellen Wissens, der durch Gewohnheit geprägten Zwänge und jene tiefsitzenden Emotionen und Instinkte, über die unsere Altvordern mit Hilfe der traditionellen Weisheit die dünne, zerbrechliche Schale der Zivilisation gebaut hatten; mit diesem Fehler eng verknüpft war unsere Verehrung der Vernunft, wir glaubten an die Wirksamkeit der Vernunft, wie andere Religionen an die Wirksamkeit des Gebets geglaubt hatten... und, was noch unheilvoller war, wir schrieben der menschlichen Natur eine Rationalität zu, die sie nie besessen hatte. Durch die pseudorationale Sicht wurden Denken und Fühlen dünn und oberflächlich...« Die Folge dieser Fehler war, wie Roger Frys Tochter kurz und bündig feststellte, daß »das Kind von ihnen bisweilen mit dem Bade ausgeschüttet wurde«.

Viele von Moores Schülern übernahmen auch seine Schweigsamkeit, sein Widerstreben, etwas zu sagen, wenn es nicht wirklich wichtig war. Als man ihm halb ernst, halb humorvoll zu verstehen gab, daß er mit seinem eigenen Schweigen eine ganze Generation zum Schweigen gebracht habe, antwortete er: »Es war nicht meine Absicht zu schweigen, mir fiel nur nichts ein, was ich hätte sagen können.«

Moores Einfluß basierte vor allem auf dem Inhalt seiner Lehren. Seine 1903 erschienenen *Principia Ethica* wurden für die jungen Apostel jener Zeit zur Bibel. Die ersten vier Kapitel des Buches handelten von den Prinzipien ethischen Denkens. Moore beschrieb, was er für die Schwächen der früheren Schriften über dieses Thema hielt. Die beiden abschließenden Kapitel hießen »Ethik im Hinblick auf Verhalten« und »Das Ideal«. Das letztere Kapitel enthält die Sprache, die jene, die sich mit Moores Einfluß auf seine Zeitgenossen auseinandergesetzt haben, am häufigsten zitiert haben: »Persönliche Liebe und ästhetischer Genuß umfassen *alle* die wichtigsten und *bei weitem* die wichtigsten Güter, die wir uns vorstellen können.« Diese Freuden sind die *»raison d'être* der Tugend; …sie… sind das rationale Endziel menschlichen Handelns und das einzige Kriterium für gesellschaftlichen Fortschritt.«*

Obgleich Moore selbst kein Homosexueller war, wurden seine Worte dazu benutzt, homosexuelle Beziehungen zu rechtfertigen – genauso wie die noch berühmtere Äußerung »only connect« (einziger »Konnex«) seines Mit-Apostels E. M. Forster. Keynes hielt mit seiner Meinung nicht zurück, als er später erklärte, daß er und sein Kreis das Schlußkapitel zwar akzeptiert hatten, sie jedoch das vorletzte ablehnten, das von Moores Ansichten über Ethik im Hinblick auf Verhalten handelte. Wie Keynes es darlegte: »Wir erkannten für uns keinerlei moralische Verpflichtung an, keine innere Sanktion, uns danach zu richten oder zu gehorchen«; und an anderer Stelle: »Wir akzeptierten sozusagen Moores Religion und verwarfen seine Moral.« Leonard jedoch widersprach ausdrücklich Keynes' Aussage, sie hätten alles, was Moore über Moral und Verhaltensregeln gesagt habe, außer acht gelassen. Dieser Widerspruch ist wohl weniger auf unterschiedliche Urteilskraft als auf einen wesensmäßigen Unterschied zurückzuführen. Und diese Spaltung zwischen den Moralisten und Amoralisten (oder Immoralisten) wurde in ihrer ganzen Schärfe auf den Bloomsbury-Kreis übertragen. Ein Schüler Moores zu sein, bedeutete ganz Verschiedenes für die verschiedenen Leute, die zu Bloomsbury gehörten.

* Im Vorwort zu *Principia Ethica* sagt Moore, daß es sein »Hauptziel« sei, »die fundamentalen Grundlagen ethischen Denkens…« zu erstellen, und »nicht so sehr, irgendwelche Schlußfolgerungen« zu ziehen, »zu denen man durch deren Anwendung gelangen kann«.

Als zweite Besonderheit der Gesellschaft in bezug auf die Mitgliedschaft fiel auf, daß in jeder Generation ein einzelner mehr oder weniger dominierte, weithin die Verfahrensweisen bestimmte und im besonderen über die Aufnahme neuer Mitglieder entschied. Auf F. D. Maurice, der in der Mitte des 19. Jahrhunderts eine führende Stellung einnahm, folgte Henry Sidgwick, dem wiederum Ellis McTaggart folgte, der schließlich von G. E. Moore abgelöst wurde – alle, wie es der Zufall will, Dozenten der Moralphilosophie am Trinity College. Diese Führerposition bestand nicht formell und war fast unmerklich; so kam es offenbar zu keinen dramatischen Krisen – möglicherweise wurde man sich des Ereignisses damals nicht einmal bewußt –, als zwei relativ neue Mitglieder der Gesellschaft, Lytton Strachey und Maynard Keynes, beide aggressiv und sehr selbstbewußt und beide keine Moralphilosophen, die tonangebenden Stimmen wurden. Einer der Gründe dafür, daß dieser Wechsel mehr oder weniger unbemerkt vonstatten ging, lag vielleicht darin, daß Strachey und Keynes Schüler Moores waren und dieser, immer noch ein junger Mann, weiterhin aktiv in Angelegenheiten der Gesellschaft mitwirkte.

Strachey, der »in seiner Rolle als Sekretär die Akten der Gesellschaft durchging...., war zu der Überzeugung gelangt, daß viele der früheren Apostel in Wirklichkeit geheime und nichtpraktizierende Homosexuelle waren«. Er und Keynes, die sich da keinen Zwang auferlegten, begannen immer mehr Wert auf die persönliche Anziehungskraft der Embryos zu legen: »Er sieht rosig und ansprechend aus, wie es bei den Embryos sein sollte«, schrieb Strachey über einen neuen Anwärter. Strachey und Keynes setzten sich schwer ein für ihre Kandidaten. Um diesen »rosigen und ansprechenden« Anwärter in die Gesellschaft hineinzubekommen, setzten sie sogar durch, daß die Tradition, keine Studienanfänger im ersten Jahr zu wählen, abgeschafft wurde. Als sie erst einmal ihr Ziel erreicht hatten, kämpften Strachey und Keynes miteinander um dessen Zuneigung. Bertrand Russell stellt in seiner Autobiographie fest, daß seit Lytton Stracheys Zeiten »homosexuelle Beziehungen unter den Mitgliedern eine Zeitlang gang und gäbe waren, aber zu meiner Zeit waren sie unbekannt«.

Hier trat ein weiterer Unterschied zwischen den sieben Aposteln zutage, die die Gründungsväter von Bloomsbury werden sollten: Strachey und Keynes waren aktive Homosexuelle; E. M. Forster, latent schon immer so veranlagt und wesentlich älter als Strachey und Keynes, ist offenbar ein aktiver Homosexueller geworden, als die beiden jüngeren Männer aus ihrer Neigung kein Hehl machten. Leonard Woolf, Roger Fry und Desmond McCarthy waren heterosexuell. Saxon Sydney-Turner bleibt hier wie überall ein Rätsel. »Saxon kann sich nie entscheiden«, schrieb Virginia 1909 an Vanessa, »nicht einmal, was er essen will.«

Der dritte Grund für den starken Einfluß der Gesellschaft auf ihre Mitglieder war ihre Allgegenwärtigkeit. Die Verbindung zwischen den Mitgliedern war nicht auf die wöchentliche Zusammenkunft in Cambridge und das Jahrestreffen in London beschränkt. Die Apostel hatten zwar alle auch andere Freunde und Bekannte, die engsten Bindungen bestanden jedoch zu anderen Mitgliedern: »Wir bezeichneten uns nicht nur als Brüder, sondern fühlten und handelten auch so«, schrieb Walter Leaf. Dies beinhaltete, daß man sich während des Semesters bei Tag und bei Nacht traf; daß man sich gemeinsam einen freien Tag machte und mit Lesen verbrachte und daß man sich in den Ferien gegenseitig besuchte. Sie korrespondierten miteinander; sie vertrauten sich einander an; sie suchten bei Mit-Aposteln Rat. Und in vielen Fällen setzte sich dies ein ganzes Leben lang fort. Henry Sidgwicks Aussage, daß »die Verbundenheit mit der Gesellschaft das stärkste Band ist, das ich in meinem Leben kennengelernt habe«, war die vorherrschende Meinung unter vielen, wenn nicht den meisten Aposteln. So ist es keineswegs überraschend, daß einige Apostel, die die Universität verlassen hatten, eines Tages einen passenden Versammlungsort außerhalb von Cambridge suchten.

3

DIE APOSTEL IN BLOOMSBURY

Lytton Strachey 1917 in Lord's Wood,
dem Haus von Alix Sargant-Florence in der Nähe von Marlow

Zu dem Aphorismus des 19. Jahrhunderts »Wenn deutsche Philosophen sterben, gehen sie nach Oxford«, gab es im 20. Jahrhundert ein Cambridge-Gegenstück: Wenn die Apostel »aufstiegen«, gingen sie nach Bloomsbury.

Da die Definition von Bloomsbury weiterhin eine Quelle des Streits und der Mißverständnisse ist, sollte man sich in Erinnerung rufen, daß es mindestens drei Bloomsburys gibt. Zuerst einmal ist da natürlich das geographische Gebiet, das wie Greenwich Village in New York oder das Quartier Latin in Paris keine rechtlich festgelegten Grenzen hat, aber man denkt bei Bloomsbury an das Gebiet südlich von Euston Road, westlich von Gray's Inn Road, nördlich von der New Oxford Street und von Holborn und östlich der Tottenham Court Road – das Gebiet, dessen Namen von der Blemond-Familie herrührt, deren Landhaus oder *burh* dort im 13. Jahrhundert stand. Zweitens gibt es die allgemeine große Ansammlung von Intellektuellen und Bohémiens, die sich in dieser einst ruhigen Wohngegend niederließen, als diese in der zweiten Hälfte des 19. Jahrhunderts etwas schäbig zu werden begann. Die Nähe des Britischen Museums (der große Kuppel-Leseraum wurde 1858 eröffnet), die geringe Entfernung zur Fleet Street und die niedrigen Mieten hatten einen Zustrom von Studenten, Schriftstellern und Künstlern zur Folge, der nie aufgehört hat. Swinburne wohnte bis 1879 in der Guilford Street; Havelock Ellis rief 1894 in der 29 Doughty Street eine New-Life-Kommune ins Leben, die die freie Liebe propagierte. Ein vorlauter Theater-Schriftsteller legte 1902 einem seiner Charaktere die Worte in den Mund: »Die Bloomsburier leben vor allem von einem Gericht, ›smoked 'addick‹ (= ›smoked haddock‹ – geräucherter Schellfisch).«

Dann stießen ein paar Jahre später die Apostel zum Bloomsbury-Kreis. Nicht alle Apostel, aber genügend von den jüngeren und ein paar Außenseiter, um ein großstädtisches Anhängsel zur Cambridge Society zu bilden. Diese auserwählte Gruppe, die sich zwanglos gebildet hatte, nahm allmählich den Namen »Bloomsbury« an, und die daraus resultierende Verwechslungsgefahr zwischen dieser besonderen Gruppe und den übrigen Menschen aus diesem Gebiet wurde nicht dadurch gelöst, daß die Mitglieder viel Zeit darauf verwandten, zu behaupten, eine solche Gruppe gäbe es gar nicht, und nicht weniger Zeit damit verbrachten, zu erörtern, wer dazugehörte.

Damit die graduierten Apostel in London in engerem Kontakt bleiben konnten, brauchten sie einen Treffpunkt; nicht einfach irgendeinen Ort, sondern einen – wie die Studentenunterkünfte an der Universität –, wo sich die Empfindlichkeiten von Eltern oder anderen älteren Verwandten weder auf die Zeit des Kommens und Gehens noch auf das Betragen der Anwesenden als hinderlich auswirken konnten. Man muß es als reinen Glückszufall ansehen, daß ihnen gegen Ende des

Jahres 1904 von den vier Kindern Leslie Stephens ein Treffpunkt zur Verfügung gestellt wurde, der ihren Erfordernissen entsprach.

Leslie Stephen war nach fast zweijährigem Leiden im Februar 1904 an Unterleibskrebs gestorben. Während dieser langen Zeit hatte Virginia das meiste der emotionalen Belastung zu ertragen. Vanessa hatte sich mit ihrem Vater schon lange entzweit, zum einen wegen seiner Ansprüche an sie als Haushaltsvorstand und zum anderen wegen der Anforderungen, die er an die Zuneigung beider Töchter stellte. Virginia hatte immer eine starke Bindung an ihren Vater gehabt, und wenn sie ihm seine Forderungen auch übelnahm, war sie doch in der Lage, seine Integrität, seine verhaltene Demut und seine Intelligenz zu schätzen. Fast täglich gingen Berichte über seinen Zustand an eine neue Freundin ab, Violet Dickinson, eine Frau, die siebzehn Jahre älter war als Virginia – »sehr ungestüm und zu Scherzen aufgelegt« –, bei der sie seelischen Beistand suchte, als Vanessa unfähig war, ihre Gefühle für ihren Vater zu teilen.

Als Leslie Stephen starb, hatte Virginia beunruhigende Träume von ihm und wurde von Schuldgefühlen gequält; sie glaubte, sie hätte sehr viel mehr für ihn tun können, als er noch lebte. Um sie abzulenken, nahmen ihre Brüder und ihre Schwester sie zunächst mit nach Wales, dann nach Italien und Frankreich. Aber als sie im Mai 1904 zurückkehrten, wurde deutlich, daß Virginia unter einem zweiten Nervenzusammenbruch litt. Sie zeigte sich Vanessa gegenüber äußerst mißtrauisch, wahrscheinlich wegen deren Haltung gegenüber dem Vater, und wurde schließlich in Violet Dickinsons Haus in Hertfordshire gebracht. Dort vernahm sie »Stimmen« und glaubte Vögel auf griechisch singen und Edward VII. im Garten Obszönitäten von sich geben zu hören. Sie unternahm einen Selbstmordversuch, indem sie aus einem Fenster sprang, das jedoch dem Erdboden zu nahe war, als daß sie sich hätte etwas antun können.

Nach drei Monaten in Burnham Wood und weiteren drei Monaten bei Verwandten konnte Virginia nach Hause zurückkehren: in ein neues Zuhause in Bloomsbury. Denn innerhalb von sieben Monaten nach Leslie Stephens Tod hatte die praktische Vanessa die Überreste von drei Stephen-Generationen aus 22 Hyde Park Gate herausgekehrt und war mit Brüdern und Schwestern ins Haus Nummer 46 am Gordon

Square gezogen. Virginias Erklärung für diesen Umzug war, daß »Vanessa einen Blick auf eine Karte von London geworfen hatte und, als sie sah, wie weit entfernt sie waren, beschloß, daß sie Kensington verlassen und in Bloomsbury ein neues Leben beginnen sollten«.

Bloomsbury war keine gute Adresse. »Als unsere alten Familienfreunde und Verwandten die schwierige Reise nach Bloomsbury unternahmen ..., warfen sie die Köpfe hoch und schnüffelten in der Luft herum. Argwöhnisch untersuchten sie das Haus«, schrieb Virginia. »Ich sehe immer noch die wuchtige Gestalt von meiner Cousine Mia Macnamara vor mir, wie sie in der Diele auftauchte und durch das Schütteln ihrer Haube, das Heben ihres gewaltigen Busens und durch das Starren ihrer kleinen Knopfaugen Furcht und Mißbilligung ausdrückte ... Da war etwas in der Atmosphäre, etwas, das nicht mit den alten Familientraditionen in Einklang zu bringen war; etwas, wovon sie wußte, daß meine Mutter es für ihre Töchter mißbilligt hätte.«

Aber trotz der Haltung der älteren Verwandten bot 46 Gordon Square alles, was sie sich wünschten. Es war dort hell und heiter. Virginia und Vanessa hatten beide ein Wohnzimmer; es gab ein großes doppeltes Eßzimmer und ein Arbeitszimmer im Erdgeschoß. Wenn Vanessa so etwas bestimmt auch nicht im Sinn hatte, als sie das Haus fand, bot es doch genügend Raum für die Zusammenkünfte der Apostel und ihrer Freunde, und zwar frei von den Zwängen eines typischen viktorianischen Haushalts.

Weder Thoby noch Adrian waren Mitglieder der Gesellschaft, aber einige von Thobys Freunden waren es. Vanessa und Virginia hatten diese Freunde in Cambridge kennengelernt und jahrelang Thobys romantische Berichte über sie zu hören bekommen.

Da war Lytton Strachey, »the Strache«, wie Thoby ihn nannte. Wie Virginia erzählte, war »›the Strache‹ die Essenz von Bildung. Tatsächlich glaube ich, seine Bildung beunruhigte Thoby etwas. Er hatte französische Bilder in seinem Zimmer. Er hegte eine Leidenschaft für Pope. Er war exotisch, in jeder Hinsicht extrem. Thoby beschrieb ihn als so lang, so dünn, daß sein Oberschenkel nicht dicker war als Thobys Arm. Einmal ging er in Thobys Zimmer und rief: ›Hörst du die Sphärenmusik?‹ und fiel in Ohnmacht. Ein anderes Mal ertönte inmitten eines tödlichen Schweigens seine Stimme – die Thoby perfekt imitieren konnte: ›Schreiben wir doch alle Sonette an Robertson.‹ Er war ein Wunder an Witz. Sogar die Tutoren und Dons kamen, um ihm zuzuhören. ›Welche Note sie Ihnen auch geben‹, hatte Dr. Jackson gesagt, als Strachey gerade eine Prüfung bevorstand, ›sie wird nicht gut genug sein.‹«

Und da war Saxon Sydney-Turner. »Thobys Erzählungen nach konnte Sydney-Turner die ganze griechische Literatur auswendig. Es gab praktisch nichts in allen möglichen Sprachen, was irgendwie gut war, was er nicht gelesen hätte. Er war sehr still und dünn und merkwürdig. Am Tag ging er nie vor die Tür. Aber spät am Abend, wenn er noch bei jemandem Licht brennen sah, kam er und klopfte wie eine Motte ans Fenster. Gegen drei Uhr morgens begann er zu reden. Was er dann sagte, war von erstaunlicher Brillanz.« Virginia fügte hinzu: »Als ich mich später bei Thoby beklagte, daß ich Turner nicht brillant gefunden hatte, vermutete Thoby streng, daß ich Brillanz mit Witz verwechselte; ihm dagegen gehe es um die Wahrheit.«

Am Donnerstagabend, dem 2. März 1905, einige Monate nachdem die Stephens am Gordon Square eingezogen waren, »kamen Strachey und Sydney-Turner nach dem Essen, und wir redeten bis Mitternacht«. Drei Wochen später kamen an einem Donnerstagabend ganze neun Leute »zu unserem Abend und blieben bis eins«. Unter den Gästen waren auch ein paar Nicht-Apostel: Clive Bell zum Beispiel. Durch seine Verbindung zu den Aposteln war er ziemlich von ihrer Philosophie indoktriniert. Bell war auch, was sich anbot, ein erklärter Schüler G. E. Moores. Innerhalb einer Woche nach dem ersten Erscheinen Stracheys und Sydney-Turners am Gordon Square tauchte Bell auf, und nach Virginias Äußerungen über seinen ersten Besuch »redeten wir … bis ein Uhr früh über das Wesen des Guten«.

Bell war Virginia auch von Thoby beschrieben worden: »Es gibt einen erstaunlichen Kerl mit Namen Bell … er ist eine Art Mischung von Shelley und einem sportlichen Landedelmann … Ich erinnere mich, wie wir einmal irgendwo im Moor spazieren gingen. Plötzlich hatte ich den phantastischen Eindruck, daß dieser Mann Bell eine Art Sonnengott war – mit Stroh in seinem Haar … Bell hatte noch nie seine Nase in ein Buch gesteckt, bevor er nach Cambridge kam«, meinte Thoby. »Dann entdeckte er plötzlich Shelley und

Keats, und er wurde fast verrückt vor Erregung. Er tat nichts anderes mehr als Gedichte deklamieren und Gedichte schreiben. Dabei war er ein perfekter Reiter – eine Begabung, die Thoby ungemein bewunderte –, und er hielt sich zwei oder drei Jagdpferde in Cambridge.«

Leonard Woolf, der zwar im November 1904, einen Monat nachdem die Stephens eingezogen waren, 46 Gordon Square besucht hatte, reiste kurz darauf nach Ceylon ab, wo er sieben Jahre blieb. Deshalb nahm er an den ersten Donnerstagabendtreffen nicht teil, aus denen sich »Bloomsbury« entwickelte. Zu den regelmäßigen Besuchern dieser Zusammenkünfte gehörten nicht nur die schon erwähnten Strachey, Sydney-Turner und Bell, sondern auch ihre Freunde, meistens von Cambridge, und Schüler Moores, eben Apostel. Mit der Zeit stießen R. G. Hawtrey, Desmond MacCarthy, Robin Mayor, Theodore Llewelyn Davies. C.P. Sanger, H.J.T. Norton, James Strachey, Maynard Keynes, J.T. Sheppard, Duncan Grant, Walter Headlam, Sydney Waterlow, Walter Lamb, Hilton Young und Jack Pollock dazu – mit Ausnahme von Duncan Grant (eines Vetters von Lytton Strachey) alle aus Cambridge und, bis auf die letzterwähnten sechs, alle Apostel. Sie brachten Moores Klarheit, seine Schweigsamkeit und seine Ethik mit.

Während Virginia diesen jungen Männern zuhörte und ihre geistigen Fähigkeiten mit den ihren maß, eignete sie sich viel von dem Basiswissen einer ihr fehlenden Universitätsbildung an, und sie las viele der Bücher, die die Apostel gelesen hatten, damit sie einen eigenen Standpunkt vertreten konnte.

»Vanessa und mir machten solche Diskussionen wahrscheinlich ebensoviel Spaß wie den jungen Studenten, wenn sie sich zum erstenmal mit ihren Freunden treffen. Endlich konnten wir unseren Verstand benutzen. Und ein Teil des Charmes dieser Donnerstagabende lag darin, daß sie erstaunlich abstrakt waren. Nicht nur, daß Moores Buch uns alle dazu gebracht hatte, über Philosophie, Kunst und Religion zu diskutieren; die Atmosphäre war im ganzen… extrem abstrakt. Die jungen Männer… kritisierten unsere Argumente genauso streng wie ihre eigenen… In jener Welt lautete der einzige Kommentar, den wir uns erlaubten, nachdem unsere Gäste gegangen waren, ›Wirklich, du hast deinen Standpunkt ziemlich gut dargelegt‹, oder ›Meiner Meinung nach hast du ziemlich übertrieben‹.«

Dieses Leben – vier Stephens in 46 Gordon Square mit ihren Donnerstagabend-Versammlungen – dauerte mehr als zwei Jahre, eine Zeit, die Virginia in einem Vortrag, den sie irgendwann in den zwanziger Jahren vor dem »Memoir Club« hielt, als das »Erste Kapitel« in der Geschichte von Bloomsbury bezeichnete. In diesem ersten Kapitel lernte Virginia gründlich, klar zu denken und sich auszudrücken, wie es der Autor von *Principia Ethica* forderte, und wurde in seinen Schlußfolgerungen über das Wesen des Guten unterwiesen. Während dieser Zeit begann sie auch in einer Welt zu verkehren, die außerhalb der Häuser von Verwandten und Freunden lag. Im November 1904, neun Monate nach dem Tod ihres Vaters, schickte sie einige Artikel an *The Guardian*, eine in London erscheinende Wochenzeitschrift, und sah sich zum erstenmal in dessen Kolumnen gedruckt. Im folgenden Jahr fing sie an, für *The Times Literary Supplement* zu schreiben, und begann auch den Werktätigen Unterricht zu geben, die das Morley College besuchten. Sie unterhielt zwar weiterhin freundschaftliche Beziehungen zu Violet Dickinson, aber sie fand auch Sympathie und Verständnis bei Madge Vaughan, einer Frau, die dreizehn Jahre älter war als sie und die einen von Virginias Vettern geheiratet hatte.

In 46 Gordon Square gelang es der Stephen-Familie, etwas von der Heiterkeit von St. Ives wiederzuerlangen; 1905 besuchten sie erneut Cornwall zusammen und spähten durch die Hecke von Talland-House, wo sie so viele fröhliche Kindheitstage verbracht hatten. Im Jahr darauf fuhren alle vier – Vanessa, Thoby, Virginia und Adrian – in Begleitung Violet Dickinsons nach Griechenland. Aber diese glücklichen Tage erwiesen sich als noch vergänglicher als jene früheren Zeiten, denn Thoby erkrankte unterwegs an Typhus und starb nach einmonatiger Krankheit am 20. November. Zwei Tage später willigte Vanessa – fast wie in einer Art Reflex – ein, Thobys Freund, Clive Bell, zu heiraten, der ihr schon seit einiger Zeit den Hof gemacht hatte.

Im »Zweiten Kapitel« lebten Vanessa und Clive auch nach ihrer Heirat weiter im Haus Nummer 46 am Gordon Square, wogegen Virginia und Adrian nicht weit davon entfernt in ein Haus am Fitzroy Square zogen, wo sie vier Jahre lang (1907–11) zusammen wohnten. Virginia hatte sich emotional immer an Thoby und Vanessa gebunden gefühlt, und wieder einmal war sie einsam. Mutter, Vater, Bruder und jetzt auch noch die Schwester, so empfand sie, hatten sie verlassen. In ihrem Streben, Verlorenes wiederzugewinnen, zog es Virginia immer wieder zurück nach Cornwall, dem Symbol der intakten Familie aus früheren Tagen. In der Zeit von 1908–10 kehrte sie sechsmal dorthin zurück – einmal ganz allein, um dort Weihnachten zu feiern, den Tag, an dem man sich am ehesten an Familienzusammenkünfte erinnert. Das Leben mit Adrian am Fitzroy Square war offensichtlich nicht glücklich. »Wir paßten überhaupt nicht zusammen«, schrieb Virginia. »Wir trieben einander ständig zu schlimmster Raserei und in tiefste Schwermut.«

Selbst die Donnerstagabende verloren ihren Reiz. »Wir... hatten nach wie vor die Donnerstagabende. Aber die Atmosphäre war immer gespannt, und sie endeten oft kläglich. Adrian stapfte in sein Zimmer, ich in meines, beide in tiefem Schweigen.«

Die Spannung der Donnerstagabende war jedoch nicht allein, auch nicht einmal hauptsächlich, auf die Unverträglichkeit zwischen Virginia und Adrian oder auf die Existenz eines zweiten Salons am Gordon Square zurückzuführen. Den Besuchern schienen die Diskussionsthemen ausgegangen zu sein. Wie sich bald herausstellte, lag der Grund darin, daß sie bis dahin nicht der Grundregel der Apostel von Cambridge gefolgt waren, nämlich, daß »es keine Tabus, keine Grenzen geben sollte, nichts was als schockierend angesehen würde«. Sie waren einer Interpretation der Aussage in *Principia Ethica* ausgewichen, daß »die Liebe zur Liebe das wertvollste Gut ist, das wir kennen, und weitaus wertvoller als die Liebe zur Schönheit«. Kurz, Sex – ob heterosexuell oder homosexuell – war ein Tabuthema gewesen, und es war das einzige Thema, das die meisten der jungen Männer, die zu den Zusammenkünften kamen, ungemein interessierte. Sich auf die Tage ihres »Ersten Kapitels« rückbesinnend, erinnerte sich Virginia:

»Ich wußte, daß es in Platons Griechenland Schwule gab, ich argwöhnte – es war keine Frage, die man Thoby stellen konnte –, daß es Schwule in Dr. Butlers Trinity gab, aber es kam mir nie in den Sinn, daß jetzt sogar schon Schwule im Stephenschen Wohnzimmer am Gordon Square saßen. Es war mir nie in den Sinn gekommen, daß die Abstraktheit, die

28 *Vanessa in Rom, kurz nach ihrer Hochzeit*

Einfachheit, die nach Hyde Park Gate so wohltuend wirkten, zum großen Teil darauf zurückzuführen waren, daß die Mehrheit der jungen Männer, die dorthin kamen, sich nicht zu jungen Frauen hingezogen fühlten.«

Etwa ein Jahr nach Thobys Tod und Vanessas Heirat wurde das Tabu zerstört. Die letzte Barriere zur vollständig freien Diskussion fiel, und Sex, der damals im Leben der meisten jungen Apostel eine große Rolle spielte, wurde zum Hauptthema der Gespräche.

»Sex durchdrang unsere Gespräche. Das Wort ›schwul‹ war unseren Lippen nie fern. Wir diskutierten mit der gleichen Erregung und Offenheit über Beischlaf, mit der wir über das Wesen des Guten diskutiert hatten. Seltsam zu denken, wie schweigsam, wie zurückhaltend wir gewesen waren und für wie lange... Jetzt redeten wir über nichts anderes mehr... mit entzücktem Interesse lauschten wir den Liebesaffären der Schwulen. Wir verfolgten das Auf und Ab ihrer bewegten Geschichten, Vanessa teilnahmsvoll, ich – das ist einer der Unterschiede zwischen uns – voller Leichtfertigkeit, lachend.«

Diese Beschreibung, die sie erst Jahre später verfaßt hat, läßt vermuten, daß sie den »Schwulen« nie große Sympathie entgegengebracht hat. So stellt sie in einem ihrer Briefe an Lytton Strachey 1912 fest, daß sie die »ap-s-les« (wobei sie sich über die Geheimnistuerei der Apostel lustig machte) und ihre »unechten« Liebschaften zum Kotzen fand. Man muß immer unterscheiden zwischen der rationalen Virginia mit apostolischer Schulung, für die es keine Zwänge gab, und der emotionalen Virginia mit einem tief verwurzelten Puritanismus, den sie von ihren Vorfahren geerbt hatte. Noch mit 58 Jahren hielt sie an der Ansicht fest, daß »nichts in der ganzen Welt so lyrisch, so voller Musik ist wie ein junger Mann und eine junge Frau in ihrer ersten Liebe zueinander« – und sie betonte weiterhin, daß sie damit »achtbare Beziehungen« meinte und nicht die »inoffizielle Liebe«.

Da sie ihr ganzes Leben diesen romantischen Standpunkt von »achtbarer« Liebe beibehalten konnte, obwohl sie alle Abweichungen von viktorianischen Maßstäben als Zeugin miterlebt hatte, ist es um so bemerkenswerter, daß sie es im ersten Jahrzehnt des 20. Jahrhunderts fertigbrachte, in ihrem Haus am Fitzroy Square ganz ruhig über Unzucht und Beischlaf zu reden. Aber reden tat sie.* So war Bloomsbury bis zum Ende des »Zweiten Kapitels«, das 1911 eintrat, ein ausgewachsener Sproß der Apostel geworden, frei von allen Tabus, jedoch mit einem wesentlichen Unterschied: es war keine reine Männergesellschaft mehr. Virginia und Vanessa standen im Mittelpunkt davon.

* Doch 1924 schrieb sie: »*Sexuelle* Beziehungen langweilen mich mehr als früher: bin ich prüde?«

29 *Leonard mit Ratemahatmayas vor dem »kachcheri« in Kandy*

30 *Leonard mit einer Jagdgesellschaft*

4

EIN APOSTEL IM DSCHUNGEL

Leonard mit seinem Pferd Blackbird

Einer der Vorträge, die Leonard als junger Student vor der Gesellschaft hielt, trug den ›Titel: »George oder George oder beides?« Er warf die Frage auf, ob das eigentliche apostolische Leben das der Kontemplation sei, à la Apostel George Moore, oder das der Aktion à la Apostel George Trevelyan, oder eine Mischung von beidem. Dabei umging er das Problem und gelangte zu der Schlußfolgerung, daß der kontemplative George (Moore) insoweit aktiv werden sollte, als er ein neues Schulprogramm für England entwerfen sollte.

Dieser Kompromiß ließ bis zu einem gewissen Grad Leonards Karriere vorausahnen, die, wie so viele Karrieren, ebenso durch Glück wie durch die eigene Entscheidung bestimmt wurde. Als er 1899 nach Cambridge ging, hatte er die vage Absicht, Strafverteidiger zu werden. Schon als kleiner Junge hatte er verkündet, er wolle werden, »was Papa war, und jeden Morgen in einem Brougham zum King's Bench Walk fahren«. Aus uns nicht bekannten Gründen änderte er seine Absichten in den nächsten Jahren nicht nur einmal, sondern mehrmals. In seinem dritten Studienjahr erhielt er im ersten Teil seines Examens in klassischen Sprachen eine glänzende Note, wurde aber nur im dritten Teil »Master of Trinity« – eine bittere Enttäuschung für ihn und Dr. Butler. Leonard blieb ein viertes Jahr und arbeitete für den zweiten Teil des Klassiker-Examens, der griechische Philosophie umfaßte – vermutlich in der Hoffnung, ein Stipendium zu bekommen. Diese Anstrengungen endeten noch enttäuschender, denn die Ergebnisse waren nur zweitklassig. Daraufhin hängte er ein weiteres Jahr an, um das Examen für den Staatsdienst vorzubereiten, in dem er wirklich kläglich abschnitt, denn er stand an 69. Stelle unter den übrigen Kandidaten. Leonard hatte diese Prüfungen alle nicht genügend ernst genommen; er verließ sich in so hohem Maße auf seine Intelligenz, daß er es verabsäumte, seine Kenntnisse des klassischen Lehrstoffes aufzufrischen oder mit einem Tutor die Themen durchzuarbeiten, die traditionsgemäß bei den Prüfungen für den Staatsdienst an die Reihe kommen. Seine außerordentlich niedrige Leistung bedeutete, daß er keine Berufung in den der Elite vorbehaltenen Staatsdienst erwarten konnte, also nicht ins Finanzministerium und auch nicht ins Außenministerium. Wie er in *Sowing* erklärte:

»Das Beste, was ich für mich erhoffen konnte, war ein Platz in der Postverwaltung oder der Steuerbehörde. Für Indien war ich zu alt. Ich hatte das Gefühl, es nicht ertragen zu können, ein Leben lang im Somerset House oder in der Postverwaltung zu verbringen, deshalb entschloß ich mich, eine Stelle im Kolonialdienst anzunehmen, der damals *Eastern Cadetships* genannt wurde. Ich bewarb mich für Ceylon, das eine der wichtigsten Kronkolonien war, und stand hoch genug auf der Liste, um zu bekommen, was ich wollte. Zu meinem Erstaunen und, ich kann es nicht leugnen, zu meinem Entsetzen fand ich mich in der Zivilverwaltung Ceylons wieder.«

»Erstaunen« und »Entsetzen«, so stellte es sich in der ruhigen Erinnerung fünfzig Jahre später dar. Seinerzeit erschien die Situation weitaus verzweifelter. Am 4. Oktober 1904 schrieb Leonard an G. E. Moore: »Ich bin in entsetzlicher geistiger Verfassung und völlig verzweifelt. Ich habe eine Stelle im Kolonialdienst angenommen... Ich mag überhaupt nicht daran denken, aber mich haben die Umstände einfach überwältigt.«

Dieses Sich-Bescheiden mit einem Leben im Kolonialdienst, dieses Fallenlassen anderer Möglichkeiten, die ihm immer noch offenstanden (einschließlich seiner ersten Liebe, der Anwaltschaft), war vielleicht zum Teil auf Trotz zurückzuführen, aber wahrscheinlicher noch hatte der Mangel an Geld ihn dazu gezwungen. Die Ausbildung zum Anwalt bedeutete damals wie heute, daß man einige Jahre lang selbst seinen Unterhalt bestreiten mußte, bis die Aussicht bestand, sich selbständig zu machen, und Leonard verfügte über keine privaten Mittel. Als er sich erst einmal zu diesem neuen Kurs entschlossen hatte, unternahm er keinerlei Anstrengung, da wieder herauszukommen; statt dessen verbrachte er die zweite Hälfte des Jahres 1904 mit Reisevorbereitungen. Er kaufte sich eine Tropenausrüstung. Er lernte in den Knightsbridge Barracks reiten. Er bestand die medizinische Untersuchung mit dem zweideutigen Kompliment, er habe die saubersten Füße von allen, die der Arzt an jenem Morgen untersucht habe. Er verabschiedete sich von seiner Familie, seinen apostolischen »Brüdern«, seinen Freunden und auch von den Stephens am Gordon Square. Und im November 1904 (nicht im Oktober 1904, wie es in seiner Autobiographie heißt) lief der Dampfer *Syria* von der P&O-Linie mit ihm an Bord in Richtung Colombo aus.

Im zweiten Band seiner Autobiographie beschreibt Leonard seine sechseinhalb Jahre in Ceylon, und zwar in chronologischer Folge: Jaffna von 1905 bis 1907; Kandy von 1907 bis 1908; Hambantota von 1908 bis 1911. Einerseits ist dies ein Bericht von Leonards offiziellen Pflichten und seinem gesellschaftlichen Leben während dieser Jahre. Vor allem ist es jedoch ein Bericht von einem »verbitterten, enttäuschten jungen Mann«, der »arrogant, eingebildet und aufbrausend« war – um seine eigenen Worte zu gebrauchen –, und der »sein Herz gegen die Vergangenheit und gegen die Sehnsucht nach der Vergangenheit verhärtet hatte«; kurz, er erzählt, wie er sich das Recht verdiente, wieder in das apostolische Leben zurückzukehren, dem er den Rücken gewandt hatte.

Zu diesem Reinigungsprozeß trug wesentlich die Tatsache bei, daß er in der neuen Betätigung bald eine befriedigende Stufe auf der Leiter des Erfolges erklommen hatte. An fünf verschiedenen Stellen in seinem Lebensbericht über Ceylon versichert Leonard sich und seinen Lesern, daß er in der Ausübung seiner Pflichten »äußerst« oder »außerordentlich« oder »überaus« kompetent gewesen sei. Er lernte Tamil und Singhalesisch schreiben, sprechen und lesen. Er studierte das Gesetz, damit er seine Funktionen als obrigkeitlicher Beamter ausüben konnte. Er suchte fortwährend nach mehr Verantwortlichkeit. Er ritt den ganzen Tag unter tropischer Sonne. Er kämpfte sich vom Krankenbett hoch, um seine Arbeit zu tun. »Ich arbeite, Gott, und wie ich arbeite. Ich verrichte meine Arbeit methodisch und mit manischer Besessenheit.«

Zu Beginn war Leonard im wesentlichen mit Schreibarbeiten beschäftigt; er stellte Ausweise aus, antwortete auf Anfragen und erarbeitete Berichte für seine Vorgesetzten im Jaffna-*kachcheri*, dem dortigen Hauptverwaltungssitz. Nachdem er ein Jahr in Jaffna gewesen war, sorgte er für eine Umwälzung in der Postbearbeitung.

»Immer wenn ich als Neuling in ein Ceyloner Büro kam, fand ich 10, 20 oder 30 große Briefordner auf meinem Schreibtisch vor, die der Bearbeitung harrten, und nur 5 bis 10 Prozent der üblichen Routinebriefe wurden an dem Tag, an dem sie eintrafen, beantwortet... An meinem zweiten Tag im Büro schickte ich immer nach dem Chefsekretär und sagte zu ihm: ›Ab nächster Woche muß jeder Brief, der in diesem *kachcheri* eingeht, noch am Tag seines Eintreffens beantwortet werden, solange keine gegenteilige Order von mir oder vom G. A. vorliegt.‹ Die Antwort des Chefsekretärs lautete immer, daß die Zahl der Briefe, die täglich im Büro eingingen, so gewaltig sei, daß es gänzlich unmöglich wäre, sie alle am selben Tag zu beantworten. Und meine Antwort war: ›Sie erhalten in diesem Büro 500 Briefe am Tag oder 13 000 im Monat. Neun von zehn Briefen, die Sie heute beantworten, gingen vor fünf oder sechs Tagen im Büro ein. Aber die Zahl der unbeantworteten Briefe zu Beginn des Monats deckt sich so ziemlich mit der Zahl der unbeantworteten Briefe am Ende des Monats. Also beantworten Sie tatsächlich an die 500 Briefe pro Tag...

Wenn Sie einmal das Liegengebliebene aufarbeiten – worauf ich bestehe –, werden Sie deshalb bald feststellen, daß Sie sich und allen anderen unendlich viel Zeit und Mühe ersparen.‹

Ich sagte dem Chefsekretär, er solle allen mitteilen, daß ich vorhätte, das ganze *kachcheri* und den Schreibtisch jeden Sekretärs zu inspizieren..., bis ich mich davon überzeugt hätte, daß der Schriftwechsel auf dem laufenden und es zur Regel geworden sei, daß die Briefe grundsätzlich am Tag ihres Eingangs beantwortet würden. All dies machte mich äußerst unbeliebt, und mir ging der Ruf voraus..., ein unerbittlicher und rücksichtsloser Verwaltungsbeamter zu sein... Aber mit der Zeit stellte sich ein völliger Meinungswandel ein, was meine Methoden der Arbeitsorganisation anging, und fast alle gaben zu, daß meine Umwälzung nicht nur die Leistung gewaltig gesteigert, sondern ihnen selbst auch die Arbeit erleichtert habe.«

Auf seinem zweiten Posten in Kandy demonstrierte Leonard seine Tüchtigkeit noch auf andere ziemlich unkonventionelle Weise. Einmal organisierte er für die Kaiserin Eugénie eine private Besichtigung von Buddhas Zahn, und ein anderes Mal bot er dem Gouverneur und seinen Gästen, einschließlich einer Dame, auf die der Gouverneur unbedingt Eindruck machen wollte, eine spektakuläre Show von tanzenden Eingeborenen. Nach dreieinhalb Jahren Dienst wurde Leonard dann zum stellvertretenden Statthalter der Regierung in Hambantota ernannt, wo er für 100 000 Leute innerhalb eines Gebietes von 1000 Quadratmeilen direkt verantwortlich war. »Dies war eine ungewöhnlich schnelle Beförderung«, erklärt Leonard, »denn ich war der jüngste Statthalter der Regierung, drei Jahre jünger als der nächstjüngere.«

Der neue Posten, der Woolf in Stracheys Phantasie zum »Herrn einer Million Schwarzer« machte, stimulierte ihn zu erneuten Anstrengungen:

»In den zweidreiviertel Jahren in Hambantota arbeitete ich sozusagen von dem Moment an, wenn ich morgens aufstand, bis zu dem Augenblick, da ich abends zu Bett ging, denn ich dachte kaum an etwas anderes als den Bezirk und seine Einwohner. Ich wollte ihren Wohlstand mehren, Armut und Krankheit vermindern, Bewässerungsarbeiten einleiten und Schulen eröffnen.«

Leonard bietet als Beweis zwei Beispiele an: Erstens war trotz der topographischen Schwierigkeiten in Hambantota sein

32, 33, 35 *Drei Eingeborenen-Szenen auf Ceylon*

34 *Perlen-Fischer bei Marichchukaddi*

36 *Der Gerichtshof in Kandy*

Bezirk der erste, der die 1911 begonnene Volkszählung zu Ende führte, eine Leistung, die in der Konkurrenz zwischen den verschiedenen Regierungsstellvertretern eine heiß diskutierte Rolle spielte. Zweitens gewann der Hambantota-Bezirk durch die Anwendung neuer Methoden, die Leonard eingeführt hatte, mehr Salz als jemals zuvor in seiner Geschichte. Seine anderen Erfolge, wenn auch quantitativ nicht im gleichen Maße meßbar, waren nicht weniger bedeutend. Fast zwei Jahre lang kämpfte er gegen die Rinderpest, eine gefürchtete und widerwärtige Seuche, die für Rinder und Büffel tödlich war. Nachdem die Schlacht auf Kosten von hohen Tierverlusten gewonnen war, führte Leonard moderne Pflüge ein (er brachte sich selbst ihre Handhabung bei), um die Büffel zu ersetzen, die vorher zum »Aufwühlen« der Felder benutzt worden waren – die traditionelle Methode, um die Reisfelder für die Saat vorzubereiten. Dabei wurden die Tiere so lange im Kreise geführt, bis die Erde locker war. (Sobald

Leonard den Bezirk verlassen hatte, kehrten die Farmer zum »Aufwühlen« zurück.)

In einem weiteren Versuch, die Arbeitsmethoden zu modernisieren, überredete Leonard eine Gruppe von Landbesitzern, eine einfache Dreschmaschine zu kaufen, die £ 15 kostete. »Heute kam eine große Menschenmenge zur Besichtigung, und das Ganze war höchst erfolgreich. Die Maschine drischt sehr sauber, und es bedarf nur zweier Männer, sie zu handhaben ... Der einzige Nachteil ist, daß die Leute hartnäckig mit Maschinen arbeiten, bei denen alle Schrauben und Nieten locker sind, so daß sie kaputtgehen müssen, und ein weiterer Nachteil ist, daß sie so wenig aufpassen, daß jemand bestimmt seine Hand zusammen mit dem Reis dreschen läßt.«

Leonard beschränkte sich in seinen Bemühungen nicht auf das Sammeln von Fakten und Mineralien, den Kampf gegen Krankheiten oder die Einführung von Maschinen. Er hatte wichtige verantwortungsvolle Aufgaben Menschen gegenüber. Einmal überwachte er den großen Kataragama-Pilgerzug – ein Engländer von 29 Jahren, ohne Personal oder Polizeimannschaft, der mitten im Dschungel allein für Ordnung und das Wohlergehen von fast 4000 Menschen verantwortlich war. Bei verschiedenen Gelegenheiten erwirkte er Kompromisse in scheinbar unlösbaren Auseinandersetzungen zwischen Landbesitzern und rivalisierenden religiösen Gruppen. Leonard schrieb sich einen eigenen Nachruf im Hinblick auf seine letzten Amtspflichten: »Ich zog aus, den Hambantota-Bezirk zum bestverwalteten der Insel zu machen, und ich glaube nicht, daß ich mich täusche oder mir selbst schmeichle, wenn ich sage, daß es mir gelungen ist.«

Wie man sieht, äußerte sich der Prozeß, daß sich sein Herz gegen die Vergangenheit und gegen die Sehnsucht nach der Vergangenheit verhärtete, nach außen hin nicht in Demut und Bescheidenheit. Leonard war von Anfang an entschlossen, sich auf Ceylon sowohl in beruflicher als auch gesellschaftlicher Hinsicht als überragende Persönlichkeit hervorzutun. Als er im Januar 1905 in Jaffna erschien, wurde deutlich, daß man es hier nicht mit einem gewöhnlichen Menschen zu tun hatte. Er brachte zu diesem entlegenen Posten des Empire einen Holzkasten mit, der die vollständigen Werke Voltaires in siebzig Bänden enthielt.* Zu seiner Garderobe gehörten

---

* Nicht 90 Bände, wie wiederholt in der Autobiographie behauptet wird.

grüne Flanellkragen, wie man noch nie welche in Ceylon gesehen hatte. Ein weiteres seiner von ihm selbst so genannten »Besitzstücke« war ein Hund, der in geradezu geschäftsmäßiger Manier seine Fähigkeit einsetzte, die Katzen und Schlangen am Orte zu töten. Bei seinem ersten Bridge-Spiel in Jaffna erkämpfte sich Leonard gesellschaftlichen Freiraum, indem er dem Bridge-Tyrannen am Ort vorwarf, nicht bedient zu haben, und dann seine Behauptung bewies.

Dieser Ein-Mann-von-Welt-Panzer wurde von Leonard sorgsam kultiviert. Er kaufte sechs Kisten Whisky auf einmal. Die dortigen Huren besuchten ihn. Er nahm an allen gängigen Sportarten teil: Tennis, Golf, Schwimmen, Sqash, Cricket, Hockey und Polo. Er rettete einen Mann vor dem Ertrinken. Er besaß ein Pferd und hielt sich drei oder vier Hunde. Er trat in den »Mounted-Rifles«-Klub von Ceylon ein. Er ging auf die Jagd, und allein im Jahre 1910 umfaßte seine Jagdbeute 45

37, 38
Leonard nahm seinen
Hund Charles mit nach
Ceylon, den er schon
in Cambridge hatte.
Auf Charles, dem das
Klima nicht bekam,
folgten verschiedene
andere Hunde

Sumpfschnepfen, 15 Wildenten, 19 Grüntauben, 2 Fruchttauben, 2 Ceylon-Hühner, 4 Wildhühner, 7 Goldregenpfeifer, 5 Hasen und 9 Rehe. Er spielte um Geld Karten und schloß praktisch für alles, von der amerikanischen Politik bis zu Romanzen am Orte, Wetten ab. Er gewann einmal beim Toto 17 Pfund und ein andermal 690 Pfund, und seine vom Glück weniger begünstigten (und möglicherweise weniger sparsamen) Kollegen borgten sich häufig Geld von ihm. Sein Ruf setzte sich fort, auch als er Ceylon verlassen hatte, denn es ging sogar das Gerücht um, daß er 1912 durch den Untergang der *Titanic* 60 000 Pfund geerbt habe.
Gewissenhaft fair, aber (wie er selbst in seiner Autobiographie zugibt) nach außen hin den Eingeborenen gegenüber grausam und rücksichtslos, um sie vor sich selbst zu retten, genoß er es, sich im privaten Bereich geistig und seelisch zu geißeln. Leonards Briefe an Lytton Strachey, seinen apostoli-

73

schen Intimus und engsten Freund, waren von Trauer über seine langweiligen, unfähigen und angeberischen Kollegen erfüllt; von der Unlauterkeit vieler Eingeborener; dem Verfall und der Schufterei in den *kachcheris*; dem unangenehmen Klima; den Fieberanfällen, den Ekzemen, dem Kopfgrind, den Kopfschmerzen und dem Durchfall. In einem Brief an ihn von 1905 bezeichnete er sich selbst als »mittelmäßig« und als einen »Versager« – das heißt, in der Welt Stracheys, da er hinzufügte: »Hier werde ich natürlich alles andere als ein Versager angesehen.« Im März 1906 erwog er, Selbstmord zu begehen, und einen Monat später schrieb er: »Neulich nachts holte ich mein Gewehr heraus, machte mein Testament und bereitete mich darauf vor, mich zu erschießen.« 1907 behauptete er: »Mit mir ist es aus, was England angeht. Ich werde jetzt in diesen entsetzlichen Ländern leben und sterben.«

Arbeit und Verzweiflung gehörten zu den Hauptthemen, die in den Briefen an Strachey immer wieder auftauchten. Zwei weitere waren die Apostel und Frauen. In fast allen seinen Briefen befaßte er sich mit »der Gesellschaft« und ihren Mitgliedern; er wandte auf alle Aspekte des Lebens in Ceylon apostolische Maßstäbe an; seinen Band der *Principia Ethica* lieh er jedem, der ihm lesen wollte. G. E. Moore, den seine jungen Bewunderer »Yen« nannten, blieb Leonards Vorbild: »Mehr als alles in der Welt würde ich gern der Yen sein.« Moores Einstellung zur Ehe machte einen tiefen Eindruck auf ihn: »... eines der traurigsten Dinge in Moores Brief war für mich dies. Er sagte, Ainsworth schiene so glücklich über seine Verlobung zu sein. Ich wollte, ich wäre auch verlobt.«

Von Anbeginn seines Aufenthalts in Ceylon waren Frauen für ihn eine Quelle der Unruhe. »Die Frauen scheinen vollends mein Verderben zu sein, auf jeden Fall hier auf Ceylon.« Einen Monat nachdem er dies geschrieben hatte, berichtete er, er habe sich in die Frau seines Vorgesetzten verliebt, eine Frau, die wesentlich älter war als er, aber »das einzige Wesen unter allen Männern und Frauen in Jaffna, das nicht ausgesprochen abstoßend« aussah. Dann genoß er einen sorgsam im Zaume gehaltenen Flirt mit einer anderen älteren Frau, einer ziemlich häßlichen alten Jungfer, die leidenschaftlich und hoffnungslos in ihn verliebt war. Als nächstes tauchte die 18jährige Gwen in Leonards Autobiographie auf: »Nach der schlimmen Hitze am Tage legte sich eine sanfte, wehmütige und angenehme Melancholie über die Lagune und über uns, während wir uns auf dem Seetang platonisch – wenn das das richtige Wort ist – in den Armen lagen. Jahrelang... immer, wenn mir der starke Geruch von Seetang in die Nase stieg, wie in der Stadt Worthing, sah ich Gwen und den Sand von Jaffna ganz lebendig vor mir.« Auch Gwen muß ihre Visionen gehabt haben, da sie die nächsten fünfzig Jahre Leonards Hund Argus (ausgestopft, natürlich) in ihrem Zimmer auf einem Regal sitzen hatte. Dann war da Rachel Robinson, mit der Leonard oberhalb von Kandy durch die Wälder ritt und »das Maximum an Intimität erreichte..., das die strenge Etikette und die Zurückhaltung jener Zeit zuließen«.

Leonard berichtete Strachey gewissenhaft von jeder Episode, und einmal stellte er fest: »Ich fange an zu denken, daß das Verliebtsein immer etwas Entwürdigendes an sich hat: schließlich ist es in 99 von 100 Fällen immer nur der Wunsch, miteinander zu schlafen, sonst ist es nur ein Schatten seiner selbst, und ein besonderer Wunsch, miteinander zu schlafen, scheint mir nicht weniger entwürdigend als ein allgemeiner.« Leonard, der vielleicht meinte, er sei »nur aus dümmlicher Neugierde verliebt und habe die Situation fest in der Hand«, verstand es verhältnismäßig gut, die Dinge nach viktorianischen Maßstäben in der Hand zu behalten, indem er sich bei den allzeit bereiten Prostituierten von Jaffna Befriedigung verschaffte – aber offenbar nur geringe Befriedigung, da er, wie er Strachey schrieb, Reiten im Dschungel für »amüsanter als Beischlaf« hielt. Was Leonard bei seinen Affären »entwürdigend« fand, war offensichtlich der Zweck seiner Verliebtheiten. Von der Überzeugung wie vom Wesen her war Leonard bis ins Innerste ein G. E.-Moore-Mann, und »wenn die Zuneigung wirklich von Wert sein soll«, heißt es in *Principia Ethica*, »muß die Wertschätzung der geistigen Fähigkeiten eine große Rolle spielen«. Leonard bewunderte Gwens Körper, aber er konnte direkt durch ihre »zwei großen Kuhaugen« hindurchsehen, »die nie verstehen konnten, was man sagte«, obgleich sie so aussahen, »als verstünden sie alles, was je war, ist oder sein wird«.

Das Problem lag vielleicht zum Teil darin, daß Leonard Frauen gekannt hatte, die verstehen *konnten*, was man sagte, und dieses Bild schwebte ihm während der Ceyloner Jahre fortwährend vor Augen. Als Clive Bell – der aufgeblasene, fuchsjagende, nicht-apostolische Bell – die Kühnheit besaß,

Vanessa Stephen im Sommer 1905 einen Heiratsantrag zu machen, wurde diese alarmierende Nachricht sofort an Leonard weitergegeben, der darauf antwortete:

»Dein Brief handelt vor allem von Bell. Es ist ziemlich traurig, bestimmt noch trauriger, als ich dachte, denn ich habe wohl bemerkt, daß er in eine von ihnen verliebt war – obwohl ich seltsamerweise immer dachte, es wäre die andere. Irgendwie würde ich jetzt am liebsten nie zurückkommen ... Glaubst Du, daß Bell wirklich bis über die Ohren in sie verliebt ist? Merkwürdig ist, daß ich es auch war, nachdem sie damals im Mai nach Cambridge gekommen waren, und noch merkwürdiger, daß davon immer noch ein Wahnbild übriggeblieben ist. Sie ist so hinreißend wie der Goth*. Ich habe oft darüber nachgedacht, ob er den Goth liebte, weil er sie liebte, und ob ich sie liebte, weil ich den Goth liebte. Jedenfalls dies zu Deinem Trost.«

Die Vermutung, daß Leonards Interesse anfangs eher Vanessa als Virginia galt, stimmt mit der Feststellung in seiner Autobiographie überein, daß er Vanessa für »schöner als Virginia« hielt. »Ihre Gesichtszüge waren vollkommener, ihre Augen größer und schöner, ihr Teint strahlender.«

Clive Bell wurde 1905 von Vanessa abgewiesen. Anderthalb Jahre später, unmittelbar nach dem Tod ihres Bruders Thoby, nahm sie seinen Antrag an. Sie heirateten im Februar 1907. Aber selbst nach der Hochzeit fuhr Clive fort, mit Virginia zu flirten. 1908 fuhren Clive, Vanessa und Virginia zusammen nach Italien, was Strachey natürlich auch Leonard in Ceylon berichtete: »Clive war den ganzen September über mit jenen Schwestern in Italien. Hältst Du das nicht auch für die wildeste Romanze? Daß dieser kleine kanarienvogelgleiche Bengel, den wir im New Court kannten, das geschafft hat? Die zwei schönsten und geistreichsten Frauen Englands! Hat der ein Glück!«

Einen Monat später schrieb Lytton, möglicherweise von Clives Erfolg dazu angeregt: »Sei nicht überrascht, was auch immer geschehen mag, auch nicht wenn Du eines Tages hörst – ich weiß nicht, ob das je sein wird –, daß ich Virginia geheiratet habe.« Nach dieser erstaunlichen Erklärung muß Lytton in der weiteren Korrespondenz, die verlorengegangen ist, einige Zweifel geäußert haben. Der nächste Brief, den wir

* Thoby Stephen

haben, ist von Leonard an Lytton gerichtet und stammt aus dem Jahre 1909:

»Aber ich stimme nicht mit Dir überein. Das Wunderbarste wäre gewesen, Virginia zu heiraten. Sie ist, finde ich, hinreißend, und dann wäre da die entscheidende Lösung gewesen, vielleicht nicht ein Sich-Erheben über alle Schrecken, aber bestimmt kein Absinken, kein Ausweichen vor Tatsachen... Das ist ohne Zweifel der einzige Weg zu Glück.«

Dann ging Leonard auf seinen eigenen unverheirateten Zustand ein: »Irgend etwas bewahrt mich gerade immer noch im letzten Augenblick vor diesen Entwürdigungen – ihre Geilheit oder ihre Häßlichkeit wahrscheinlich –, obwohl ich glaube, wenn ich es doch täte, wäre ich wahrscheinlich glücklich. Meinst Du, Virginia würde mich nehmen? Schick mir ein Telegramm, wenn sie annimmt. Ich nehme dann das nächste Schiff heimwärts.« Am Schluß seines Briefes macht Leonard noch einmal eine Wendung: »Ich möchte wissen, ob Virginia schließlich Turner heiraten wird.«

Lytton erhielt diesen Brief am 19. Februar 1909. Zwei Tage vorher hatte Lytton – zumindest vorübergehend – seine Zweifel, ob er Virginia heiraten sollte, überwunden und hatte ihr einen Antrag gemacht. Auf Leonards Brief antwortete er:

»Dein Brief ist in dieser Minute gekommen – mit Deinem Antrag für Virginia... Vorgestern habe ich ihr einen Antrag gemacht. Während ich schon dabei war, wurde mir klar, daß es für mich den Tod bedeuten würde, wenn sie annehmen würde, und ich schaffte es natürlich, vor dem Ende des Gesprächs da wieder herauszukommen. Am schlimmsten war, daß mir im Verlauf des Gesprächs immer deutlicher wurde, daß das Ganze unmöglich war. Dieses Nicht-Begreifen war so entsetzlich. Und wie kann man auch von einer Jungfrau erwarten, daß sie begreift? Siehst Du, sie *ist* ihr Name... Wie Du Dir vorstellen kannst, war es eine erstaunliche Unterhaltung. Sie war äußerst klug, und manchmal war ihre Überlegenheit so groß, daß ich das Zittern bekam. Ich glaube, es gibt keinerlei Zweifel, Du solltest sie heiraten. Du wärest groß genug, und Du hättest auch den unendlichen Vorteil der körperlichen Begierde. Ich hatte entsetzliche Angst, sie könnte mich küssen. Wenn Du kämest und ihr einen Antrag machtest, würde sie ihn annehmen. Ganz bestimmt. Wie die Dinge nun stehen, ist sie mit ziemlicher

Sicherheit in mich verliebt, obwohl sie meint, sie sei es nicht.«

Ein Schlußabsatz, den er am nächsten Tag noch anfügte, lautete:

»Ich hatte eine Aussprache mit Virginia. Sie erklärte mir, daß sie mich nicht liebe, und ich meinte schließlich, ich würde sie nicht heiraten. So haben sich die Dinge einfach verkehrt. Vielleicht erwähnst Du diese Dinge lieber nicht gegenüber Turner, von dem bestimmt keine Rede ist. Ich habe Vanessa gesagt, sie möchte Deinen Antrag weitergeben, so kommst *Du* vielleicht dran.«

Ob Vanessa Leonards Antrag je »weitergegeben« hat, wissen wir nicht. Wenn sie es getan hat, muß dieses Werben aus weiter Ferne durch einen Stellvertreter bei den beiden Schwestern viel Heiterkeit ausgelöst haben. Aber vielleicht hat es bei Virginia seinen Zweck erfüllt, da die Liste ihrer Freier um einen weiteren Kandidaten anwuchs, auf der etwa um diese Zeit oder etwas später Saxon Sydney-Turner, Walter Lamb, Hilton Young, Sydney Waterlow und Harry Norton standen. Walter Headlam war 1908 gestorben. Für Leonard eröffnete die Ermutigung durch Lytton eine Aussicht, die ihm wohl vorher unerreichbar erschienen war. Obwohl diese Ermutigung vielleicht etwas mechanisch klang, hatte Lytton das nicht beabsichtigt – was zwei Briefen über das gleiche Thema zu entnehmen ist. Am 27. Mai 1909 schrieb er an Leonard:

»Vielleicht packst Du gerade Deine Sachen, um nach Hause zu kommen – das wäre das Erfreulichste, was passieren könnte. Wenn Du kommst, was ich wohl erwähnt habe, könntest Du Virginia heiraten, und damit sollten sich fast alle Probleme auf die bestmögliche Art erledigen. Versuch es doch. Sie ist eine erstaunliche Frau, und ich bin der einzige Mann auf der Welt, der es fertiggebracht hat, sie abzulehnen; selbst ich habe manchmal meine Zweifel. Du könntest ihr natürlich Deinen Antrag telegrafieren, sie würde ihn wahrscheinlich annehmen. Das wäre sehr schön; auf jeden Fall aber mußt Du zurückkommen.«

Zwei Monate später, am 21. August 1909, nahm Lytton das Thema mit größerer Eindringlichkeit wieder auf:

»Dein Schicksal ist klar vorgezeichnet, aber wirst Du es auch seinen Lauf nehmen lassen? Du mußt Virginia heiraten. Sie sitzt da und wartet auf Dich; gibt es irgendeinen Einwand? Sie ist die einzige Frau auf der Welt mit genügend Verstand; es ist ein Wunder, daß es sie gibt; aber wenn Du nicht aufpaßt, verpaßt Du die Gelegenheit. Jeden Augenblick könnte sie mit Gott weiß wem davonlaufen. – Duncan? Durchaus möglich. Sie ist jung, ungestüm, wißbegierig, unzufrieden und sehnt sich danach zu lieben. Wenn ich Du wäre, würde ich telegrafieren. Aber komm auf jeden Fall und besuche sie, bevor das Jahr 1910 zu Ende geht ... Saxon (so wird er jetzt genannt) ist, glaube ich, zur Zeit mit Virginia und Adrian in Bayreuth. Aber was ihn angeht, bist Du sicher; ich weiß nur nicht, was für charmante deutsche Barone da sein mögen. Telegrafiere.«

Was nach diesem Brief geschah, wissen wir nicht. Obwohl von November 1904 bis August 1909 an die 200 Briefe zwischen Leonard und Lytton hin- und hergegangen sind, sind aus der Zeit von August 1909 bis Januar 1911 von beiden keine Briefe bekannt. Wie wir die Herren kennen, ist zu vermuten, daß Lytton vor Virginia immer wieder Leonards Namen ins Gespräch brachte, daß Virginia ausweichend lachte und daß Leonard in seiner Abgeschiedenheit in Hambantota über dem lieblichen Bild brütete, das er zuerst in »jenem Mai« in Cambridge gesehen hatte, aber ohne große Hoffnung, ihm nahe zu kommen. Und während die Zeit verging, müssen ihn immer mehr Zweifel beschlichen haben, ob sein Schicksal wirklich »so klar vorgezeichnet« für ihn war, wie Strachey es 1909 gesagt hatte.

Am 24. Mai 1911, nach sechseinhalb Jahren auf Ceylon, schiffte sich Leonard in Colombo nach England ein – vermutlich für einen Jahresurlaub. Er ließ die 70 Bände Voltaire zurück, sein Pferd, seine Hunde und Gewehre und den ganzen übrigen Besitz. Er war 31 Jahre alt, und er hatte eine erfolgversprechende Karriere in der Zivilverwaltung Ceylons begonnen.

5

BRAUTWERBUNG UND EHE

*Leonard und Virginia 1912, kurz vor ihrer Hochzeit
vor George Duckworth' Landhaus Dalingridge Place in Sussex*

Als Leonard am 11. Juni 1911 in England eintraf, fuhr er direkt nach Hause zu seiner Mutter in Putney. Selbst nachdem diese Pflicht erfüllt war, eilte er nicht, sich auf Virginia zu stürzen; statt dessen tat er genau das, was er zwei Jahre zuvor ins Auge gefaßt hatte, als er Strachey sagte, wenn es eine Chance gäbe, daß Virginia ihn nähme, würde »ich direkt zu Dir kommen und mit Dir reden«. So fuhr Leonard am 14. Juni nach Cambridge zu Strachey, um mit ihm zu reden. Was sich zwischen den beiden abspielte, wissen wir nicht. Aber

vermutlich erfuhr Leonard von Virginias wichtigsten Verehrern (zu jenem Zeitpunkt war Walter Lamb der aktivste) und erhielt den Rat, Vanessa aufzusuchen, die Lyttons Vertraute war, als er Virginia den Hof machte. Also besuchte Leonard Vanessa. Am 3. Juli aß er mit Vanessa und Clive Bell in ihrem Haus am Gordon Square zu Abend. Leonards Tagebuch zufolge »schauten Duncan Grant, Virginia und Walter Lamb« nach dem Essen herein.

Fünf Tage später lud Virginia in einem an »Mr. Wolf« adressierten Brief Leonard ein, ein Wochenende bei ihr in dem kleinen Häuschen zu verbringen, das sie in Firle in Sussex gemietet hatte. Aufgrund anderweitiger Verpflichtungen kam er dieser Einladung erst an dem Wochenende vom 16. bis 19. September nach, als auch Marjorie Strachey kam. Trotz der Pläne, die ihre Freunde für sie gemacht hatten, wußten Virginia und Leonard bis zu diesem Treffen wenig Konkretes voneinander. Es ist zweifelhaft, ob sie überhaupt je vorher

40 *Virginia*
41 *Virginia beim Frühstück am Brunswick Square, wo sie von 1911–12 wohnte*

zusammen allein gewesen waren.* Jetzt redeten sie und spazierten über die grünen Downs. »Gingen Alfriston Tee, zurück um 9. Redeten von früh bis eins«, lautet Leonards Tagebucheintragung für den 18. September. Einen Monat später trafen sie sich wieder in der Oper, und das Ergebnis dieser Begegnung war der Vorschlag, daß Leonard das Obergeschoß des Hauses am Brunswick Square 38 mieten sollte, welches Virginia und Adrian mit Maynard Keynes und Duncan Grant zu teilen planten. Am 4. Dezember verließ Leonard das Haus seiner Mutter und zog an den Brunswick Square, und was dabei herauskam, scheint aus heutiger Sicht klar auf der Hand zu liegen. Nicht jedoch damals.

Es gab vier Dinge, die den Ausgang der Geschichte unsicher machten und die dazu führten, daß die Zeit der Werbung ungewöhnlich quälend war. Ein Problem lag in der Gesundheit. Was Leonard anging, so hatte er in der Zeit von September bis Dezember 1911 verschiedene Ärzte wegen eines ererbten nervösen Zitterns konsultiert, das seine Hände manchmal so heftig schüttelte, daß er in Ceylon bisweilen Gerichtssitzungen verschieben mußte, bis sich das wieder genügend beruhigt hatte, daß er Gerichtsakten unterzeichnen konnte. Thoby Stephen hatte seiner Schwester Leonard als »einen Mann« beschrieben, »der fortwährend am ganzen Körper zitterte« und der »eines Nachts geträumt habe, er erdrossele einen Mann, und das so lebhaft träumte, daß er beim Aufwachen seinen einen Daumen ausgerenkt fand« – kein gerade beruhigendes Bild für eine eventuelle Braut. Bei Virginia entwickelte sich ihre nervliche Labilität, die sich Ende Januar 1912 kundtat, als sie sich ins Bett legte mit, wie sie zu Leonard sagte, »einem Anflug meiner üblichen Krankheit, im Kopf, weißt du«. Zwei Wochen später entwickelte sich dies zu einem Nervenzusammenbruch so ernster Natur, daß man sie in eine Klinik brachte, wo die Insassen, wie sie Leonard schrieb, sie zum »König der Verrückten« wählten. Es überrascht nicht, daß Leonard sich vor seinem endgültigen Antrag bei Virginias Arzt, George Savage, anmeldete, einer allgemein anerkannten Kapazität für Geistesstörungen, der

---

* Es scheint in der Tat wahrscheinlich, daß Leonard Virginia nur viermal gesehen hatte: bei dem Mai-Ball im Trinity College, den sie 1900 mit Thoby besucht hatte; im folgenden Jahr, als sich Virginia und Vanessa Thobys Zimmer im Trinity ansahen; am 14. November 1904, als Leonard mit den Stephens zu Abend aß, bevor er sich nach Ceylon einschiffte; und bei den Bells am 3. Juli 1911.

mit der Stephen-Familie befreundet war und Virginia seit dem ersten Zusammenbruch nach dem Tod ihres Vaters 1904 behandelt hatte. Wir kennen nicht den Inhalt dieses Gesprächs, aber das Treffen am 21. März 1912 war mit Hilfe einer persönlichen Geheimschrift in Leonards Tagebuch festgehalten, deren er sich am 8. Dezember 1911 zu bedienen begonnen hatte, vier Tage nachdem er an den Brunswick Square gezogen war.

Dann gab es noch das kleinere Problem mit anderen Geliebten und Liebhabern. Walter Lamb stellte Virginia immer noch in rührend hartnäckiger Weise nach, und im November 1911 hatte sich ihr ein energischerer Verehrer erklärt, Sydney Waterlow. Virginia löste das Waterlow-Problem fünf Tage, nachdem Leonard am Brunswick Square eingezogen war, und sagte Waterlow, daß sie ihn nicht lieben könne. Aber auch bei Leonard gab es eine leichte Verstrickung. Seit seiner Rückkehr aus Ceylon hatte er sich häufiger mit einer jungen Dame getroffen, deren Familie eng mit den Woolfs befreundet war – möglicherweise war Leonard nicht bereit, sie aufzugeben, solange er nicht wußte, wie sich die Dinge mit Virginia entwickeln würden.

Drittens bestand zwischen den Woolf- und den Stephen-Familien in kultureller Hinsicht eine Kluft: nicht der Unterschied zwischen reformierten Juden und agnostischen Christen, sondern der zwischen der arbeitenden Mittelschicht und der gebildeten, begüterten, intellektuellen Oberschicht.

Und schließlich gab es noch die Temperamentsunterschiede, die echt ein Problem waren und die sich beinahe als unüberwindbares Hindernis für ihre Verbindung erwiesen; darauf muß man ausführlicher eingehen. In dem Roman, den Leonard später über ihre Zeit der Werbung schrieb, spielt der Temperamentsunterschied eine größere Rolle. Man könnte eine lange Liste der Temperamentsunterschiede zwischen Virginia und Leonard aufstellen; der eine jedoch, der hier »zählte« und der auch in der Zukunft eine wesentliche Rolle in dem Leben dieser beiden Menschen spielte, beruhte auf etwas, was man den doppelten Aspekt der Liebe nennen könnte. Liebe schließt beides ein, den positiven Wunsch, andere zu lieben, und das passive Verlangen, *von* anderen geliebt zu werden. Bei den meisten Menschen ist wohl von beidem etwas vorhanden, häufig jedoch in unausgewogenem Verhältnis. Lytton Strachey zum Beispiel »war sein Leben

42 *Madge Symonds, die Virginias Vetter William Vaughan heiratete, mit ihren vier Kindern. Madge, 13 Jahre älter als Virginia, war Virginias erster jugendlicher Schwarm*

43 *Violet Dickinson, 17 Jahre älter als Virginia, war Virginias zweiter Schwarm*

lang immer hoffnungslos verliebt oder hoffnungslos, weil er nicht verliebt war«. Er stellte der Liebe aggressiv nach. Er hatte nicht das gleich große Verlangen, geliebt zu werden, und maß Dora Carringtons Zuneigung zu ihm einen überraschend geringen Wert bei. Virginia war da fast das Gegenteil. Sie hatte ein ausgeprägtes Verlangen, von anderen geliebt zu werden, aber nur wenig Verlangen zu lieben. Die Menschen, zu denen Virginia eine starke Zuneigung hegte, gehörten zu dem kleinen Kreis all derer, in denen sie auch eine Stütze fand:

ihr Vater und ihre Mutter; ihr älterer Bruder Thoby und ihre
ältere Schwester Vanessa. Ihre Zuneigung zu Clive Bell
wuchs, als er Vanessa heiratete (und eben zu diesem Zeitpunkt hatte Virginia ihren intensivsten Flirt mit ihm und
suchte in literarischer Hinsicht seine Führung), aber ihr
Gefühl für Clive, für ihn als Menschen wie als literarischen
Ratgeber, verringerte sich gewaltig, als ihn 1911 Roger Fry in
Vanessas Gefühlsleben ablöste. Virginia liebte Vanessas Kinder, die sie anbeteten, hegte aber keine vergleichbare Zunei-

44 *Janet Case, die Virginia Griechisch beibrachte und lebenslang mit ihr befreundet blieb, mit Virginia und Vanessa im Firle Park, ca. 1911*

gung zu den Kindern ihres jüngeren Bruders Adrian. Die beiden Frauen, für die Virginia eine jugendliche Schwärmerei empfand – Madge Vaughan und Violet Dickinson (beide beträchtlich älter als sie) –, spielten für sie als Beistand eine ähnliche Rolle wie die Mitglieder ihrer Familie, an die sie sich besonders gebunden fühlte. Die Muttergestalt war in Virginias Denken zeit ihres Lebens dominierend. »Bis ich in den Vierzigern war«, schrieb sie, »war ich von der Gegenwart meiner Mutter besessen.« Virginias Interesse an Madge Vaughan begann ein paar Jahre nach dem Tod von Julia Stephen. Virginia nannte Madge »Mama« und »Pflegemutter« und bat darum, »wie ein liebes Kind behandelt zu werden«. In ihren Briefen an Violet Dickinson beschrieb sich Virginia häufig selbst als ein Baby-Känguruh, das in den Beutel seiner Mutter zurückkriechen möchte. Was Vita Sackville-West angeht, für die sie als Erwachsene schwärmte, schrieb sie, Vita »verschwendet an mich jene mütterliche Fürsorge, die ich mir aus irgendeinem Grund immer am meisten gewünscht habe. Was mir L. gibt und Vanessa mir gibt und Vita mir auf eher unbeholfene und äußerliche Art zu geben versucht.« In Virginias Romanen gibt es oft entweder ein mutterloses Mädchen (*The Voyage Out, Night and Day, Mrs. Dalloway* und *The Waves* [»Die Wellen«]), oder die Mutter stirbt im Verlauf der Geschichte – *To the Lighthouse* (»Die Fahrt zum Leuchtturm«) und *The Years* (»Die Jahre«). Selbst bei Tieren folgte Virginias Zuneigung einem ähnlich eingleisigen Muster, das Quentin Bell für »seltsam und abwegig« hielt. Sie »hatte fast immer einen Hund«, aber sie war nie eine Hundenärrin. Bedeutsamerweise sah sie sich selbst in ihren Beziehungen zu vielen ihrer engsten Freunde als ein Tier – als ein Objekt, das geliebt und umhegt wird.* Im Gegensatz dazu hatte Leonard trotz seiner Zurückhaltung und seiner Unabhängigkeit gleichermaßen und in wohlausgewogenem Verhältnis das Verlangen, geliebt zu werden und zu lieben.

Lytton hatte nicht unrecht, als er Leonard 1909 schrieb, Virginia sehne sich »danach zu lieben«. Intellektuell wollte sie »heftig« lieben, aber dies lag nicht in ihrem Wesen. Sie machte daraus keinen Hehl: »Wie ich Dir neulich brutal gesagt habe«, schrieb sie Leonard, »übst Du auf mich keine körperliche Anziehungskraft aus. Es gibt Augenblicke – als Du mich neulich geküßt hast, war ein solcher –, wo ich nicht mehr als ein Felsen empfinde.« Sie fügte hinzu, und dies ist wichtig, »doch Deine Art, mich gern zu haben, überwältigt mich geradezu.«

Die Heldin aus Leonards Roman *The Wise Virgins* sagt: »Es ist die Ausreise, die mir wichtig zu sein scheint, die neuen und wunderbaren Dinge. Darüber hinaus kann ich nicht, will ich nicht sehen. Ich will sie alle. Ich will auch Liebe, und ich will Freiheit. Ich will sogar Kinder. Aber ich kann mich selbst nicht geben; Leidenschaft läßt mich kalt.« Leonard gab auch – offenbar während der Zeit, als er um sie warb – eine persönliche Beschreibung von Virginia, die nie veröffentlicht worden ist und die Leonard wahrscheinlich auch nie jemandem anderes gezeigt hat als der Person, an die sie gerichtet war. Darin

---

* Quentin Bell sagt: »In all ihren emotionalen Beziehungen sah sie sich selbst als ein Tier; für Vanessa war sie eine Ziege oder manchmal ein Affe, manchmal sogar eine ganze Fuhre von Affen – *les singes*; für Violet Dickinson war sie halb Affe, halb Vogel (Spatz) – *Sparroy*; für Leonard war sie – überraschend genug – ein Mandrill (und er war für sie ein Mungo); für Vita war sie Potto (vermutlich ein Cockerspaniel). Diese Tier-*personae*, in sicherer Entfernung von menschlicher Sinnlichkeit und doch geliebt, ja Empfänger von Umarmungen und Küssen, waren höchst wichtig für sie, aber so wichtig wie das Totemwappen für den Wilden.« (2 QB 175–176)

erscheint Virginia als »Aspasia«*, der Name, den Leonard für sie in seinen Tagebüchern benutzte:

»Ich liebe Aspasia … Wenn ich an Aspasia denke, denke ich an Hügel, die sich sehr klar, aber in großer Ferne gegen einen kalten blauen Himmel abheben; auf ihnen liegt Schnee, den nie eine Sonne zum Schmelzen gebracht hat und auf den nie ein Mann seinen Fuß gesetzt hat. Aber die Sonne ist auch in ihrem Haar, in dem Rot und Gold ihrer Haut, in dem Bogen ihrer Lippen und in dem Leuchten ihres Verstandes. Und am wunderbarsten von allem ist ihre Stimme, die aus der Mitte der Felsen Dinge hervorzulocken scheint, tiefe Ströme, die sich lange an uranfänglichen Plätzen unter der Erde befunden haben. Wer einmal daraus trinkt, ist für immer berauscht. Ob sie sitzt oder geht, immer umgibt sie eine Atmosphäre der Ruhe und Klarheit, aber an sie zu denken bedeutet, sie sitzen, sich in gewaltigen Sesseln vor zahllosen Feuern zurücklehnen zu sehen …

Von allem unberührt sehe ich sie in ihrer Ruhe und Klarheit dasitzen, ziemlich still, etwas fern, und dann sprudelt der Quell los – ist es Witz, Humor oder Phantasie? Ich weiß es nicht, aber der Gedanke ist aus seltsamen Schlupfwinkeln gekommen, das Leben scheint einen Augenblick schneller zu verlaufen, einen Augenblick lang spürt man das Blut in seinen Handgelenken, das Herz schlägt, man schnappt nach Luft, wie man es auf einem Berg tut, wenn plötzlich der Wind bläst. Die Dinge, die kommen, sind seltsam, oft phantastisch, aber sie sind schön und scheinen immer irgendwo weit entfernt von der Realität, ihr nicht einmal entrissen worden zu sein. Vielleicht ist das so, weil ihr Geist so erstaunlich furchtlos ist, es gibt keine Tatsache, keine Wirklichkeit, der er sich nicht stellt, die er nicht in aller Offenheit angeht. Sie ist eine von vielleicht insgesamt drei Frauen, die wissen, daß Dünger nur Dünger ist, Tod Tod und Samen Samen. Sie ist die Göttlichste unter den Göttlichen. Und vielleicht scheint sie sich deshalb mit dem Leben so schwer zu tun. Sie kennt nicht wirklich das Gefühl – das allein Gehirn und Körper rettet –, daß am Ende nichts wichtig ist. Sie verlangt zuviel von der Welt und von den Menschen, die sich auf ihr tummeln. Ich habe immer Angst, daß sie, wenn sie die Augen auf die großen Felsen heftet, zwischen den Steinen stolpern wird.

* »*Menexenus:* Wirklich, Sokrates, ich wundere mich, daß Aspasia, die nur eine Frau ist, eine solche Rede zustande bringen kann.« (Jowett, *The Dialogues of Plato,* Bd. 2, S. 532)

›Und ihr Herz?‹ fragst du. Manchmal denke ich, sie hat gar keins, daß sie nur daran interessiert ist, was geschehen wird, und daß sie in Wirklichkeit aus dem ewigen Schnee und den Felsen besteht, die das verborgene Zentrum der Wirklichkeit bilden. Und dann schwöre ich, dies kann nicht wahr sein, die Sonne in ihr kommt aus einem Herzen...«[*]

Aus den Anmerkungen, die Leonard hinzugefügt hat, kennen wir Virginias Reaktion darauf.

»Ich zeigte Aspasia ihren Charakter, wie ich ihn beschrieben hatte. Sie las es langsam vor dem Feuer. Während ich mich daran erfreute, ihr Gesicht und ihr Haar zu beobachten, vergaß ich, daß sie es las: sie mußte schon eine Weile still und gedankenverloren dagesessen haben, als ich sie sagen hörte: ›Ich glaube, daß du mich nicht weich und liebenswert genug gemacht hast.‹«

Virginia wollte unbedingt »liebenswert« sein. Wie ihre Nichte Angelica Garnett es darstellte: »Sie ... gierte nach Zuneigung von denen, die sie liebte.« Dieses Verlangen, liebenswert zu sein, kommt immer wieder in ihren Briefen zum Ausdruck. Der äußere Eindruck von Entrücktheit und Unabhängigkeit war irreführend. Tatsächlich verlangte es sie, ebenso wie ihren Vater, verzweifelt nach fortwährender Unterstützung und dem Schutz eines Menschen, der ihr ganz und gar ergeben war. Leonard war in vielerlei Hinsicht geeignet, diese Rolle auszufüllen, in großen und kleinen Dingen. Seine Tagebucheintragung vom 7. Januar 1912 lautet: »Ging mit Virginia ihre Rechnungen durch.« Sein Brief an sie vom 24. Mai 1912 beginnt: »Teuerstes und meist geliebtes Wesen.«

Als Virginia fünf Tage, nachdem dieser Brief geschrieben worden war, Leonard sagte, daß sie ihn »liebe«, meinte sie, daß sie dies nach bestem Vermögen tue. Mehr als alles andere war dies eine Widerspiegelung der Tatsache, daß sie glaubte, er liebe sie wahrhaft. Und Leonard trat mit der Hochzeit in den geheiligten Kreis ein, das kleine Grüppchen derer, bei denen sie mit bedingungsloser Unterstützung rechnen konnte und bei denen sie sich ganz sicher fühlte, kurz, jener, die sie am meisten liebten. Jahre später, »wahrscheinlich zwischen '30 und '36«, sagte Virginia, als sie mit einem alten Freund sprach: »Und zwar so, als ob sie eher mit sich selbst sprach als

[*] Virginias Tagebucheintragung für den 22. Juni 1937 lautet: »Ich möchte gern eine Traumgeschichte über die Spitze eines Berges schreiben. Warum nur? Darüber, im Schnee zu liegen, über Farbenringe, Stille und die Einsamkeit.« AWD 283

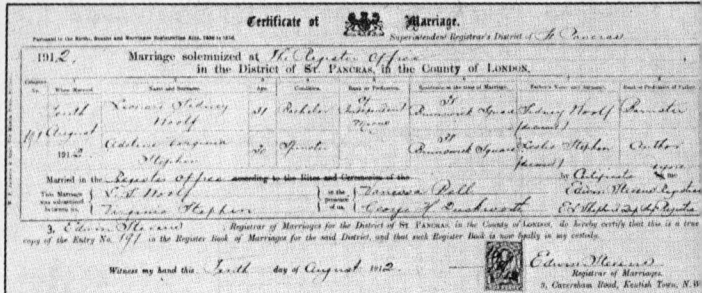

45 *Leonards und Virginias Heiratsurkunde*

mit mir: ›Was ist deiner Meinung nach wahrscheinlich der glücklichste Augenblick im Leben eines Menschen?‹ Während ich noch überlegte, wie ich diese unerwartete Frage beantworten sollte, fuhr sie mit einem seltsamen, aber sehr ruhigen Strahlen in ihrer Stimme fort: ›Ich glaube, es ist der Augenblick, wenn man im Garten spazierengeht, vielleicht ein paar verwelkte Blumen abpflückt und plötzlich denkt: Mein Mann lebt in diesem Haus. Und er liebt mich.‹ Ihr Gesicht leuchtete, wie ich es noch nie gesehen hatte.«

Nicht »Mein Mann lebt in diesem Haus – und *ich liebe ihn*«, sondern »er liebt mich«. Die Bedeutung, von Leonard geliebt zu werden, wuchs eher noch im Laufe der Jahre, als daß sie sich verringerte.

Am 29. Mai 1912 bekannte Virginia, daß sie Leonard liebte, und beschloß, ihn zu heiraten. Vier Tage lang blieb das ein Geheimnis zwischen den beiden, bis Vanessa nach London zurückkehrte; nachdem sie es ihr erzählt hatten, teilten sie es sofort – in einer für die zukünftige Braut und den Bräutigam höchst passenden Weise – ihren Freunden mit. Leonard schrieb an G. E. Moore: »Ich glaube, ich sollte es Dir selbst erzählen, daß ich Virginia Stephen heiraten werde und daß ich außerordentlich glücklich bin. Wenn Du sie kennenlernst, wie ich hoffe, wird Dich das, glaube ich, nicht überraschen.« Virginia schrieb an Violet Dickinson, daß sie einen »Juden ohne einen Pfennig Geld« heiraten wolle. Eine gemeinsame Notiz an Lytton Strachey lautete einfach:

> »Ha! Ha!
> Virginia Stephen
> Leonard Woolf«

Szenen in Asheham:

46
*Virginia
und Roger Fry*

47
Virginia und Ka Cox

48
*Leonard
vor einer Ecke der
Terrassenmauer*

49 *Virginia mit ihrem Hund*

50 *Leonard in Asheham – mit Adrian Stephen*

51 *Mit G. E. Moore*

Es ist nicht bekannt, wie die Nachricht George Duckworth erreichte, Virginias Halbbruder, aber vermutlich war sie weniger detailliert als die Botschaft an Violet Dickinson, da Duckworth an Leonard schrieb und vorschlug, »es sollte eine formelle Abmachung getroffen werden« für einen Ehevertrag, und er versicherte Leonard gleichzeitig, daß »Virginia eine hinreißende Ehefrau sein wird«. Der abgewiesene Walter Lamb, einer der ersten, der von der Verlobung hörte, schrieb edelmütig an Leonard: »Dir gehört die Liebe des feinsten Menschen, den ich auf der Welt kenne.«
Die Vermählung fand am 10. August im Standesamt St. Pancras statt. Virginia war dreißig Jahre alt, Leonard ein Jahr älter. Nach der Zeremonie fuhren sie sofort in die Flitterwochen, zuerst für eine Woche nach Sussex und Somerset, dann für sieben Wochen nach Frankreich, Spanien und Italien. Für diese Reise hatte Leonard von seinem Bankkonto 105 Pfund abgehoben. Nach ihrer Rückkehr nach England am 3. Oktober bezogen sie ein paar Zimmer in einem Gasthaus, im Clifford's Inn, in einer Seitenstraße der Fleet Street, wo »täglich eine Putzfrau kam und die

Betten machte, den Schmutz wegfegte und das Geschirr
abwusch«. Die Abendmahlzeiten nahmen sie in der nahe
gelegenen »Cock Tavern« ein. Virginia fuhr mit der Arbeit
fort, an der ihr am meisten gelegen war – der Beendigung
von *The Voyage Out.* Leonard hatte vor Virginias Zusage,
ihn zu heiraten, seine Stellung im Verwaltungsdienst auf
Ceylon aufgegeben. Freunde in Ceylon verschifften seine
Bücher nach England und verkauften seine anderen paar
Besitztümer. Nach der Hochzeitsreise nahm er verschiedene Übergangsstellungen an, zuerst als Sekretär für Roger
Frys zweite Nachimpressionisten-Ausstellung in den Graf-
ton-Galleries; dann arbeitete er für die »Charity Organisation Society« und »The Women's Co-operative Guild«;
und schließlich nahm er eine dauerhafte Verbindung zum
New Statesman auf, für den er Bücher über den Krieg und
internationale Angelegenheiten zu rezensieren begann. Es
stand jedoch nicht alles zum Besten. Virginia klagte über
Kopfschmerzen und Schlaflosigkeit. Am 13. Januar 1913
fing Leonard an, täglich Aufzeichnungen über ihren Gesundheitszustand zu machen. Verschiedene Ärzte wurden

52 *Mit Hund*

konsultiert. Am 9. September, nicht einmal ein Jahr nach
Beendigung ihrer Hochzeitsreise, unternahm Virginia einen
Selbstmordversuch, indem sie eine tödliche Dosis Veronal
schluckte.*
Das empfindliche Gleichgewicht zwischen geistiger Gesundheit und Gestörtheit, das mit zu Virginias Wesen gehörte, war
durch verschiedene Ereignisse gesprengt. Erst einmal war da
die Ehe selbst. Offenbar war sie in einem legalen Sinn vollzogen worden, aber Virginia, »nur aus ewigem Schnee beste-
hend«, hatte keinen Spaß am Geschlechtsakt, und dies muß
eine nicht gelinde Spannung zwischen ihr und Leonard hervorgerufen haben, ganz gleich, wie verständnisvoll er gewesen sein mag. Vermutlich hat sie darauf angespielt, als sie
Leonard am 4. August 1913 schrieb: »Nie hast Du, seit ich
Dich kenne, irgend etwas getan, das irgendwie gemein gewesen wäre – wie ist das möglich? Du warst einfach vollkommen
zu mir. Es ist alles meine Schuld.« Und am folgenden Tag:
»Liebster, ich war widerlich – zu Dir, meine ich.« Virginia

* Leonard datierte diesen Selbstmordversuch fälschlicherweise auf zwei Jahre
später – 1915. (3 LW 77)

53 *Mit Vanessa und Virginia*

wurde sich ihrer Anomalität zunehmend bewußter. Die Entscheidung mehrerer Ärzte, daß sie keine Kinder bekommen sollte – ein weiterer Unterschied zwischen Vanessa und ihr –, verstärkte noch dieses Gefühl. Schließlich gab es das Buch: Virginias Roman. Sie hatte mindestens sechs Jahre daran gearbeitet, ihn immer wieder neu konzipiert; Leonard meinte, er sei bestimmt zehn- oder zwanzigmal umgeschrieben worden. Schließlich war er dem Verlag am 9. März 1913 übergeben und am 12. April angenommen worden. Während der letzten Änderungen, bevor das Manuskript an den Verlag ging, begannen Virginias Kopfschmerzen und Schlaflosigkeit, und die Symptome kehrten zusammen mit Depressionserscheinungen zurück, als sie die Druckfahnen bekam und das Datum der Veröffentlichung nahte. Die Depression wurde von Wahnvorstellungen und zunehmendem Widerwillen gegen Essen begleitet. Drei Ärzte wurden konsultiert, einschließlich Dr. Savage. Man verordnete ihr Ruhe und Essen. Virginia ging in eine Klinik, und von dort schrieb sie die rührendsten Briefe an Leonard: »Ich will Dich, Mungo, und ich liebe Dich wirklich, kleines Biest; wenn ich nur nicht ein so entsetzlich dummer Mandrill wäre.* Kannst Du mich wirklich lieben – ja, ich glaube es, und wir werden uns ein glückliches Leben machen. Du bist so liebenswert.« Nachdem sie aus der Klinik entlassen worden war, fuhren Leonard und sie nach Holford in Somerset, wo sie den ersten Teil ihrer Flitterwochen verbracht hatten. Im September kehrten sie nach London zurück. Und dann kam der Selbstmordversuch. Die Veröffentlichung von *The Voyage Out* wurde verschoben.

Die restlichen Wochen des Jahres 1913 und fast das ganze Jahr 1914 waren Virginias Genesung gewidmet. Zwei Monate verbrachte sie mit Tag- und Nachtschwestern im Landhaus von George Duckworth, Dalingridge Place in Tye's Cross, Sussex, und drei weitere Monate mit zwei Krankenschwestern in Asheham, dem Woolfschen Landhaus in Sussex. Es ist nicht überraschend, daß Leonard etwa im März 1914 unter schlimmen Kopfschmerzen zu leiden begann und auf einen kurzen Besuch zu Lytton Strachey nach Wiltshire fuhr. Er schrieb Virginia täglich; seine Briefe waren voller Versicherungen seiner Zuneigung zu ihr: »Ohne Dich bin ich einsam. Du kannst Dir nicht vorstellen, in welchem Maß mein Leben für mich zu Ende wäre, wenn Du die Schlaf-Mixtur mit Erfolg genommen hättest.« Später im Jahr, als es Virginia besser ging, besuchten sie zusammen Hampstead, Cornwall und Northumberland.

Im Oktober 1914 gaben sie ihre Zimmer im »Clifford's Inn« auf und zogen in eine Wohnung in Richmond. Als es den Anschein hatte, daß Virginia ganz genesen war, wurde für *The Voyage Out* ein neues Erscheinungsdatum festgesetzt: der 26. März 1915. Aber die Symptome eines Nervenzusammenbruchs kehrten wieder. Virginia wurde erregt und heftig und mußte in eine Klinik gebracht werden. In der Zwischenzeit hatte Leonard das Hogarth House in Richmond gekauft, wohin Virginia mit vier Pflegerinnen gebracht wurde. Dort blieb sie vier Monate. Sieben weitere Monate verbrachte sie mit einer Krankenschwester und zwei Bediensteten in Asheham. Erst im November reiste die Krankenschwester ab, und von Januar 1916 an führte Virginia wieder ein ziemlich normales Leben. Wenn auch andere Faktoren eine Rolle

---

* Im Oxford English Dictionary wird der Mandrill als der größte, häßlichste und wildeste Affe der Pavianart beschrieben.

54 *Lily und Anny, zwei von Virginias Krankenschwestern*

spielten, ist es doch schwierig, nicht zu dem Schluß zu kommen, daß die Kopfschmerzen, die Schlaflosigkeit und Selbstmorddepression von 1913 zusammen mit den Episoden von 1915 vor allem auf eine Sache zurückzuführen waren, die Veröffentlichung von *The Voyage Out*, und daß sie die Hysterie einer hochsensiblen Schriftstellerin darstellten, die sich immer am Rande der geistigen Gesundheit bewegte und voller Angst war, »durchschaut« und von gefühllosen Kriti-

[252—113]   Sun rises 5.27. Sets 6.28.

(Tagebucheintrag in Geheimschrift)

55 *1911, nach seiner Rückkehr aus Ceylon, erfand Leonard eine Geheimschrift, indem er Symbole des Singhalesischen und Tamil für das englische Alphabet benutzte. In dieser Schrift machte er Tagebucheintragungen, die er geheimhalten wollte.*

Die obige Eintragung lautet:

»Went Wright w V. 11.30. He told V. she was ill. Then Head ditto. Returned Br. Squ. Van arrived talked V. who became more cheerful & rested. I went Cliffords Inn & back. Saw V. at tea & then went w Van to arrange consultation between Head and Savage. Saw Savage Sat w Van Regents Park. Back to Savage 6.30. Ka telephoned V. had fallen asleep. Returned at once by taxi. V. seemed unconscious. Telephoned Van to bring doctor. She brought Head. Found V. had taken 100 grains Veronal. He & Geoffrey Keynes & nurses worked until 12.30. I went bed then. V. very bad 1.30. Better at six when Van came to me.«

(Ging Wright m V. 11.30. Er sagte sie sei krank. Dann Head dito. Kehrte zurück Br. Squ. Van kam sprach V. die heiterer wurde & ausruhte. Ich ging Cliffords Inn & zurück. Sah V. beim Tee & ging dann mit Van, um Konsultation zwischen Head und Savage zu arrangieren. Sah Savage Saß m Van Regents Park. Zurück zu Savage 6.30. Ka rief an, V. sei eingeschlafen. Kehrte sofort mit Taxi zurück. V. schien bewußtlos. Rief Van an, sie solle Arzt mitbringen. Sie brachte Head. Stellte fest V. hatte 100 *grains* [= 6,48 g] Veronal genommen. Er & Geoffrey Keynes & Krankenschwester arbeiteten bis 12.30. Ich ging dann zu Bett. V. sehr schlecht 1.30. Besser um sechs, als Van zu mir kam.)

56 Virginia 1916, als sie noch mehr als 76 Kilo wog und mit Leonard und Margaret Llewelyn Davies in Cornwall war. Jahre später schrieb sie: »Wenn ich nicht um die 60 Kilo herum wiege, höre ich Stimmen und habe Visionen und kann weder schreiben noch schlafen.«

kern für verrückt gehalten zu werden. Tatsächlich nahmen die Kritiker *The Voyage Out* nicht unfreundlich auf. E. M. Forster fand, daß der Roman die Geschlossenheit von *Wuthering Heights* (»Sturmhöhe«) hatte, andere Kritiker begrüßten das Buch als das Werk eines Genies. Aber bis die Kritiken erschienen, war Virginia zu krank, um sie zu lesen. Es ist zu überlegen, ob die »Verrücktheit« von 1915 nicht gänzlich hätte vermieden werden können, wenn die Verleger *The Voyage Out*, wie ursprünglich geplant, 1913 herausgebracht hätten, statt die Veröffentlichung auf 1915 zu verschieben und Virginia somit zweimal Phasen quälender Angst auszusetzen.

Hatte Virginia ihre Wahnsinnsschübe, zeichnete sich ihr Gerede vor allem durch Kritik an anderen aus – an Männern im allgemeinen, an Leonard im besonderen, an der Dichtkunst von Frances Cornford zum Beispiel. »Sie sagt allen die bösartigsten und gemeinsten Dinge, die ihr überhaupt nur einfallen, und sie sind so gekonnt, daß sie immer verletzen«, schrieb Vanessa. Möglicherweise wurde diese Kritik an anderen durch ihre Furcht ausgelöst, was die Kritiker ihr antun würden.

Leonard war ein praktischer und intelligenter Beobachter, und nach den Schrecknissen von 1913–15 arbeitete er, zweifellos mit ärztlichem Rat, zum Schutz Virginias einen Lebensführungsplan aus, an den sie sich für den Rest ihres Lebens hielt; sie durfte sich nicht zu sehr aufregen; sie mußte gut essen und jeden ernsthaften Gewichtsverlust vermeiden; sie brauchte viel Ruhe und durfte nicht übermüdet werden. Eine Maßnahme, um sie vor Erregung und Übermüdung zu schützen, war, »Clifford's Inn« zu verlassen und nach Richmond zu ziehen, zehn Meilen von Bloomsbury entfernt, wo Leonard und Virginia von 1914 bis 1924 wohnten. Leonard verordnete Virginia Bettruhe und Liegezeiten. Er schränkte Virginias Besucher und ihre eigenen Besuche in einem Maße ein, das einige ihrer Freunde für tyrannisch hielten. Außerdem achtete er darauf, daß Virginia keinen Vorwand zum Nicht-Essen hatte. 1917 zum Beispiel gaben sie 232 englische Pfund für Nahrungsmittel aus, fast ein Drittel ihrer Gesamtausgaben in dem Jahr. Leonard achtete sorgfältig darauf, was Virginia aß; er wog sie regelmäßig und trug die Ergebnisse in sein Tagebuch ein. Zwischen dem 1. Oktober 1913 und dem 14. Oktober 1915 stieg ihr Gewicht von 54 kg auf 79 kg, also um fast 50 Prozent! Photos aus dieser Zeit zeigen Virginia überraschend pummelig. Nach ihrer Genesung 1915 durfte ihr Gewicht wieder auf den etwas normaleren Stand von rund 57 Kilo fallen. Nach dem Selbstmordversuch führte Leonard zehn Jahre lang über Virginias Menstruationsperioden Buch, vermutlich weil ihre Geistesverwirrungen mit einer ungewöhnlich langen Pause zwischen den Perioden zusammenfielen.* Heute weiß man, daß Gewicht und Menstruation eng zusammenhängen und daß das Ablehnen von Nahrung Zeichen eines sexuellen Konflikts sein kann – z. B. eines Ablehnens der Weiblichkeit. Ein Vorfall von 1917, der die Zusammenhänge von Erregung, Essen und Ruhe aufzeigt, illustriert Leonards Fürsorglichkeit. Barbara Hiles aß einmal mit den Woolfs zu Mittag, als gerade Katherine Mansfields *Prelude* gedruckt wurde; sie und Virginia kicherten zusammen, als Virginia plötzlich mutwillig Fleischstückchen von ihrem Teller in Barbaras Richtung zu schnipsen begann. Leonard schimpfte mit Barbara, daß sie Virginia aufrege (obgleich sie sich dessen nicht bewußt war), und führte Virginia an der Hand in ihr Zimmer, wo sie sich hinlegen konnte. Zur Teestunde tauchte Virginia wieder auf, völlig gefaßt. Leonard sorgte außerdem dafür, daß diese geregelte Lebensweise durch ein weiteres wesentliches Element ergänzt wurde, das Virginia genauso brauchte wie Ruhe, Essen und Entspannung – nämlich Sicherheit. Virginia war sich ihres labilen Geisteszustands nur allzu bewußt. Sie wußte auch, daß sie sich mit ihrem kreativen Schreiben immer mehr von der literarischen Konvention entfernte. Das beunruhigte sie nicht; was sie beunruhigte, war, ob das, was sie schrieb, Sinn hatte oder unsinnig war, und wegen ihrer Wahnsinnsanfälle hatte sie häufig Zweifel an ihrer eigenen Urteilskraft. »Und was werden sie jetzt über *Jacob* sagen?« steht am 23. Juni 1922 in Virginias Tagebuch. »Verrückt, nehme ich an: eine zusammenhanglose Rhapsodie; ich weiß es nicht.« Aber sie legte großen Wert auf Leonards Urteil, und wenn er ihre Manuskripte vor der Veröffentlichung lobte, gab ihr das etwas Sicherheit, daß ihre Arbeit als gesund angesehen werden würde. So wurde Leonard Arzt, Krankenschwester, Vater,

---

* 1913 lagen einmal 98 Tage zwischen zwei Perioden (6. August – 12. November), als Virginias Gewicht den niedrigsten nachgewiesenen Stand erreichte. Damals war Virginia sehr krank und wurde von vier Krankenschwestern gepflegt. Es gibt keinen Hinweis, daß sie schwanger war.

Halb-Ehemann und ihr wichtigster literarischer Berater. Und Leonard war ein wahrhaft einfühlsamer Kritiker; in einem Aufsatz mit dem Titel »Dichtung und Prosa«, den er vor Jahren als Junge in St. Paul's geschrieben hatte, erklärte er: »Ich sehe nicht ein, warum ein Roman nicht genauso poetisch sein kann wie viele Gedichte.«

Obwohl Virginia nach 1915 noch mehrere Male krank war, gab es in den nächsten 24 Jahren kein ernstliches Gegenstück zu der Erfahrung der Jahre 1913–15 – ein überzeugender Beweis für die Wirksamkeit von Leonards System und die Härte, mit der es angewandt wurde. Tatsächlich unterschieden sich in dieser Zeit von 24 Jahren die Arbeitsunterbrechungen Virginias, die auf gesundheitliche Probleme zurückzuführen waren, nicht wesentlich von den Erfahrungen einer Durchschnittsfrau in der gleichen Zeit. In vier Jahren von den 24 war sie während des ganzen Jahres nur drei Tage oder sogar noch weniger krank; in zehn Jahren von den 24 war sie pro Jahr zehn Tage oder etwas weniger krank; und in nur einem Jahr war sie länger als drei Monate krank. Im ganzen beliefen sich die Krankheitstage auf 7,5 Prozent der Zeit im Vergleich zu 5 Prozent bei der berufstätigen Durchschnittsfrau in Großbritannien während der siebziger Jahre, als moderne Antibiotika für die Behandlung von Krankheiten zur Verfügung standen. Solche Zahlen liefern natürlich nur die gröbste Art von Beweis, doch in Virginias eigenen Tagebüchern (die im allgemeinen häufiger von Krankheit sprechen als Leonards Aufzeichnungen) mag die ganze Sache übertrieben ernst dargestellt sein. In ihrem Tagebuch steht, daß sie am 8. April 1936, nachdem sie ihr Manuskript von *The Years* (»Die Jahre«) an den Drucker geschickt hatte, »zusammenbricht und einen Monat lang in Rodmell das Bett hüten muß, unfähig, etwas zu tun«. In Leonards Tagebuch ist zu lesen, daß Virginia am 5. April Kopfschmerzen hatte, das ist alles. Im übrigen ist darin festgehalten, daß Leonard und Virginia im April nach dem 8. an drei Tagen Boules spielten und fast täglich Spaziergänge unternahmen, wobei sie einen Besuch in Charleston machten, und daß Vanessa, Clive, Angelica und Quentin ihnen einen Gegenbesuch abstatteten. Man weiß nicht, wie ernst man Vita Sackville-Wests Bemerkung gegenüber Clive Bell nehmen sollte, daß Virginia »eine solche Lügnerin« war, »was ihre eigene Gesundheit« anging, »daß man nicht weiß, was man glauben soll; aber Leonard (ein gesünderes und echteres Barometer) schien optimistisch«. Obwohl der Bloomsbury-Kreis die meisten Illusionen des viktorianischen Zeitgeists abbaute, hatte er sich doch nicht von dem Glauben des 19. Jahrhunderts befreit, daß Krankheit eine geistige Tugend sei. Die Briefe, die zwischen den Bloomsbury-Freunden hin- und hergingen, sind voller Hinweise auf schwache Gesundheit, ganz in der Tradition ihrer Vorfahren. Wie oft hatten sie an dem Stephenschen Frühstückstisch solche Klagen gehört, wie sie in einem Brief des Malers G. F. Watts von 1896 (er wurde 87 Jahre alt) an Leslie Stephen ihren Niederschlag fanden: »Ich selbst bin ein armes Geschöpf, in letzter Zeit sind keine vierzehn Tage vergangen, ohne daß ich mich nicht einen Tag im Bett gequält hätte!« Schließlich hat Virginia in ihrem Tagebuch selbst festgestellt: »Ich glaube, diese Krankheiten sind in meinem Fall – wie soll ich es ausdrücken? – zum Teil mystisch.« Und unweigerlich fällt einem der Neun-Jahres-Zyklus der Hauptanfälle auf: 1895, 1904 und 1913, ein verzweifelter (aber erfolgreicher) Kampf gegen einen Zusammenbruch 1922 und dann 1930 – das Datum der Tagebucheintragung – diesmal nach nicht ganz neun Jahren Pause.

Virginias Krankheiten während dieser 24 Jahre relativ guter Gesundheit waren zum großen Teil von der Art, wie sie die meisten Leute durchmachen. In mehr als der Hälfte der Jahre hatte sie im Dezember, Januar oder Februar eine Erkältung oder Grippe. Sie hatte auch häufig Zahnschmerzen, und manchmal wurden ihr gleich zwei oder drei Zähne auf einmal gezogen, bis sie in den Mitt-Dreißigern kaum noch eigene hatte und empfindlicher denn je reagierte, wenn man sie photographieren oder porträtieren wollte. Die ungewöhnlichen Krankheiten überfielen Virginia, wenn sie ein Buch beendete. Dann kamen meist die Depressionen.* In Briefen, die Leonard 1966 an Frank Fish, einen Psychologieprofessor an der Universität von Liverpool, schrieb, stellte er fest: »Im normalen Alltagsleben war Virginia eigentlich ein glücklicher Mensch, sehr amüsant und häufig fröhlich.« Und: »Gewöhnlich war meine Frau nicht deprimierter oder hochgestimmter

---

* Samuel Butler, der Autor von *The Way of All Flesh* (»Der Weg allen Fleisches«) hörte manchmal Geräusche in seinem Kopf, wenn er dabei war einzuschlafen. »Wenn es Anzeichen gibt, daß sie wiederkehren«, sagte er, »weiß ich, daß es Zeit ist, die Arbeit einzuschränken.« *(The Family Letters of Samuel Butler* 1841–1886 [1962] S. 221)

als der normale gesunde Mensch. Das heißt, daß sie an etwa 350 Tagen im Jahr die ganzen 24 Stunden nicht deprimierter oder hochgestimmter war als ich oder der ›normale Mensch‹.« Wenn sich Anzeichen einer Depression zeigten, wurde fast automatisch Leonards Rezept befolgt, also Essen und Ruhen verordnet, das gesellschaftliche Leben eingeschränkt. Virginia verschwand einfach. Aus diesem Grund haben viele Leute, die sie gut kannten, nie ein Anzeichen ihrer zwischenzeitlichen Melancholie bemerkt. Lady Oxford schrieb: »Erst nach ihrem Tod erfuhr ich, daß sie mal einen Nervenzusammenbruch hatte. Auf mich wirkte sie immer fröhlich, glücklich und ausgeglichen.« Elizabeth Robins, die erste englische Hedda Gabler, die Virginia seit ihrer Kindheit kannte, sagte: »In meiner dankbaren Erinnerung lächelt Virginia immer.« Professor William A. Robson, dessen Verbindung mit Leonard Woolf 1927 bei der Gründung des *Political Quarterly* begann, behauptete, Virginia habe immer »strahlend und heiter« gewirkt. Virginias Neffe und Biograph, Quentin Bell, der zum Zeitpunkt von Virginias Tod 1941 dreißig Jahre alt und ein häufiger Besucher sowohl im Monks House als auch im Woolfschen Haus in Bloomsbury war, sagte, er habe Virginia nie deprimiert gesehen. Virginia habe sich außerdem selbst für einen ungewöhnlich glücklichen Menschen gehalten: »Ich glaube, daß vielleicht neun von zehn Menschen nicht einen Tag im Jahr so glücklich sind, wie ich es fast andauernd bin.«

Abschließend kann man wohl sagen, daß man zwar sorgfältig auf Virginias Gesundheit achten mußte, es aber wenig Grund gibt zu der Folgerung, daß ihre Arbeit während ihrer produktivsten Jahre – das heißt, zwischen 1916 und 1940 – durch Krankheit ernsthaft beeinträchtigt worden ist. Andererseits gibt es genügend Grund anzunehmen, daß viele ihrer Werke der Welt vorenthalten geblieben wären, hätte Leonard Virginias Leben nicht so reguliert, wie er es getan hat.

6

KARRIEREN: SORGENVOLLE JAHRE

Als Virginia und Leonard heirateten, beschlossen sie, sich mit Schreiben zu ernähren. Leonard hatte einen Roman über das Eingeborenen-Leben in Ceylon beendet, wollte aber auch mehr »über Arbeit und Fabriken in Erfahrung bringen«. Offenbar wurde dies nicht als eine Einkommensquelle ins Auge gefaßt, da er die Absicht hatte, »sich nicht von der Regierung abhängig zu machen und Dinge auf eigene Rechnung zu tun«.

Leonards Rechnungsbücher zeigen, daß Virginia an ihrem

Hochzeitstag, dem 10. August 1912, ein Kapital (z. B. Wertpapiere und anderes Eigentum) von 9013 Pfund 16 Shilling
und 9 Pence und ein Bankkonto von 30 Pfund 12 Shilling 11
Pence hatte. Leonard hatte am 10. September ein »Kapital«
von 506 Pfund und 1 Shilling und nach Abzug der Summe für
ihre Flitterwochen ein Bankkonto von 14 Pfund 7 Shilling 8
Pence. Das Jahreseinkommen aus Virginias Wertpapieren
betrug laut Leonards Bericht »etwas weniger als 400 Pfund«.
Ihre Pläne waren, sich »ein kleines Haus zu mieten und billig
zu leben zu versuchen, um nicht unbedingt Geld verdienen zu
müssen«. Über die Ausgaben in ihren ersten zwei Ehejahren
gibt es keine Eintragungen, aber in Leonards Tagebuch von
1915 findet sich eine Aufstellung, die ein Jahresbudget zu sein
scheint, das er Ende 1914 oder Anfang 1915 erstellt hatte, als
sie in den Richmond-Zimmern wohnten. Es beläuft sich auf
443 Pfund. Bei dieser Ausgabenhöhe hätten sie für ihren
Lebensunterhalt wenig selbst verdientes Geld benötigt. Die
12 Pfund 12 Shilling monatlich, die Leonard in seiner ersten
Stellung nach ihrer Hochzeit erhielt – der vorübergehenden
Anstellung als Sekretär für Roger Frys zweite Nachimpressionisten-Ausstellung – hätten ihren Bedarf decken können.
Virginias Krankheit in den ersten Jahren änderte diese Aus-
sichten. Ganz abgesehen von den Kosten für Ärzte, Krankenschwestern und Kliniken wurde nach ihrem zweiten Nervenzusammenbruch im Frühling 1915 klar, daß sie nicht weiter in
Mietzimmern wohnen konnten, wie es in dem Budget von
1915 vorgesehen war, sondern daß sie ein Haus und Personal
brauchten und daß sie viel mehr für Essen ausgeben mußten,
um Virginias Gewicht zu halten und die größere Anzahl von
Leuten zu ernähren. So stieg das Woolfsche Budget für 1917
auf 680 Pfund. Zwei Jahre später, als der Woolfsche Mietver-
trag in Asheham auslief und sie Monks House kauften,
schnellten ihre jährlichen Ausgaben auf über 800 Pfund hoch.
Zu diesem Zeitpunkt klaffte eine Lücke von mehr als 400
Pfund zwischen dem, was sie jährlich brauchten, und dem,
was sie an Einkommen hatten – eine Lücke, die groß genug
war, ihnen Sorgen zu bereiten. Anfangs schien es jedoch
möglich, daß ihre finanziellen Bedürfnisse durch die Schrift-
stellerei gedeckt werden könnten. Leonards Roman *The Village in the Jungle* wurde im Februar 1913 veröffentlicht.
Virginias Roman *The Voyage Out* wurde, wie wir gesehen
haben, zwei Monate später angenommen.

The Village in the Jungle war ein bemerkenswerter Erstling, der auf Leonards siebenjährigen engen Kontakten zu den Menschen von Ceylon fußte. Der Roman wurde bei seinem Erscheinen mit Beifall aufgenommen und 1913 zweimal nachgedruckt, ein weiteres Mal 1925 und danach noch ein paarmal; er wird auch jetzt immer noch nachgedruckt und gekauft und gelesen. Ein Brief Alec Waughs an Leonard aus dem Jahre 1965 erklärt, warum er so viel Anklang fand:

»Vor einem Jahr, als ich in Ihrer Autobiographie über *The Village in the Jungle* las, sagte ich mir, ›das ist ein Buch, das du lesen mußt‹, und ein paar Wochen später in Singapur sagte ich zu einem jungen malaysischen Studenten: ›Kein westlicher Schriftsteller – nicht einmal Forster – ist wirklich in das Denken und Fühlen der Asiaten eingedrungen. Kipling und Maugham haben nur die Wirkung des Fernen Ostens auf den westlichen Menschen beschrieben.‹ Der Malaie sagte: ›Doch es gibt einen Roman, der dies geschafft hat: *The Village in the Jungle.*‹

Ich habe jetzt das Versprechen, das ich mir selbst gegeben habe, eingelöst und Ihren Roman gelesen, und ich muß Ihnen ein paar Zeilen schreiben, um Ihnen für das Vergnügen zu danken, das Sie mir damit bereitet haben. Ich war bis zum Schluß gefangen und bewegt, das Tempo und die Kraft der Erzählweise sind ungeheuerlich. Ihnen ist etwas gelungen, was ich keinem westlichen Menschen zugetraut hätte – nämlich in das Denken und Fühlen des Fernen Ostens einzudringen. Es ist eine einzigartige Leistung.«

In finanzieller Hinsicht war das Ergebnis jedoch äußerst bescheiden. Der Verlag hatte eine schmale Anfangsauflage gedruckt, und auch die folgenden Auflagen blieben klein, so daß sich das Autorenhonorar bei 6 Pence pro Exemplar für die ersten 1000 Exemplare und 9 Pence danach in den ersten sechzehn Jahren nach Erscheinen des Buches auf 63 Pfund belief. Aber durch die guten Kritiken ermutigt, meinte Leonard, daß er dem Publikum gleich ein zweites Buch vorlegen sollte und daß dies beiden Büchern zugute kommen würde. So arbeitete er danach an einem Roman mit dem Titel *The Wise Virgins*. Dieser war schnell beendet und wurde im Oktober 1914 veröffentlicht. Er erwies sich als ein Reinfall.

Was heute daran interessiert, ist die Charakterzeichnung, denn die Hauptakteure sind Leonard und Virginia. Obwohl die Geschichte von ihrer Zeit der jungen Liebe handelt, hat sie einen anderen Schluß: der Held ist gezwungen, das Mädchen von nebenan zu heiraten, das er kompromittiert hat. Leonard tritt als Harry Davis auf, ein junger jüdischer Maler, der mit seiner Familie in Richstead wohnt. Virginia wird durch die schöne, leidenschaftslose Camilla Lawrence dargestellt, auch eine Malerin, die bei ihrem reichen Vater in London lebt. Eine »seltsam starke Liebe« verbindet sie mit ihrer Schwester Katherine, einer Schriftstellerin, die als eine Frau aus richtigem »Fleisch und Blut« beschrieben ist. Die Davis-Bildung wird der Lawrence-Bildung gegenübergestellt: Woolf-Putney dem Stephen-Bloomsbury, zum Nachteil von Putney. Leonards Familie und ihre Freunde werden so unsympathisch porträtiert, daß Leonards Mutter nach der Lektüre des Manuskripts meinte, wenn der Roman in dieser Form veröffentlicht werde, »wird es wohl zu einem ernsthaften Bruch zwischen uns kommen...« Er nahm ein paar Änderungen vor, aber auch in der veröffentlichten Version kommen Leonards Mutter und seine Schwester Bella noch schlecht weg. Mit sich selbst geht Leonard gleichermaßen hart um: Harry Davis hat einen »Ausdruck von Unzufriedenheit, von Unbehagen, ja fast des Leidens in seinem Gesicht«, das »teilnahmslos, fast grausam« ist; er ist selbstzufrieden, ein zynischer Egoist, ungesellig und kommt mit den Leuten nicht zurecht. Leonards Schwester Bella sah in Harry Davis »alle weniger guten Eigenschaften« von Leonard verkörpert, »nur hundertfach vergrößert«, und fügte hinzu: »Wenn Du Harry wirklich so dargestellt hättest – oder darstellen würdest –, wie Du bist, würdest Du wirklich eine feine Sache aus ihm machen.« Der anonyme Kritiker in *The Times Literary Supplement* ging noch weiter als Bella: er fand, daß Harry Davis nicht nur »ein höchst unangenehmer junger Mann« war, sondern hielt die Gruppe um Camilla Lawrence für eine dieser »kleinen Cliquen deprimierter Leute, die nie dem Leben etwas abzugewinnen scheinen«. Von *The Wise Virgins* wurde nur eine kleine Erstauflage gedruckt, und nur ein kleiner Bruchteil davon wurde verkauft. Leonard verdiente an dem Buch nicht mehr als 20 Pfund. »Der Krieg«, erklärte Leonard später, »hat ihm den Garaus gemacht.« Das Buch ist nie nachgedruckt worden und kaum irgendwo zu finden.* Wir wissen nur von

---

* (1979, zwei Jahre nach Erscheinen dieser Biographie in England, brachte inzwischen The Hogarth Press in London eine Neuauflage des Romans mit einer Einleitung von Ian Parsons heraus. Anm. d. Red.)

einem Exemplar, das in den letzten Jahren zum Verkauf angeboten wurde, und dieses kostete 60 Pfund.

Vielleicht hätte sich Leonard unter anderen Umständen daran begeben, einen dritten Roman zu schreiben, wenn nicht zwei Ereignisse dazwischengekommen wären. Im Sommer 1913 hatte Virginia den schlimmen Nervenzusammenbruch erlitten, der mit der bevorstehenden Veröffentlichung von *The Voyage Out* zusammenhing, und nach einer Zeit, in der es bergauf zu gehen schien, kam es 1915 zu diesem schrecklichen Rückschlag. Das hatte nicht nur dicke Rechnungen zur Folge, sondern auch, daß Leonard, der nach einiger Zeit Virginias Pflege übernahm, alle Geld einbringende Arbeit einschränken mußte. In den neun Monaten vom August 1914 bis Juni 1915 verdiente Leonard durch journalistische Tätigkeiten 17 Pfund 7 Shilling und 6 Pence. Allein die Arztrechnungen beliefen sich im Jahre 1915 auf 500 Pfund; die Woolfs mußten einiges von ihrem Vermögen verkaufen – Virginias Schmuck und wahrscheinlich einige Wertpapiere –, um diese Rechnungen zu bezahlen und für den täglichen Lebensunterhalt aufzukommen.

Das andere Ereignis war weit glücklicherer Natur, da es Leonard neue Interessen und Einkommensmöglichkeiten eröffnete. Auf den Einfluß von Margaret Llewelyn Davies hin, »die« Virginia zufolge »eine Dampfwalze zum Walzertanzen bringen konnte«, begann Leonard sich Anfang 1913 für die Genossenschaftsbewegung zu interessieren, und im Juni, als er dabei war, *The Wise Virgins* zu beenden, unternahm er eine Reise nach Newcastle, um am Jahreskongreß der Frauengenossenschaft *Women's Cooperative Guild* teilzunehmen. Sein Bericht darüber im *Manchester Guardian* erweckte die Aufmerksamkeit von Beatrice und Sidney Webb, die am 12. Juli 1913 die Woolfs zum Lunch einluden, um herauszufinden, ob Leonard der Typ des intelligenten jungen Mannes war, der ihnen zusagte. Wie sich herausstellte, war diese Zusammenkunft wahrscheinlich entscheidend für Leonards weitere Laufbahn. Sehr bald darauf machte Sidney Webb, Präsident des *New Statesman*, Leonard mit dem Herausgeber bekannt, dem er vorschlug, Leonard als Buchkritiker für den Bereich Krieg und Außenpolitik zu beschäftigen. Leonards Verbindung mit dem *New Statesman* überdauerte (bis auf eine Unterbrechung in den zwanziger Jahren, als er literarischer Herausgeber der *Nation* war) ein halbes Jahr-

58 *Leonard und Margaret Llewelyn Davies*

hundert. Als nächstes überredeten ihn die Webbs, den Auftrag anzunehmen, für die *Fabian Society* zwei Berichte über
die Schaffung einer internationalen Behörde für die friedliche
Beilegung von Auseinandersetzungen zu schreiben, ein Thema, das ihn sein Leben lang nicht mehr losgelassen hat.
Drittens wurde Leonard durch die Webbs selbst Mitglied der
Fabian Society, an der er bis zu seinem Tod ein lebhaftes
Interesse behielt. Als schließlich Sidney Webb 1917 Vor-
standsmitglied der Labour Party wurde, setzte er verschiede-

59 *Leonard mit Nehru, 1936*

ne beratende Ausschüsse zur Unterstützung von Labour-
Party-Mitgliedern des Parlaments ein – eines für internationale Fragen und ein anderes für Kolonialfragen. Leonard
wurde zum Sekretär beider Komitees ernannt und setzte sich
27 Jahre für sie ein.

Der erste der beiden Berichte, die Leonard für die *Fabian
Society* schrieb, erschien 1915 als Beilage zum *New States-
man*, und 1916 erschienen beide Teile in einem Buch mit dem
Titel *International Government* (Internationale Regierung),

das in der Folge eine bedeutsame Rolle bei der Schaffung jener Bereiche des Völkerbundes und später der Vereinten Nationen spielte, die sich als höchst wirksam erwiesen haben. »Im Dezember 1918«, schrieb Philip Noel-Baker, »als das *Foreign Office* seine Sektion des Völkerbundes zu organisieren begann, ›entdeckte‹ der selige Sydney Waterlow Woolfs Buch *International Government*. Waterlow war begeistert; er brachte eine gekürzte Fassung des Buches in einem Sonderdruck des *Foreign Office* heraus, wobei er Woolfs Vorstellungen im Hinblick auf den Umfang internationaler Zusammenarbeit in den Bereichen Arbeitsbedingungen, öffentliche Gesundheitspflege, Transportwesen, Wirtschafts- und Sozialpolitik etc. unterstrich; Lord (Robert) Cecil, der Leiter der Sektion, war von diesem Sonderdruck tief beeindruckt und nahm buchstäblich alle Ideen Woolfs in den britischen Vertragsentwurf auf, den er Woodrow Wilson in Paris übergab.* Woolf hat somit einen wesentlichen Anteil daran gehabt, den damaligen allgemeinen Vorstellungen von einem Völkerbund eine konkrete Form zu geben und vor allem die Arbeit des Bundes auf technischem, sozialem, wirtschaftlichem und finanziellem Gebiet zu konzipieren, woraus sich ein Dutzend Behörden der Vereinten Nationen entwickelt haben, von der ILO und der International Bank bis zur Internationalen Meteorologischen Organisation.«

International Government wurde geschrieben, während sich Virginias Krankheit hinzog. Wie wir gesehen haben, erschien *The Voyage Out* erst im März 1915, und Virginia genas erst ganz gegen Ende des Jahres. *The Voyage Out* ist, kurz skizziert, die Geschichte eines mutterlosen Mädchens, Rachel Vinrace, das auf einem Frachter nach Südamerika reist, einem jungen Mann begegnet, in den es sich verliebt, dann an einem tropischen Fieber erkrankt und stirbt. Aber wie Virginia später sagte, »schlägt sich jedes Seelengeheimnis eines Schriftstellers, jede seiner Lebenserfahrungen, jede seiner Geisteseigenschaften dick und breit in seinen Werken nie-

---

* Ein Exemplar von *International Government* war vom amerikanischen Marine-Hauptquartier in London auch an Oberst House, den amerikanischen Delegierten bei der Versailler Friedenskonferenz und Mit-Entwerfer des Vertrags für den Völkerbund, gesandt worden mit dem Begleittext, daß »Mr. L. S. Woolf ... in höchst wissenschaftlicher Weise eine Menge Daten zusammengetragen hat, die er im Hinblick auf eine internationale Regelung aus bisherigen Erfahrungen und Präzedenzfällen sorgfältig herausgefiltert hat und die Ihnen vielleicht als Gerüst von Nutzen sein werden.«

der«. *The Voyage Out* ist ausgesprochen autobiographisch. Der Titel des Buches bezieht sich auf Virginias eigene Reise aus den toten Gewässern von Hyde Park Gate in den Hauptstrom des Lebens. Rachels Schiffsreise liegt Virginias eigene Reise nach Lissabon zugrunde. Hinter Rachels Tante und Onkel, Mr. and Mrs. Ambrose, die sie auf ihrer Reise begleiten, verbergen sich Virginias Vater und Mutter. In Mrs. Ambrose steckt auch etwas von Vanessa. Rachels Fieberdelirium ist Virginias Delirium während eines ihrer Zusammenbrüche. Bloomsbury kommt gut zum Ausdruck. Einer der jungen Männer in der Geschichte, St. John Hirst, ist nach Lytton Strachey gezeichnet. Ein Exemplar von G. E. Moores *Principia Ethica* – »ein schwarzer Band über Philosophie« (in Wirklichkeit war er dunkelbraun) liegt auf dem Tisch neben Mrs. Ambrose. Das Schiff heißt »Euphrosyne« – wie der Titel eines Buches mit jugendlichen Versen von Clive, Lytton, Saxon, Leonard und anderen, das sie 1905 privat veröffentlicht hatten und unbedingt vergessen wollten.

Die Kritiker mochten das Buch. Die vom *Times Literary Supplement* fanden es »gescheit und schlau« und voll »bebender Lebensgier«. Die Personen waren »glänzend gezeichnet«. Aber im Hinblick auf das banale Problem, daß es die Kosten für den Lebensunterhalt decken sollte, war *The Voyage Out* nicht erfolgreicher als Leonards *The Village in the Jungle*. Im Laufe der ersten 15 Jahre brachte es gerade die Summe von 120 Pfund ein.

1916, als Virginia endlich ihre Gesundheit wiedererlangt hatte, waren die Woolfs immer noch in der prekären Lage, zur Bestreitung ihres Lebensunterhalts Geld borgen oder ihr Vermögen angreifen zu müssen. Im Laufe des Jahres gaben sie eine Summe von 676 Pfund 4 Shilling aus. Virginias Artikel für das *Times Literary Supplement*, durchschnittlich einer im Monat, konnten nicht mehr als 35 Pfund im Jahr einbringen, so wie sie damals bezahlt wurden. Leonards Einkünfte betrugen 176 Pfund: 50 Pfund von der *Fabian Society* für *International Government*, 1 Pfund 18 Shilling 3 Pence Honorare aus dem Verkauf seiner beiden Romane, 2 Pfund 2 Shilling für einen Vortrag, 21 Pfund für Artikel im *Labour Leader*, 1 Pfund 3 Shilling 6 Pence aus dem Verkauf von Buchexemplaren, die er rezensiert hatte, und das meiste für Artikel und Rezensionen für den *New Statesman*. Vorausgesetzt ihr Einkommen aus dem, was an Virginias Vermögen noch vorhanden war, betrug etwa 300 Pfund, überstiegen die Ausgaben dennoch ihr gemeinsames Einkommen um etwa 160 Pfund.

Als 1916 der »Military Service Act« durchkam, das heißt die allgemeine Wehrpflicht eingeführt wurde, entstanden neue Sorgen. Obgleich Leonard 35 Jahre alt war, lief er Gefahr, eingezogen zu werden. Zwei Harley-Street-Ärzte (Craig und Wright), die Leonard seit Jahren behandelt hatten, bescheinigten ihm seine Untauglichkeit wegen eines »ererbten nervösen Zitterns, das nicht zu kontrollieren ist« und Kopfschmerzen, die »leicht mit Müdigkeit einhergehen«. Dr. Craig, der wegen Virginias Gesundheit zu Rate gezogen worden war, erwähnte, daß Leonard Virginia während ihres Nervenzusammenbruchs selbst gepflegt habe, und legte dar, daß es ihrer Gesundheit sehr abträglich wäre, wenn ihr seine Pflege entzogen würde. Zum Glück beschloß das »Military Service Act Tribunal«, ihn aus gesundheitlichen Gründen vom Militärdienst freizustellen. Virginia schrieb an ihre Freundin Ka Cox: »Leonard ist gänzlich davon freigestellt worden, dem Land in irgendeiner Form zu dienen. Zitternd wie Espenlaub ist er vor die Militärärzte getreten, mit Bescheinigungen, die besagten, daß er ein nervöses Zittern habe und seit jeher habe und nie aufhören werde, es zu haben. Es ist eine große Gnade für uns.«

1917, im fünften Jahr ihrer Ehe, konnten daher beide Woolfs ohne ernsthafte Unterbrechung arbeiten. Virginia machte sich an ihren zweiten Roman und schrieb 33 Rezensionen für das *Times Literary Supplement*. Außerdem übernahm sie eine Menge langweiliger Abschreib-Arbeit für Leonard in Verbindung mit einem zweiten Buch, das er für die *Fabian Society* schreiben sollte. Die Hogarth Press wurde gegründet und erbrachte im ersten Jahr einen geringfügigen Gewinn von etwas weniger als 7 Pfund... Leonard steigerte seine Einkünfte auf 241 Pfund. Doch wieder gab es ein Defizit, und wieder ging es an Virginias Vermögen. Dieses Muster periodischer Defizite und offenbar jährlicher Verminderung des Vermögens setzte sich noch sechs Jahre lang fort und war somit von 1912 bis 1923 typisch für ihr Leben.* Bis 1918/19

---

* Von Dezember 1918 bis Ende 1922 redigierte Leonard die Monatszeitschrift *The International Review* und eine 16seitige internationale Ausgabe von *Contemporary Review*, war jedoch auch weiterhin als freier Mitarbeiter für andere Zeitungen tätig. Als Redakteur erhielt er in den ersten drei Jahren jährlich 250 Pfund, im vierten 200. Die Angaben über Einkünfte und Ausgaben in dieser Zeit sind nicht vollständig; es ist möglich, daß es in einigen dieser Jahre kein Defizit gab oder nur ein kleines.

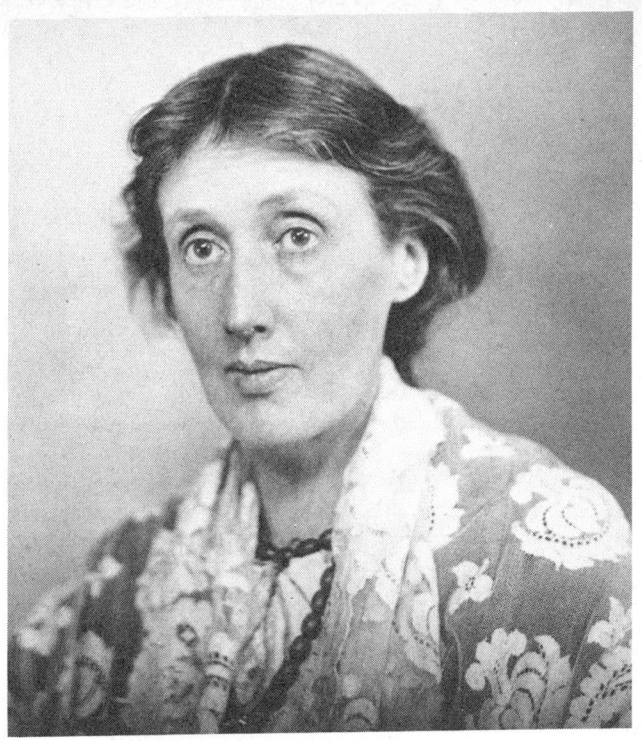

60 *Virginia – ein Studiophoto*

war das Einkommen aus Virginias bescheidenem Erbteil auf weniger als die Hälfte seiner Ursprungssumme geschrumpft und bis 1921/22 auf noch weniger.

Wir wissen auch, daß Virginia zumindest im Jahre 1918, vielleicht auch in anderen Jahren, Geld herbeischaffte, indem sie Bücher und Manuskripte verkaufte, die sie von ihrem Vater geerbt hatte. Während Leonard laut seiner Autobiographie sich nie wegen Geld »Sorgen machte«, geriet Virginia »hin und wieder... wegen unserer Finanzen plötzlich in Panik... Aber die Panik hielt nicht an, und wir unternahmen keine unmittelbaren Schritte, um für mich eine feste Stellung zu finden.« Schon vor ihrer Heirat hatte Virginia festgestellt: »Es erscheint idiotisch, nur um eines höheren Einkommens willen Leonard in ein Büro zu stecken.« Virginias zweiter

64 *Virginia in Garsington, 1923; im Vordergrund der Kopf von Lord David Cecils*

61–63 *Virginia im oberen Wohnzimmer im Monks House*

65 *Das obere Wohnzimmer im Monks House, wie es heute aussieht. Dort wurden die meisten Innenaufnahmen gemacht*

66–70 *Virginia und Leonard in Monks House*

Roman, *Night and Day*, erschien 1919. Es war ihr Gegenstück zu Leonards *The Wise Virgins*. Es berichtet auch von ihrer Brautzeit, der Kluft zwischen dem Stephenschen und dem Woolfschen kulturellen Hintergrund und den Charakteren der beiden Hauptfiguren – aber überall auf weichere, weniger realistische Weise als in Leonards Darstellung. Virginias Version war auch weit humorvoller, besonders in der herrlich amüsanten Beschreibung von Mrs. Hilbery – Virginias Tante, Annie Thackeray Ritchie. Offenbar fanden die Ritchies die Beschreibung nicht so lustig und waren deswegen wütend auf Virginia. Es ist auch möglich, daß Virginia sich mit Leonard einen kleinen Spaß erlaubte, indem sie ihre Heldin (die Vanessa etwas nachgebildet war) »Katherine« nannte und sie mit einer hohen mathematischen Begabung ausstattete, da Camillas Schwester in *The Wise Virgins* eine Katherine war, »die den binomischen Lehrsatz nicht verstehen kann«. Der Hauptunterschied zwischen den beiden Romanen liegt jedoch in ihrem Aufbau: Leonard hat eine Geschichte über spezifische Menschen geschrieben; Virginia benutzt spezifische Menschen, um über ein universelles Thema zu schreiben: »Was ist Liebe?« Ist es »eine humorvolle Art von Zärtlichkeit für ihn, ein eifriges Eingehen auf seine Neigungen«? Ist es »nur eine Geschichte, die man sich über einen anderen Menschen ausdenkt«? Man gewinnt den Eindruck, daß es je nach Individuum eines von vielen Dingen sein kann. Für die sensible, schüchterne intellektuelle Katherine Holbery und vermutlich für Virginia ist die Antwort wohl in den Worten zu finden: »Du hast meiner Einsamkeit ein Ende bereitet.« Dies ist keine beiläufige Beobachtung. In jedem Virginia-Woolf-Roman treten einsame Menschen auf, und von ihnen erfahren wir, daß der Einsamkeit durch Liebe, Arbeit – oder Tod – ein Ende bereitet werden kann. Der Kritiker vom *Times Literary Supplement* fand *Night and Day* voller Weisheit und Humor und »so spannend, daß man beim Lesen eine intensive gefühlsmäßige Erfahrung durchmacht«.

1920 veröffentlichte Leonard ein weiteres Buch von Bedeutung: *Empire and Commerce in Africa.** Philip Noel-Baker

---

* Zwischen dem Erscheinen von *International Government* im Jahr 1916 und *Empire and Commerce in Africa* 1920 veröffentlichte Leonard noch zwei weitere Werke: 1917 *The Future of Constantinople* und 1918 *Co-Operation and the Future of Industry*.

sagte darüber: »Es rüttelte das Gewissen der Kolonialmächte auf und rief ein Gefühl treuhänderischer Verantwortlichkeit gegenüber unterworfenen Völkern hervor.« Im folgenden Jahr erschien Leonards letztes erzählerisches Werk, ein schmales Bändchen von 55 Seiten mit dem Titel *Stories from the East*. Dieses enthielt drei – wahrscheinlich früher geschriebene – Geschichten, von denen eine, *Pearls and Swine*, dem Kritiker des *Daily Mail* zufolge »unter die großen Erzählungen der Welt einzureihen ist«. Als er gebeten wurde, diese Erzählung noch etwas auszuschmücken, damit sie für den amerikanischen Markt annehmbar würde, erklärte Leonard, er habe keine Lust, die Geschichte umzuschreiben, und so erschien sie nie in den Vereinigten Staaten.

Virginias dritter Roman, *Jacob's Room*, wurde 1922 veröffentlicht. Es ist ein Prosagedicht, in Erinnerung an ihren geliebten Bruder Thoby geschrieben, der sechzehn Jahre vorher im Alter von 26 Jahren gestorben war. »Wir leben nur durch die Liebe«, schrieb Samuel Butler, »und am echtesten leben wir nicht in uns selbst, sondern in anderen...« Was Virginia über Jacob geschrieben hat, ist größtenteils das Leben, das er in anderen gelebt hat. Jacob selbst redet selten. Die Technik, die Virginia benutzte, war neu, und viele der damaligen Kritiker fanden sie schwierig. Das Leben wird nicht in der geordneten Form beschrieben, in der Biographen oder traditionelle Schriftsteller ihre Stoffe anordnen mit gleichmäßiger Hervorhebung jeder weltlichen Errungenschaft, sondern wird durch eine Menge scheinbar desorganisierter und zusammenhangloser Eindrücke in Szene gesetzt, ganz gleich ob wichtig oder unwichtig, einfach wie sie gerade kreuz und quer in den Hinterstübchen unserer Hirne verstaut sind. *Times Literary Supplement* lobte zwar die »Kühnheit« von Virginias Methode, kam aber zu dem Schluß, daß »so keine Menschen und Charaktere herauskommen, wie wir sie insgeheim kennenlernen möchten«. Den kritischen Freunden Virginias jedoch gefiel *Jacob's Room*: »Diesmal sind die Rezensionen gegen mich und die privaten Leser begeistert.« 1922 wurden in England zwei Auflagen in Höhe von insgesamt 2200 Exemplaren gedruckt, und als das Buch im folgenden Jahr in den Vereinigten Staaten erschien, wurden 2500 Exemplare gedruckt. Während Virginia mit den letzten Arbeiten an *Jacob's Room* beschäftigt war, kandidierte Leonard fürs Parlament. Zu jener Zeit hatten die englischen Universitäten acht Mitglieder im Parlament: je zwei von Oxford, Cambridge und London und zwei von der »Combined English University Constituency«, die die sieben anderen englischen Universitäten repräsentierte. Leonard wurde von einer Gruppe, die sich »Seven Universities Democratic Association« nannte und eine Zweigorganisation der Labour Party war, gebeten, sich als Kandidat aufstellen zu lassen. Seine Kampagne, die sich theoretisch vom Mai 1920 bis zur Wahl im November 1922 erstreckte, war halbherzig; er sprach nur an vier der sieben Universitäten, die zu seinem Wahlbezirk gehörten, und rief bei den Wählern keine große Begeisterung hervor. Wie zu erwarten, hatte er nicht viel Erfolg; er gewann nur 12 Prozent der Stimmen.

So endeten die ersten elf Jahre ihres Ehelebens, eine Zeit, in der ein Weltkrieg stattfand und Virginia lange gemütskrank war. Die Woolfs hatten es nicht ganz geschafft, sich vom Schreiben zu ernähren. Ihre Pläne waren durch Virginias Krankheit und den dadurch erhöhten Lebensstandard vereitelt worden. Dennoch hatten sie in diesen sorgenvollen Jahren viel erreicht. In dieser Zeit, die als seine produktivste angesehen werden muß, hatte Leonard drei bedeutende Bücher geschrieben: *The Village in the Jungle, International Government* und *Empire and Commerce in Africa*. Virginia hatte sich als Schriftstellerin etabliert, und obwohl die produktivsten Jahre noch vor ihr lagen, waren alle, die sie kannten, voller Vertrauen auf eine glänzende Zukunft. Was damals niemand voraussehen konnte, waren die Größe ihres späteren Erfolges und die Entwicklung der Hogarth Press, die 1917 in aller Stille gegründet worden war.

Im Jahre 1917, als Leonard und Virginia noch im Hogarth House in Richmond wohnten, kauften sie für etwas mehr als 19 Pfund eine winzige Druckerpresse und eine kleine Menge Drucktypen. Beide hatten keinerlei Erfahrung im Drucken, aber mit Hilfe eines Lehrbuches und nach ein paar Wochen Übung konnten sie mit einer kurzen Ankündigung ihrer Absicht aufwarten, »eine Broschüre mit zwei Geschichten« zu drucken, die sie geschrieben hatten: Virginias Geschichte *The Mark on the Wall* (»Der Fleck an der

Wand«) und Leonards *Three Jews*. Sie forderten dazu auf, die Broschüre zu einem Subskriptionspreis von 1 Shilling 6 Pence zu bestellen, die im voraus per Postanweisung zu bezahlen waren.

Wenn sie auch fanden, daß ihr neues Spielzeug »die fesselndste aller Betätigungen« war, beanspruchte es doch viel Zeit. Um die 34 Seiten umfassende Broschüre herzustellen, brauchten sie zwei Monate, in denen sie fast jeden Nachmittag daran arbeiteten. Die Lettern, die sie zusammen mit der Presse gekauft hatten, reichten nur für zwei kleine Seiten aus. Nachdem sie den Satz eingeschwärzt und damit gedruckt hatten, immer nur ein Blatt auf einmal, mußten die Druckformen wieder auseinandergenommen werden, damit die Typen für die nächsten zwei Seiten benutzt werden konnten. Niemand weiß genau, wie viele Exemplare gedruckt wurden – Leonard schätzte, es waren etwa 150. Wir wissen jedoch, wie viele verkauft wurden. Leonard trug das Datum, den Namen des Käufers (bis auf eine Ausnahme) und die für jedes Exemplar erzielte Summe in eines seiner alten Rechnungsbücher ein, die er noch von Ceylon übrig hatte. Diese Aufstellung zeigt, daß vor dem Veröffentlichungsdatum im Juli 1917 etwa 100 Exemplare bestellt und daß zwei Jahre später 135 Exemplare verkauft waren, als die Broschüre vermutlich für vergriffen erklärt wurde. Die meisten Leute, die nach der Veröffentlichung kauften, bezahlten zwei Shilling pro Exemplar bis auf den namenlosen Käufer des 135sten und letzten Exemplars – er bezahlte 7 Shilling 6 Pence.

Im Grunde genommen wurden alle Exemplare von *Two Stories* von Freunden und Bekannten der Autoren gekauft. Die bekanntesten unter ihnen (außerhalb des Bloomsbury-Kreises) waren John Drinkwater, Beatrice Webb, Mrs. Bernard Shaw, Michael Sadler, Edward Garnett, William Rothenstein und Katherine Mansfield.

Veröffentlichung Nr. 1 war in der handwerklichen Tradition von Roger Frys Omega-Workshops gehalten. Sie war mit vier Holzschnitten von Dora Carrington, einer Omega-Künstlerin, illustriert, die 15 Shilling für ihre Arbeit erhielt. Der Umschlag bestand aus attraktivem blauen und roten japanischen Grasleinenpapier (bis der Vorrat zur Neige ging und normales gelbes Papier als Ersatz genommen werden mußte). Und wie die Handvoll Bücher, welche die Omega-Workshops seit 1915 veröffentlichten, enthielt der Band wertvolles

Material, für das sich wahrscheinlich kein kommerzieller Verleger finden ließ. Aber anders als Omega-Workshops und Hunderte anderer künstlerischer Unternehmen machte die Hogarth Press von Anfang an Gewinn. Nach den bis ins kleinste aufgeführten Rechnungen, die Leonard aufbewahrte, machte das Unternehmen mit seiner ersten Veröffentlichung 6 Pfund 7 Shilling Gewinn, allerdings ohne daß Virginia und Leonard für ihre Autoren- und Druckertätigkeit honoriert worden waren.

Vom Gewinn ermutigt, kauften die Woolfs mehr Drucktypen und eine Papierschneidemaschine, bevor sie ihre nächste Veröffentlichung in Angriff nahmen.

Die zweite Veröffentlichung war in jeder Hinsicht anspruchsvoller als die erste. Der Text war viel länger und die Autorin, Katherine Mansfield, noch unbekannter. Leonard und Virginia begannen mit dem Satz der Kurzgeschichte *Prelude* im November 1917. Für den Druck der 68 Seiten dieses Buches brauchten sie mehr als acht Monate. Zu jener Zeit arbeiteten Leonard und Virginia fast jeden Nachmittag daran, wobei Virginia vor allem das Setzen besorgte und Leonard die Maschine bediente. Die Hogarth Press stellte ihren ersten Mitarbeiter ein – Barbara Hiles –, die gegen Ersatz der Fahrtkosten, für ein Mittagessen (»Fleisch, Gemüse und Pudding«) und einen nicht genau definierten Anteil am Gewinn drei Tage in der Woche arbeitete. Ihre Gesamteinnahmen beliefen sich einschließlich der Fahrtkosten und eines Freiexemplars des Buches auf 2 Pfund 2 Shilling 6 Pence. Der Preis für *Prelude* betrug 3 Shilling 6 Pence, und es ging ziemlich schlecht. Vom Erscheinungsdatum im Juli 1918 bis zum Ende des Jahres waren nur 84 Exemplare verkauft; und das Buch wurde erst 1923 für vergriffen erklärt. Die Einkünfte der Autorin beliefen sich auf 5 Pfund 6 Shilling 6 Pence. Der Gewinn der Hogarth Press betrug nach diesen Zahlungen und anderen Kosten, einschließlich einer kleinen Summe für Werbung, weniger als 16 Pfund.

Obwohl das Katherine-Mansfield-Buch als zweite Veröffentlichung der Hogarth Press geplant war und es gewöhnlich als solche auch im Antiquariat angeboten wird, wurde es durch einen unglücklichen Umstand tatsächlich die dritte. Anfang Dezember 1917, mitten im Satz von *Prelude*, traf die Nachricht ein, daß Leonards hochbegabter jüngerer Bruder Cecil in der Schlacht von Cambrai gefallen war. Ein zweiter Bruder, Philip, wurde von derselben Granate schwer verwundet. Sobald Philip als Invalide nach Hause kam, legte Leonard *Prelude* beiseite und setzte mit Virginias Hilfe eine Handvoll von Cecils Gedichten ab. Sie druckten, nur zur privaten Verteilung, eine unbekannte Zahl von Exemplaren; dies war bestimmt die ungewöhnlichste aller Veröffentlichungen der Hogarth Press: ein dünnes weißes Heft, ungefähr im Format 11 mal 15 cm, mit dem Titel *Poems by C. N. Sidney Woolf, late 20th Hussars (Spec. Res.), Fellow of Trinity College, Cambridge* und einer Widmung Philips »zur Erinnerung an den teuersten und tapfersten Bruder, von dem je ein Mensch geliebt wurde – animae dimidium meae«.

Ende 1918 wäre es schwierig gewesen, der Hogarth Press überhaupt eine Zukunft vorauszusagen. Sicherlich war sie aus den ersten zwei Jahren nicht ohne Gewinn hervorgegangen, aber das bei Hunderten von Stunden unbezahlter Arbeit, um von den drei veröffentlichten Bänden insgesamt weniger als 400 Exemplare auszustoßen. Diese außerordentliche zeitliche Beanspruchung erwies sich für Virginia und Leonard fast dreißig Jahre lang als großes Problem, und das führte zu verschiedenen Vorschlägen, wie die Belastung zu verringern wäre, die sogar so weit gingen, die Hogarth Press gänzlich einzustellen. 1919 war nichts weiteres erreicht als eine leichte Richtungsänderung. Leonard und Virginia hatten zugestimmt, das Gedichtbuch eines neuen Freundes zu veröffentlichen – des jungen in England lebenden Amerikaners T. S. Eliot –, der gerade kurz vorher seine Lehrertätigkeit aufgegeben und eine Stellung bei der Lloyds-Bank in London angenommen hatte. »Mr. Eliot«, schrieb Virginia in einem Brief an ihre Freundin Violet Dickinson, »ist ein Amerikaner von so hoher Bildung, daß alles, was er schreibt, fast unverständlich ist.« Die Hogarth Press plante auch, Virginias Erzählung *Kew Gardens* (»Im Botanischen Garten«) zu drucken. Als weiteres Projekt planten sie *The Critic in Judgment,* ein Gedicht von John Middleton Murry. »Middleton Murry gibt das *Athenaeum* heraus und ist auch sehr unverständlich«, erklärte Virginia. Während Virginia Murry zwar achtete und ihr an seiner guten Meinung gelegen war (sie und Leonard waren beide Mitarbeiter beim *Athenaeum*), konnten weder sie noch Leonard Murry leiden – wenige Leute taten das. Ein englischer Kritiker bezeichnete ihn als »den meistgehaßten Literaten im Lande«. Die Woolfs mochten allerdings Katherine

Mansfield, die Murry 1918 geheiratet hatte, und es ist möglich, daß sie zwar gewillt waren, *The Critic in Judgment* zu veröffentlichen, aber nicht selbst den Satz zu besorgen. Was auch immer der Grund war, Murrys Buch wurde an einen Drucker in Richmond vergeben – ihr erstes Wagnis in kommerzieller Produktion.

Die drei erwähnten Bücher, Virginias *Kew Gardens*, Eliots *Poems* und Murrys *The Critic in Judgment* sollten alle gleichzeitig veröffentlicht werden: am 12. Mai 1919. Offenbar wurden sie alle Anfang Mai gemeinsam potentiellen Käufern angeboten, zugleich mit einem ausgefeilteren Subskriptionsprogramm. Letzteres sah zwei Arten von Subskribenten vor, die vor Erscheinen der Bücher eine Anzahlung leisteten: Typ A sollte alle Bücher automatisch bei Erscheinen erhalten, während Typ B nur die Bücher erhalten sollte, die er gezielt aus dem Verlagsprospekt auswählte. Die ersten Anzahlungen und Bestellungen gingen am 6. Mai ein. In den meisten Fällen wurde 1 Pfund angezahlt, manchmal auch nur die Hälfte. Die höchste Anzahlung, die in den paar Jahren geleistet wurde, in denen dieses Subskriptionsprogramm gültig war, betrug 5 Pfund. Zu den 5-Pfund-Subskribenten gehörten H. G. Wells, Rebecca West und Vita Sackville-West. Virginia wurde, wie immer vor Veröffentlichungen eines ihrer Werke, sehr nervös: »Murry und Eliot bestellt, ich nicht« – diese Notiz beruhte vermutlich darauf, daß Mr. Arthur L. Dakyns von der Upper Wimpole Street, der als erster für die Publikation Nr. 1 subskribiert hatte, je ein Exemplar von Eliots und Murrys Gedichten bestellte, aber keines von *Kew Gardens*, und daß Mr. John W. Haines aus Hucclecote in der Nähe von Gloucester das gleiche tat.

Bis zum 27. Mai, als Leonard und Virginia für eine Woche nach Sussex in Urlaub fuhren, waren von *Kew Gardens* 42 Exemplare verkauft. Die Fabel will es – möglicherweise das Ergebnis von Virginias Neigung, eine gute Geschichte noch besser zu machen –, daß zu diesem Zeitpunkt *Kew Gardens* unter den laufenden Angeboten der Hogarth Press »nur« an dritter Stelle lief und Virginia ob des relativ schlechten Abschneidens ziemlich verärgert war. In Wirklichkeit – wie aus Leonards Rechnungsbuch zu ersehen – lief Virginias Buch etwas besser als die beiden anderen. Zum gleichen Zeitpunkt waren von Eliot 33 und von Murry 27 Exemplare verkauft. Aber das nur nebenbei als Hintergrundinformation. Das

Drama ereignete sich am 3. Juni, als Leonard und Virginia nach Richmond zurückkehrten, die Tür vom Hogarth-Haus öffneten und den »Dielentisch mit Bestellungen für *Kew Gardens* bedeckt, übersät« vorfanden. Das *Times Literary Supplement* vom 29. Mai hatte das Buch auf einer halben Spalte als »von origineller und deshalb seltsamer Schönheit« beschrieben. Virginia notierte in ihrem Tagebuch: »...wurde mir so viel Lob zuteil, wie ich überhaupt nur erwarten konnte. Und zehn Tage vorher habe ich noch ganz gefaßt mit einem völligen Mißerfolg gerechnet.« Die Woolfs waren so aufgeregt, daß sie kaum zu Abend essen konnten und miteinander stritten, sich dann jedoch schnell wieder versöhnten und sich an die notwendige Arbeit machten, um den Bestellungen nachzukommen, die sie erhalten hatten: »Umschläge zurechtschneiden, Titeleien drucken, Buchrücken kleben und schließlich wegschicken.« Die ursprünglichen Bestände von 170 Exemplaren, die die *Press* gedruckt hatte, wurden durch die Bestellungen gänzlich erschöpft. Leonard bestellte sofort 500 Exemplare bei einem Drucker. Er sah auch eine zusätzliche Chance für den Verkauf von Virginias früheren Schriften und beschloß eine Neuauflage von *The Mark on the Wall*, ihrer Geschichte in der Publikation Nr. 1, von der er 1000 Exemplare bei einer weiteren Druckerei bestellte. So war fast über Nacht ein Hobby zum Geschäft geworden. Das muß auch Leonard so empfunden haben, denn er bestellte ein kupfernes Firmenschild für die Tür zu einem Preis von 10 Shilling 6 Pence.

Alle drei Bücher waren erfolgreiche Wagnisse. Der Bestand von Eliots Gedichten (von denen sie etwas mehr als 225 gedruckt hatten) war 1920 erschöpft. Die zweite Auflage von *Kew Gardens* war 1921 vergriffen. Murrys *The Critic in Judgment* (Auflage: 200) war ein Jahr später völlig ausverkauft.

Das Honorar, das die Autoren in diesen Anfangsjahren der *Press* bekamen, betrug gewöhnlich 25 Prozent vom Gewinn. So war es mit Katherine Mansfield abgemacht und unverändert auf Eliot und Murry übertragen worden. Wie bei ihrer ersten Veröffentlichung bekam Virginia (außer als Partnerin der Hogarth Press) nichts für ihre Autorenschaft von *Kew Gardens*. Also sahen Produktions- und Vertriebskosten, Autorenhonorare und der Gewinn der *Press* folgendermaßen aus:

	Kew Gardens (Erst- und Zweitauflage)			Eliots Poems			Critic in Judgment		
	Pfd.	Sh.	P.	Pfd.	Sh.	P.	Pfd.	Sh.	P.
Kosten	28	1	8	6	1	10	11	7	7
Autorenhonorar			–	3	2	6	1	13	0
Reinerlös der *Press*	14	14	0	9	6	10	5	1	2

Nicht viel, weder für den Autor noch für den Verleger, selbst nach den Maßstäben von 1919: in jenem Jahr erhielt Virginia für die 42 Rezensionen, die sie für das *Times Literary Supplement* und *The Athenaeum* verfaßte, 153 Pfund – im Durchschnitt also fast 4 Pfund pro Rezension.

Nach den ersten drei gewagten Aufträgen an kommerzielle Druckereien kam es 1919 mit der Veröffentlichung der *Reminiscences of Leo Nicolayevitch Tolstoi* (»Erinnerungen an Leo Nikolajewitsch Tolstoi«) von Maxim Gorki im folgenden Jahr zu einer positiveren Wendung. Das Buch wurde den Woolfs von einem russisch-jüdischen Flüchtling, Samuel Solomonawitsch Koteljansky, gebracht, der jedermann inner- und außerhalb des Bloomsbury-Kreises als »Kot« bekannt war. Kot war 1911 nach England gekommen, war 1914 bei einer Wanderung im Lake District D. H. Lawrence begegnet, wurde von diesem Katherine Mansfield und Middleton Murry vorgestellt und von denen wiederum wahrscheinlich Leonard und Virginia Woolf. Katherine Mansfield zufolge hatte Kot in Kiew einen Aufstand gegen den Zaren zu organisieren versucht, der jedoch im Sande verlief: »An dem Tag, an dem der Aufstand stattfinden sollte, stellte sich am verabredeten Treffpunkt niemand außer Kot ein; er war so erschüttert, daß er anfing zu laufen und nicht mehr anhielt, bis er auf der Tottenham Court Road angelangt war.«

Als Kot 1919 mit den Woolfs zusammenkam, hatte er gerade von Gorki ein Exemplar der »Erinnerungen« erhalten, mit dem Recht, sie ins Englische zu übertragen. Kot schlug vor, daß er und Leonard die Übersetzung zusammen vornehmen sollten und daß die Hogarth Press sie veröffentlichte. »Wir gingen so vor«, erklärte Leonard, »daß Kot handschriftlich eine Rohübersetzung anfertigte und dabei zwischen den Zeilen viel Platz ließ.« Leonard brachte dann diese »höchst seltsame Fassung« in ein lesbares Englisch. Das Buch war mindestens so lang wie *Prelude*, und die Woolfs versuchten

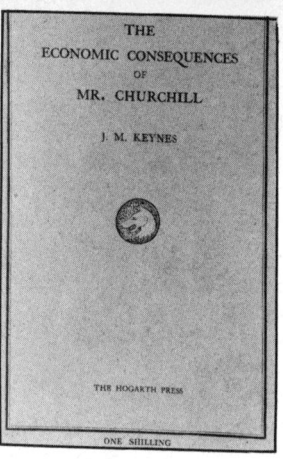

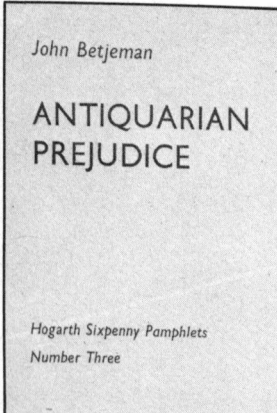

72 Seiten und Umschläge von Hogarth-Press-Veröffentlichungen

nie wieder, irgend etwas von dieser Länge mit der Hand zu setzen. Statt dessen wurden 1000 Exemplare bei dem Drucker in Auftrag gegeben, der die zweite Auflage von *Kew Gardens* hergestellt hatte. Gorkis »Erinnerungen« wurden im Juli 1920 veröffentlicht. Sie liefen gut, wurden das ganze Jahr über stetig verkauft und waren 1921 vergriffen. Es wurde eine zweite Auflage bestellt. Der *London Mercury* kaufte für 15

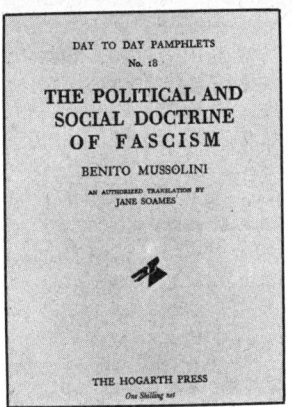

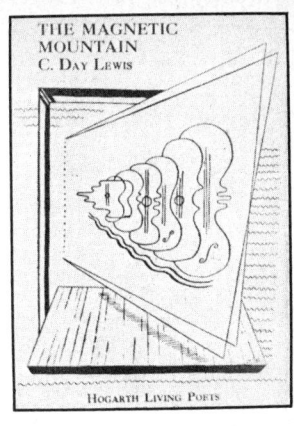

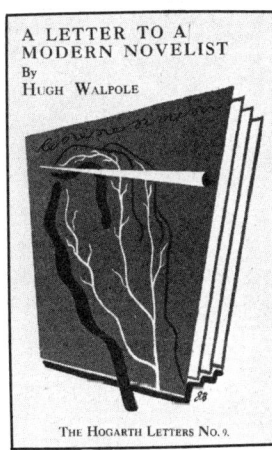

Pfund die Rechte für einen Teilabdruck, und die amerikanischen Rechte wurden für 90 Pfund verkauft. Kot erhielt die Hälfte dieser Beträge plus 25 Prozent des ganzen Gewinns – insgesamt etwa 78 Pfund bis Ende April 1924. Im selben Zeitraum betrug der Gewinn der Hogarth Press an diesem Buch – vor Umlage der Gemeinkosten – etwas mehr als 122 Pfund, also beträchtlich mehr als der Gesamtverdienst an allen vorhergehenden Veröffentlichungen. In den nächsten drei Jahren folgten sechs weitere Koteljansky-Übersetzungen aus dem Russischen, darunter Werke von Tschechow, Tolstoi und Dostojewski. Sie wurden in kommerziellen Druckereibetrieben hergestellt und verkauften sich ebenfalls erstaunlich gut. An dreien dieser Bände arbeitete Kot mit Virginia und an zwei weiteren mit Leonard. Bei dem sechsten Band, einem Buch mit Kurzgeschichten von Ivan Bunin, übersetzte Kot eine Geschichte unter Mitwirkung von D. H. Lawrence, während die anderen drei das gemeinsame Werk von Kot und Leonard waren. Unglücklicherweise wurde beim Satz Lawrence' Name aus Versehen auf der Titelseite vergessen. Die Übersetzungen in dem Band wurden alle Leonard und Kot zugeschrieben, so daß ein Erratum-Zettel notwendig wurde.

Während die Hogarth Press mit diesen Übersetzungen aus dem Russischen erfolgreich auf kommerzielles Gebiet vorstieß, entwickelte sie gleichzeitig einen beneidenswerten Ruf als Entdeckerin unbekannter und ursprünglicher Talente. 1922 veröffentlichte die Hogarth Press Virginias *Jacob's Room* und im Jahr darauf Eliots *The Waste Land* (»Das wüste Land«), Bücher, die Marksteine in der Literatur des zwanzigsten Jahrhunderts geworden sind. Von nun an strömten von allen Seiten Manuskripte in das Hogarth-Haus. Der Verlag, der 1917 dem Publikum ein Buch angeboten hatte und 1919 drei, kam 1927 mit vierzig neuen Titeln heraus. Diese Aktivitätssteigerung brachte unweigerlich erhebliche Änderungen in der Arbeitsweise mit sich. Im November 1921 wurde eine größere Minerva-Tiegeldruckpresse – aus zweiter Hand und durch ein Pedal zu bedienen – angeschafft, auf der die Woolfs bessere Arbeit leisten konnten. »Ganz professionell« war Jahre später das Urteil eines Berufsdruckers, nachdem er die frühen Arbeiten von Leonard und Virginia geprüft hatte. Aber die anderweitige zeitliche Beanspruchung der beiden Besitzer hatte zur Folge, daß trotz der neuen Ausrüstung immer weniger Bücher handgesetzt und handgedruckt und diese Arbeiten schließlich 1932 ganz eingestellt wurden, nachdem ganze 34 Bücher auf diese mühsame Weise hergestellt worden waren. Die Ausweitung des Programms führte auch dazu, daß man mehr Raum für die Hogarth Press brauchte, und dieser wurde im Souterrain der Bloomsbury-Häuser geschaffen, welche die Woolfs nach 1924 gekauft hatten. Und schließlich brauchte man die Hilfe von Außenstehenden, und um die jeweiligen Lücken zu füllen, zogen in diesen kleinen Betrieb ein: Ralph Partridge (von 1920–23); Marjorie Joad (1923–25); G. W. Rylands (Juli–Dezember 1924); Angus Davidson (1924–27); Bernadette Murphy (Februar–Juli 1925); Mrs. Cartwright (1925–30); Richard Kennedy (1929–31); John Lehmann (1931–32), der noch ein zweites Mal kam, diesmal als Partner (1938–46).

Es gab verschiedene Gründe für diesen Mitarbeiterwechsel. Erstens spielte die Frage der Bezahlung eine Rolle. Ralph Partridge erhielt 100 Pfund pro Jahr und eine Gewinnbeteiligung von 50 Prozent, die sich in den zweieinhalb Jahren, die er in der Firma arbeitete, auf 41 Pfund 12 Shilling 4 Pence belief. Richard Kennedy wurde für ein Pfund die Woche eingestellt. Aber die Gehälter waren wahrscheinlich das kleinste Problem. Leonard wußte, daß die Ausgaben niedrig und die Risiken so gering wie möglich gehalten werden mußten, damit der kleine Verlag nicht auf einen Konkurs zusteuerte und damit das Schicksal so vieler künstlerisch wohlgemeinter Unternehmungen erlitt. Die Hogarth Press nahm zwar auch Bücher an, bei denen man mit Verlust rechnete, aber immer erst nachdem Leonard nüchtern und realistisch die maximale Höhe des zu erwartenden Verlustes errechnet hatte und zu der Überzeugung gelangt war, daß das Minus durch die Gewinne aus anderen Veröffentlichungen ausgeglichen werden konnte. In Cambridge galt Leonard als Romantiker, aber an seiner Buchhaltung war nichts Romantisches. Während seines Dienstes in Ceylon hatte er ein System zur Errechnung seiner persönlichen Ausgaben entwickelt, das er unverändert auf seine verlegerische Tätigkeit anwandte. Dieses System führte schließlich zu Schwierigkeiten mit dem Finanzamt, da es einzig und allein die laufenden Einnahmen und Ausgaben berücksichtigte, also überhaupt nicht das Stammkapital am Anfang und Ende des jeweiligen Abrechnungszeitraums. Aber wie jede geschäftsmäßige Buchhaltung verlangte auch Leonards System, daß jeder halbe Penny, den man ausgab, aufgeschrieben wurde; der Angestelltentypus hingegen, den mehr die ästhetische Seite des Verlegens interessierte, neigte eher dazu, die halben Pennys für unwichtig zu halten. Außerdem war Leonard aufgrund seiner Überzeugung, daß die Risiken möglichst klein gehalten werden mußten, keineswegs bereit, auf das Recht zu verzichten, die

Bücher, die veröffentlicht werden sollten, selbst mit auszu-
wählen. Er wußte nur allzu gut, was mit Walter Scotts und
Mark Twains verlegerischen Unternehmungen geschehen
war. Und zuletzt war er nicht nur ein anspruchsvoller Zucht-
meister, sondern er neigte auch dazu, die Fakten und das
Urteil anderer anzuzweifeln, selbst bei Dingen von geringerer
Bedeutung. Einzig der unwiderlegbare Beweis überzeugte
ihn. Noch härter gesagt, er war dickköpfig, er war störrisch
und er liebte es zu streiten. Daß er meist recht hatte (und er
genoß es, recht zu behalten), machte es für andere nicht
gerade einfacher, mit ihm in Frieden und Harmonie zusam-
menzuarbeiten. Hatte er mit seinen Untergebenen eine Auseinandersetzung, konnte er sich in eine Rage hineinsteigern
(die Anspannung, mit Virginia zu leben, mag dabei eine Rolle
gespielt haben), die ihn bei den Opfern seiner Rage nicht eben
beliebt machte. Einmal, als er unbedingt beweisen wollte, daß
Angus Davidson zu spät gekommen war, bestand er darauf,
daß sie hinausgingen und ihre Uhren, die um zwei Minuten
voneinander abwichen, mit der riesigen Uhr verglichen, die
über der Tür der Pitman's School am Russell Square hing. Die
Auseinandersetzungen zwischen John Lehmann und Leonard nahmen homerische Ausmaße an.

Virginias Rolle bei der Gründung der Hogarth Press hat
schon zu vielen Fragen Anlaß gegeben. Sollte das Unternehmen als therapeutische Ablenkung für sie dienen? Leonard
stritt das in späteren Jahren ab. Doch wissen wir, daß der
Gedanke daran zum ersten Mal 1915 aufkam, als Virginia
gerade mitten in ihrer längsten Depressions-Phase steckte,
und daß sie das Setzen 1932 aufgab, als ihr Gesundheitszustand verhältnismäßig stabil war. Und Virginia zögerte keinen Augenblick anzuerkennen, was sie der *Press* schuldete:
»Ich bin die einzige Frau in England, der es freisteht zu
schreiben, was sie will. Die anderen müssen an Serien und
Auflagen denken.« Aber sie gab auch selbst sehr viel, da sie im
Arbeitsprozeß des Unternehmens von der ersten Sekunde an
eine wesentliche Rolle spielte. In der Zeit von 1917–1932
setzte sie nicht nur durchschnittlich zwei Bücher pro Jahr,
sondern sie besorgte auch die Bindung, klebte Aufschriften,
bearbeitete Bestellungen und packte Päckchen. Sie (und auch
Leonard) lernte genug Russisch, um Kot bei den Übersetzungen helfen zu können, die die *Press* von 1920 bis 1923 veröffentlichte. Virginia kam gut aus mit der langen Liste der

männlichen Angestellten, die mit Leonard regelmäßig anein-
andergerieten. Tatsächlich war sie einer der Gründe, warum
einige von ihnen überhaupt in den Betrieb eintraten. Aber
ihre wichtigste Funktion bestand möglicherweise darin, neue
Autoren zu gewinnen und die Manuskripte kritisch zu prüfen, die sie ablieferten: »Ich las und las und bewältigte wohl
einen etwa einen Meter hohen Manuskriptstapel, las auch
sorgfältig, da vieles davon an der Grenze war, also überdacht
werden mußte«, notierte sie 1929. Selbst als sie 1938 die
Hälfte ihres Anteils an John Lehmann verkaufte, fuhr sie fort,
die *Press* in literarischen Dingen zu beraten. Einige der wichtigsten dort veröffentlichten Buchreihen wurden in der Zeit
gestartet, als sie aktiv mitwirkte – wie zum Beispiel die
35bändige Reihe der *Hogarth Essays* mit Autoren wie E. M.
Forster, T. S. Eliot, Robert Graves, Edith Sitwell und die
16bändige Reihe *Hogarth Lectures on Literature,* zu deren
Autoren u. a. Rose Macaulay, Harold Nicolson, Edwin Muir
und F. L. Lucas zählten. So ist der künstlerische Erfolg der
Hogarth Press zu einem wesentlichen Teil Virginia zu verdanken. Doch hohe Anerkennung gebührt ebenfalls Leonard, nicht nur wegen der geschäftlichen Entscheidungen,
sondern weil auch er viele Autoren gewonnen hat, besonders
solche, die über Politik und Wirtschaft schrieben. Wäre er
nicht gewesen, hätte die *Press* nicht lange überlebt. Sie war in
jeder Hinsicht das gemeinsame Werk zweier ungewöhnlich
begabter Menschen. Nur wenige Ehepaare hätten tun können, was die Woolfs fähig waren zu vollbringen.
Es gab ein paar negative Aspekte dabei. Da Leonard so
hartnäckig darauf bestand, die Auswahl der Bücher mitzube-
stimmen, blieb es nicht aus, daß sie einige ablehnten, die sie
hätten veröffentlichen sollen. Leonard lehnte Ivy Compton-
Burnetts *Brothers and Sisters* ab; und John Lehmann zufolge
wußte er auch mit Erfolg die Annahme einiger früher Werke
von Saul Bellow«, Sartre und Auden zu verhindern. Aber es
ging nicht nur um die Frage, ob diese Werke von hoher
literarischer Qualität waren. Es ging darum, ob die *Press,* die
als kleines Unternehmen gewinnbringend gearbeitet hatte,
die von Lehmann vorgeschlagene Erweiterung verkraften
konnte, ohne Verluste zu erleiden – Verluste, die so schwer-
wiegend gewesen wären, daß die *Press* nicht hätte überleben
können. In diesem Zusammenhang wurde nicht Lehmanns
Tauglichkeit als literarischer Sachverständiger in Frage ge-

stellt, denn die war zweifellos von höchstem Rang, sondern seine Tauglichkeit als literarischer Berater im Hinblick auf die Beurteilung, welche Literatur sich in den vierziger Jahren gewinnbringend verkaufen ließ. Leider fiel dieser wesentliche Unterschied unter den Tisch, als die beiden »stacheligen Persönlichkeiten«, um Leonards Worte zu gebrauchen, anfingen, einander wenig freundliche Notizen zu schreiben. Lehmann sah nur eine Lösung: die Partnerschaft aufzulösen. Wenn ein Partner dem anderen seinen Entschluß auszuscheiden mitteilte, sah ihre Abmachung vor, daß der Partner, der die Kündigung entgegennahm, das Vorrecht hatte, die Anteile des kündigenden Partners aufzukaufen. Lehmann kündigte 1946. Sofort wies Woolf Lehmann darauf hin, daß er von seinem Vorrecht Gebrauch machen würde, und mit Hilfe von Ian Parsons arrangierte er, daß der Verlag Chatto and Windus eine Zwei-Drittel-Beteiligung an der *Press* erwarb. In der Folge erhielt Lehmann sein ganzes ursprüngliches Kapital mit einem Zuwachs von mehr als 100 Prozent des Geldes zurück, das er und seine Familie in den Betrieb investiert hatten. Tatsächlich scheint dies eine der einträglichsten Unternehmungen gewesen zu sein, die Lehmann in seiner langen Karriere als Verleger gehabt hat. Darauf folgten die hinlänglich in seiner Autobiographie geschilderten bitteren Erfahrungen in den Jahren, nachdem er die Hogarth Press verlassen hatte.

Die Behauptung, daß Leonard einige Bücher abgelehnt hat, ist kaum eine Kritik, die seine Leistung in irgendeiner Weise schmälern könnte, da es noch nie einen Verleger gegeben hat, der nicht einige Bücher abgelehnt hätte, die er, rückblickend gesehen, hätte annehmen sollen. Allerdings haben die Woolfs nicht, wie ihnen manchmal unterstellt wurde, Joyce' *Ulysses* abgelehnt. Teile des Buches (es war noch nicht beendet) brachte ihnen T. S. Eliots Arbeitgeberin von der Zeitschrift *Egoist*, Miss Harriet Weaver, »eine sehr sanfte blauäugige fortschrittliche alte Jungfer« mit den »Tischmanieren einer wohlerzogenen Henne«. Virginia las das Manuskript, und obwohl sie es nicht ganz nach ihrem Geschmack fand, war sie »amüsiert, angeregt, bezaubert, interessiert« und fand, es zeige »Genie... aber von den unteren Gefilden«. Leonard versuchte, dafür einen Drucker zu finden, was 1918 an sich schon ein mutiges Unterfangen war, konnte aber niemanden finden, der das Wagnis auf sich nehmen wollte.

Ganz gleich, was die Woolfs hätten machen können, aber nicht gemacht haben – was sie machten, war ein Erfolg. Von dem Zeitpunkt an, als die Hogarth Press 1917 gegründet wurde, bis Virginias Tod 1941 (und darüber hinaus) arbeitete sie mit Gewinn. In diesem Zeitraum veröffentlichte die Hogarth Press mehr als vierhundert Bücher, die mit wenigen Ausnahmen Werke von ungewöhnlicher Bedeutung waren. Mit der Autorenliste dieses jugendlichen Unternehmens, von denen schon einige erwähnt wurden, kann es über eine gleich lange Zeitspanne kein großer namhafter Verlag aufnehmen. In den ersten vier Jahren ihres Bestehens veröffentlichte die Hogarth Press die Werke von vier Persönlichkeiten, deren Namen aus keiner Literaturgeschichte des zwanzigsten Jahrhunderts wegzudenken sind: Virginia Woolf, T. S. Eliot, Katherine Mansfield und E. M. Forster. Zu den anderen, die das Hogarth-Impressum tragen, gehören Robert Graves, Christopher Isherwood, Rose Macaulay, Harold Nicolson, William Plomer, Herbert Read, Edith Sitwell, Gertrude Stein, Vita Sackville-West, Stephen Spender, Hugh Walpole, H. G. Wells, Rebecca West und die letzten beiden Poetae laureati: C. Day Lewis und John Betjeman. Aber das ist noch nicht alles. Hogarth Press war der erste englische Verlag von drei amerikanischen Dichtern: John Crowe Ransom, Robinson Jeffers und Edward Arlington Robinson. Die *Press* veröffentlichte auch Werke von Autoren des Kontinents, die bis dahin nicht auf Englisch erschienen waren: zum Beispiel die Gedichte von Rainer Maria Rilke und die Romane von Italo Svevo, einem Schützling von James Joyce. Außerdem veröffentlichte die *Press* Schriften über die Abrüstung von Philip Noel-Baker, der später für sein Werk zu diesem Thema den Nobelpreis erhielt; Schriften über wirtschaftliche Themen von John Maynard Keynes und über Psychologie von Sigmund Freud.

An ihrem fünften Jahrestag verkündete die Hogarth Press: »Unsere erste Veröffentlichung *Two Stories* von Leonard und Virginia Woolf, ursprünglich für 1 Shilling und 6 Pence zu haben, bringt nun in den antiquarischen Buchläden 25 Shilling ein.« Dies war 1922. Am 16. Dezember 1974 wurde ein Exemplar dieses Buches in London bei Sotheby's für 380 Pfund verkauft. T. S. Eliots *Poems*, die zu einem Preis von 2 Shilling 6 Pence herauskamen, sind bei öffentlichen Auktionen jahrelang nicht aufgetaucht, aber kürzlich hat ein amerikanischer Buchhändler ein Exemplar für 650 Dollar angeboten.

Leonard bewahrte ein paar nagelneue Exemplare von diesen frühen Büchern in der alten Reisekiste auf, die er 1904 mit nach Ceylon genommen hatte; sie trägt immer noch die alten P&O-Aufkleber und die Beschriftung: »Wird auf der Reise nicht gebraucht«. Während Leonard Sammler von Erstausgaben für ziemlich irrational hielt, war ihm der Wert von dem, was er da beiseite gelegt hatte, voll bewußt. Kurz vor seinem Tod sagte er zu einem Besucher, wobei er auf die Kiste in Virginias Zimmer deutete: »Das sind die Bücher, hinter denen die Sammler her sein werden.« Er hatte recht.

8

KARRIEREN: JAHRE DES TRIUMPHES

*Der Kamin im Monks House,
für den Vanessa die Kacheln bemalt hat*

1923 – 1929

1923, in einem Jahr, in dem die Hogarth Press vierzehn Bücher veröffentlichte, hatte Leonard eine »bezahlte Stellung« auf Teilzeit-Basis angenommen. Dazu kam es, nachdem Maynard Keynes zusammen mit ein paar Mitarbeitern die Leitung der Wochenzeitschrift *Nation* übertragen bekommen hatte, die ein Konkurrenzblatt des *New Statesman* war. Leonard wurde der Posten eines Feuilletonredakteurs angeboten, den er unter der Voraussetzung annahm, daß er pro Woche nicht mehr als zweieinhalb Tage im Büro anwesend sein mußte und daß er weiterhin als freier Mitarbeiter für andere Zeitungen und für die *Press* tätig sein durfte.

»Er ist meisterhaft«, schrieb Virginia damals. »Er erledigt in zwei Tagen, was ein wirklich guter Redakteur über eine Woche verteilt.« Als Feuilletonredakteur ließ er seinen Redakteuren freie Hand und lehnte es ab, in namentlich unterzeichnete Artikel einzugreifen, »außer in Extremfällen (oder wenn Verleumdung oder Geschmacklosigkeit es gefährlich für die Zeitung macht)«. Ihm gefielen Rezensionen, in denen das Buch »verrissen« wurde, er fügte aber hinzu, »je humorvoller und ausgeglichener und weniger grob der Verriß ist, um so wirkungsvoller ist er meiner Meinung nach«. Diese Richtlinien waren für den Dichter Richard Aldington, einen von Natur aus streitsamen Mann, der für Leonard regelmäßig Rezensionen schrieb, vollkommen akzeptabel. »Für Sie schreibe ich«, bemerkte er in einem Brief vom 4. März 1926, »leichter und mit mehr Begeisterung als für alle anderen, für die ich je gearbeitet habe ... Sie lassen einem jegliche Freiheit, die man vernünftigerweise verlangen kann, und doch habe ich gleichzeitig volles Vertrauen, daß Sie nie etwas Dümmliches oder Unkluges von mir drucken lassen würden.« Raymond Mortimer, einer seiner anderen Rezensenten in jener Zeit, berichtete, daß »Leonard als mein Chef bei *Nation* sich immer rücksichtsvoll verhielt«.

Die *Nation* zahlte Leonard 500 Pfund im Jahr, und mit diesen regelmäßigen Einkünften waren die Woolfs endlich in der Lage, ihren Lebensunterhalt aus ihrem laufenden Einkommen zu bestreiten. Mit dem zunehmenden Erfolg von Virginias Büchern in den nächsten Jahren verlor das Einkommen durch die *Nation* an Bedeutung, und so konnte Leonard 1924 – und in noch weiterem Umfang 1926 – seine Mitarbeit daran einschränken (bei einer entsprechenden Verringerung seines Gehalts natürlich). 1930 gab er die Stellung endgültig auf. Während Leonard Feuilletonredakteur war, veröffentlichte er nur wenige Bücher; das einzig größere war ein Band mit gesammelten Aufsätzen, der 1927 erschien; aber für Virginia waren dies die produktivsten Jahre.

1925 erschien *Mrs. Dalloway*. Das Buch enthält zwei parallel verlaufende Geschichten, die sich in denselben 24 Stunden ereignen, Geschichten, die durch dünne Zufallsbande miteinander verknüpft sind: ein Tag im Leben Clarissa Dalloways, der auf einer Party in ihrem Haus in Westminster seinen Höhepunkt erreicht, und der letzte Tag im Leben von Septimus Smith, der sich aus dem Fenster stürzt und stirbt. In *Mrs. Dalloway* – wie auch in Virginias anderen Romanen – beruhen die meisten ihrer Helden auf Leuten, die sie kannte. Viele Züge von Clarissa Dalloway (»die perfekte Gastgeberin«) stammen von Virginias Jugendfreundin Kitty Maxse, die 1922 nach einem Sturz starb, den Virginia für einen Selbstmord hielt. Und in die Erfahrungen von Septimus Smith ist vieles von dem hineingeflossen, was Virginia während ihrer eigenen Geisteskrankheit durchgemacht hatte.

Leser, die von einem Roman verlangen, daß er eine »Geschichte« erzählt, sind manchmal von *Mrs. Dalloway* enttäuscht. Denn in *Mrs. Dalloway* wird ausgiebig über die ewige Frage nachgesonnen: Was ist Leben? Was ist Liebe? Virginia scheint zu sagen, daß das Leben fast so viele Gesichter hat, wie es Menschen gibt; es ist zum großen Teil die Vorstellung, die man sich davon macht: »Den besseren Teil des Lebens denkt man sich aus.« Und die Liebe ist eine unerklärliche Erfahrung, die man nur mit den vorsichtigsten Worten beschreiben kann.

Der Verkauf von *Mrs. Dalloway* zeigte, daß Virginias erlesenes Publikum ständig wuchs. In England und in den Vereinigten Staaten wurden 1925 über 8000 Exemplare gedruckt, fast doppelt so viele, wie von *Jacob's Room* im Erscheinungsjahr gedruckt wurden (4700 Exemplare). 1925 stellte Virginia auch eine Anzahl von Buchrezensionen und Aufsätzen unter dem Titel *The Common Reader* zusammen. Max Beerbohm, der Virginias Romane unlesbar fand, da sie nicht auf traditionelle Weise eine Geschichte erzählten (»Ihre Romane schlagen mich – schwarz und blau«), stellte *The Common Reader* »über jedes moderne Buch der Kunstbeurteilung«. Die günstige Aufnahme dieser beiden Bücher in Amerika im Frühjahr 1925 erklärt wahrscheinlich einen der bemerkenswertesten Essays, den Virginia je geschrieben hat: ihren Artikel über die amerikanische Romankunst, der im Sommer desselben Jahres in einer amerikanischen Literaturzeitschrift erschien. Bemerkenswert, weil er so klar Virginias literarische Einstellung zeigt und zugleich jede Vorstellung von ihr als einer kränklichen introvertierten Ästhetin über den Haufen wirft. Denn sie hatte Ring Lardners Geschichte *You Know Me All* gelesen

– die wenige Leute außerhalb Amerikas beachtet hätten und in der wenige Leute innerhalb der Vereinigten Staaten mehr sahen als die ungehobelten Ergüsse eines komischen Mannes, eine Geschichte über das amerikanische Baseball-Spiel, die in amerikanischem Slang von amerikanischen Spießern berichtet –, und Virginia erkannte sie als das, was sie war: »Die beste Prosa, der wir je begegnet sind.«

Das Jahr 1926 war der Wendepunkt in Virginias literarischer Karriere. Zwei neue Bücher waren herausgekommen, die öffentliche Anerkennung wuchs, Artikel von ihr waren sehr gefragt, besonders in den Vereinigten Staaten. 1925 betrugen Virginias Einkünfte aus ihren schriftstellerischen Arbeiten 223 Pfund. 1926 waren es 713. Drei Jahre später waren sie auf 2936 Pfund angewachsen. Der Erfolg ihrer Bücher zog gleichzeitig einen steigenden Gewinn der Hogarth Press nach sich, an der Virginia mit 50 Prozent beteiligt war. Dieser abrupte Sprung ging auf den Erfolg ihrer nächsten zwei Bücher zurück: *To the Lighthouse* (»Die Fahrt zum Leuchtturm«), 1927 erschienen, und auf den 1928 veröffentlichten Roman *Orlando*.

Von allen Büchern Virginia Woolfs ist *Die Fahrt zum Leuchtturm* am beliebtesten. Es ist in dreizehn Sprachen übersetzt worden, und allein von der englischsprachigen Ausgabe wurden über eine halbe Million Exemplare verkauft. Auch hier hat ihre Familie den Stoff dafür geliefert. Obwohl der Leser einem Mr. und einer Mrs. Ramsay begegnet, die die Ferien mit ihren Kindern und Freunden in ihrem Sommerdomizil in Skye verbringen, sind die eigentlichen Helden Mr. und Mrs. Leslie Stephen, und den Hintergrund bildet ihr Sommerhaus in St. Ives in Cornwall. Das Buch beschreibt sie, ihre Beziehung zueinander und zu den Menschen um sie herum. Es ist eine einzigartige literarische Biographie, denn welcher Autor hätte je so liebevoll und doch so unbarmherzig und aufrichtig das Schwarz und Weiß bei seinen Eltern dargestellt? »Er war ein wunderbarer Mann und irgendwie phantastisch«, sagt Virginia in einem ihrer Briefe über ihren Vater, aber in *Die Fahrt zum Leuchtturm* ist er einerseits mit all seiner Klugheit und Integrität und andererseits mit all seiner reizbaren Unvernunft dargestellt. Wenn er für Virginia auch wunderbar war, hinderte sie dies nicht daran, ihn »als die wahre Verkörperung eines ausgehungerten Wolfshundes« zu sehen, und die Bilder von Leslie Stephen bestätigen die Richtigkeit des

Vergleichs. Die Güte ihrer Mutter und ihre Angewohnheit, sich in die Angelegenheiten anderer einzumischen, werden mit der gleichen Unbefangenheit wiedergegeben. Als Vanessa das Buch las, erklärte sie:

»... Du hast von Mutter ein Porträt gezeichnet, das nach meinem Dafürhalten ein getreueres Abbild von ihr ist, als ich je eines für möglich gehalten hätte. Es ist fast schmerzlich, sie so von den Toten auferstanden zu sehen... Und Vater hast du, glaube ich, ebenso treffend gezeichnet... es ist für mein Empfinden das einzige, was je einen wahren Eindruck von ihm vermittelt hat. Du siehst also genauso weit, wie die Porträtmalerei es vermag, du scheinst eine großartige Künstlerin zu sein, und es ist so erschütternd, sich den beiden wieder von Angesicht zu Angesicht gegenüber zu sehen, daß ich kaum an etwas anderes denken kann.«

Die Leute stritten sich darüber, was das Buch bedeutete, und über den Sinn des Leuchtturms. Virginia sagte, er bedeute gar *nichts*. Aber Bedeutung hin, Bedeutung her, den Lesern gefiel *Die Fahrt zum Leuchtturm*, wie ihnen andere Werke gefielen – *Kubla Khan* oder *Tristram Shandy* –, deren »Bedeutung« unmöglich zu definieren wäre.

Orlando war in kürzerer Zeit fertig als alle anderen Romane von Virginia. Sie hatte ihn in erster Linie zu ihrem Spaß geschrieben und zum Vergnügen von Vita Sackville-West, der das Buch gewidmet war und deren Biographie es ist. Virginia begann mit folgenden Zutaten: Vita selbst – eine erfolgreiche Dichterin und Romanschriftstellerin; eine dunkelhaarige Schönheit – Liebhaberin sowohl von Männern als auch von Frauen –; besonders stolz auf ihre wohlgeformten Beinc, liebendes Weib eines vornehmen Diplomaten, der auch homosexuell war; die Mutter ihrer beiden Söhne; eine Aristokratin mit einer Spur illegitimen Zigeunerblutes, die, von Reichtum umgeben, aufwuchs, die Gesellschaft ablehnte, das Land liebte und sich leidenschaftlich an Knole gebunden fühlte, das großartige Haus in Kent, das seit 1586 im Besitz ihrer Familie war. Diese grundverschiedenen Elemente sind zu einem Phantasiegebilde verwoben, das zwanzig Jahre aus Vitas Leben nachzeichnet, von ihrem 16. bis zu ihrem 36. Lebensjahr, und zwar so, als wäre dieses Leben zwischen 1586 und 1928 gelebt worden: »... ein bißchen Phantasie, mit Tatsachen vermengt, kann dazu dienen, eine Persönlichkeit sehr treffend zu schildern«, hatte Virginia 1927 geschrieben.

Orlando, zu Beginn der Geschichte ein Junge, verwandelt sich mittendrin auf magische Weise in eine Frau. Viele von Virginias privaten Scherzen über Vitas transvestitische Possen und ihre homosexuellen und heterosexuellen Liebesaffären waren dem gewöhnlichen Leser bis zur Veröffentlichung von *Portrait of a Marriage* (»Portrait einer Ehe«) 1973 nicht verständlich. In *Portrait einer Ehe* hat Vitas Sohn, Nigel Nicolson, freimütig aus den Briefen seiner Mutter und anderen privaten Aufzeichnungen zitiert.

Orlando spiegelt mehr als alle ihre anderen Werke Virginias hochfliegende, phantasievolle, neckende Art wider. Ihr Sinn für Spaß zieht sich durch das ganze Buch und ist nicht auf Scherze über Vita begrenzt. An einer Stelle schiebt sie einen Vers ein, der so geschrieben ist, als wäre es Prosa: »Laßt uns also forschen gehen an diesem Sommermorgen, wenn jedermann die Pflaumenblüte und die Biene anbetet.« Wenn sie über die literarische Szene des 18. Jahrhunderts schreibt, mogelt sie heimlich ein Wortspiel über den Namen ihrer Freundin Sybil Colefax ein, *die* Gastgeberin Londons in den zwanziger Jahren. »Die Dame des Hauses ist unsere moderne Sybil. Sie ist eine Hexe, die ihre Gäste einem Zauberbann unterwirft.« Und es gibt Witzeleien über eine andere Person. »Sie ... hegte einige Kapricen, welche unter Frauen verbreiteter sind als unter Männern: wie, zum Beispiel, daß südwärts zu reisen ein ›Hinunterreisen‹ sei.«*

Bei all dem, was in dem Buch steckt, ist es keine Überraschung, daß *Orlando* so viel Anklang fand. In England und Amerika wurden zunächst im ganzen 12 000 Exemplare gedruckt (einschließlich einer kleinen limitierten Auflage), weit mehr als das, was im ganzen ersten Jahr von *Die Fahrt zum Leuchtturm* verkauft worden war. Die Auflage war sofort vergriffen, und die zweite wurde innerhalb eines Monats nach Erscheinen gedruckt. (Die ersten Paperback-Ausgaben von *Orlando*, die fast zwanzig Jahre später in England und Amerika herauskamen, erschienen in einer Auflagenhöhe von insgesamt 278 000 Exemplaren!)

1928 wurde Virginia gebeten, vor der »Arts Society« am Newnham College in Cambridge über »Frauen und die Romankunst« zu sprechen. Der Vortrag, den sie im Oktober

---

* Virginia machte hier wahrscheinlich auch eine scherzhafte Anspielung auf ihre Tante Anne Ritchie, die eine Abhandlung über moderne Sibyllen geschrieben hatte. – Lady Ritchie, *From the Porch*, 1913.

74–76 *Virginia wurde von drei großen Meistern der Photographie aufgenommen: von dem Engländer G. C. Beresford, dem Amerikaner Man Ray und der Französin Gisèle Freund.*
Diese drei Aufnahmen, die Man Ray von Virginia machte, als sie etwa 45 Jahre alt war, sind noch nie als Gruppe reproduziert worden.

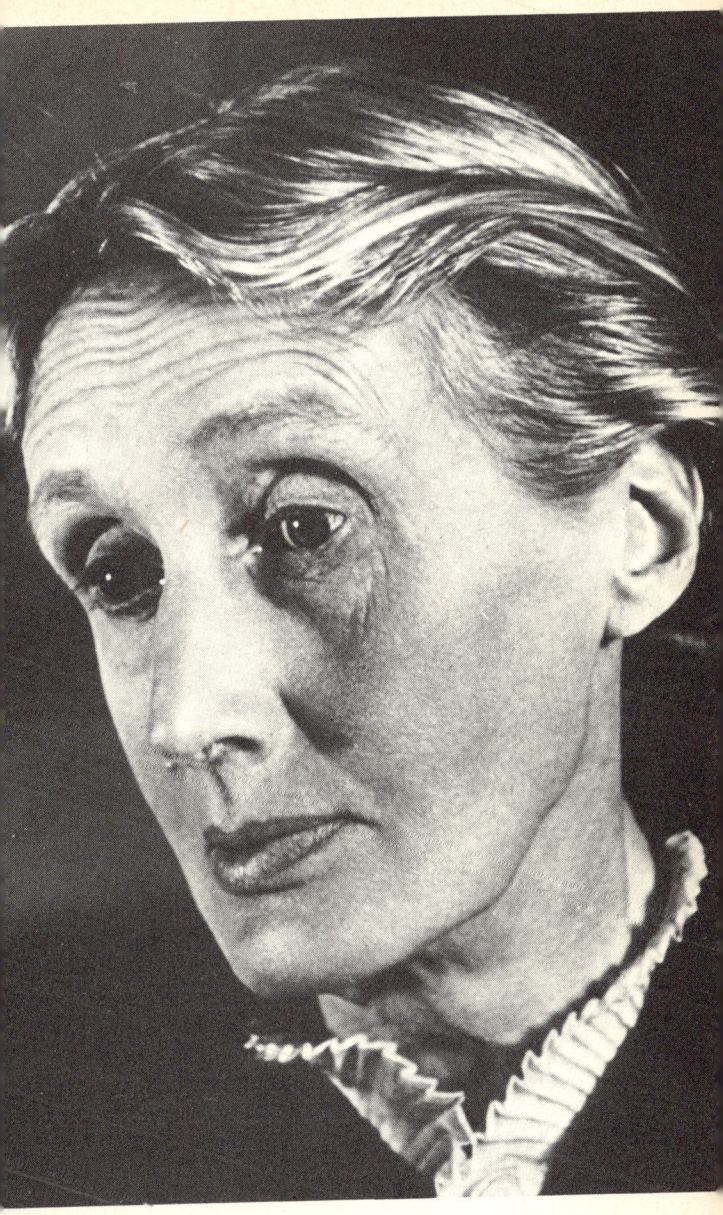

desselben Jahres hielt, entwickelte sich später zu *A Room of One's Own* (»Ein Zimmer für sich allein«) und war ein Startschuß in der modernen Feministinnen-Bewegung. Man vergleiche, schlug Virginia vor, ein Mittagessen in einem Männer-College (sagen wir mal im King's oder Trinity) mit einem Abendessen in Newnham. Das Männer-Mahl schloß Seezungen ein mit einer »Decke aus weißester Sauce ..., hier und dort gesprenkelt mit Flecken wie auf den Flanken einer Hirschkuh«; »Rebhühner, reichlich und verschiedenartig ... mit ihrem ganzen Gefolge von Saucen«; »Kartoffeln münzengleich dünn«; »Rosenkohl, blattreich wie Rosenknospen, doch üppiger«; und »ein Konfekt, das ganz zuckerig aus den Wellen aufstieg« – das Ganze serviert zu »gelb und rot leuchtenden Weingläsern«. Im Gegensatz dazu gehörte zu dem Damen-Essen Rindfleisch, »das an den Steiß von Vieh auf einem matschigen Marktplatz denken ließ« und Pflaumenpudding, »so zäh wie das Herz eines Geizhalses« – eine Mahlzeit, die mit reichlich Wasser hinuntergespült wurde. Die Männer hatten das Geld; sie hatten es den Frauen ausgeredet, sich die Ausbildung und Erfahrung anzueignen, die zum Geldverdienen notwendig sind. Und wenn Frauen Romane oder Gedichte schreiben wollten, »brauchen sie fünfhundert Pfund im Jahr und ein Zimmer mit einem Schloß an der Tür«.

Als *A Room of One's Own* 1929 erschien, hatte Virginia eine Leserschaft gewonnen, die groß genug war, um jedem neuen Buch Erfolg zu garantieren. In England und in Amerika wurden in sechs Monaten mehr als 22 000 Exemplare verkauft.

1930–1940

1929 stiegen Virginias Einkünfte aus dem Verkauf von Büchern auf fast 3000 Pfund, und der Gewinn der Hogarth Press erhöhte sich auf 380 Pfund. Ihr Einkommen war fast dreimal so hoch wie der Betrag, den die Woolfs für ihren Lebensun-

---

Zu Seite 150/151:

77, 78 *Photos mit freundlicher Genehmigung von Gisèle Freund. Die meisten Photos, die Gisèle Freund von Virginia gemacht hat, sind viele Male reproduziert worden. Wir zeigen hier nur solche, die weniger bekannt sind. Virginia um die 50*

terhalt brauchten. Folglich konnte Leonard, wie wir gesehen haben, seine Stellung bei der *Nation* ganz aufgeben. Zu jenem Zeitpunkt war er 49 Jahre alt, und er nahm nie wieder eine feste Ganztagsarbeit an.

1930 begannen die Woolfs mehr Zeit auf dem Lande zu verbringen. Sie verbrachten viele Wochenenden im Monks House, ihrem Wohnsitz in Sussex, und blieben dort den ganzen August und September – im ganzen ein Drittel des Jahres. Leonard kümmerte sich bei der Hogarth Press um das Geschäftliche, was etwa ein Viertel seiner Zeit in Anspruch nahm, und widmete sich im übrigen dem Schreiben und verschiedenen gesellschaftlichen Aufgaben, vor allem als Sekretär bei den Beratungsausschüssen der Labour Party; 1930 nahm er an 27 Sitzungen teil. Zu seinen schriftstellerischen Arbeiten gehörten u. a. gelegentliche Artikel für die *Nation* (die nach 1931 mit dem *New Statesman* zusammengelegt wurde und fortan unter diesem Namen weiterlief) und für die Zeitschrift *Political Quarterly*, zu deren Gründungsvätern er 1930 gehörte. Nun konnte er sich auch auf eine Arbeit konzentrieren, die ihm schon lange durch den Kopf gegangen war – einen Text über politische Philosophie mit dem Titel *After the Deluge* (Nach der Sintflut). Die »Sintflut« bezog sich auf den Ersten Weltkrieg. Das Buch, das 1931 als erstes in einer Serie erschien, von der Leonard glaubte, sie werde eine »Menge Bände« erfordern, war ein Versuch, die Ursachen dieses Krieges zu verstehen. Zu Anfang gibt Leonard seiner Ansicht Ausdruck, daß die Gründe psychologischer Natur waren, und begibt sich dann daran, die Beweise dafür zu erbringen, indem er einige der wichtigsten geschichtlichen Ereignisse wissenschaftlich untersucht. Der erste Band befaßt sich mit den psychologischen Faktoren in der Französischen Revolution von 1789 und der Entwicklung des Demokratiebegriffes.

Die Rezensionen waren gemischt. Russell Sedgwick räumte in *Time and Tide* zwar ein, daß das Buch wichtig sei und eines, »das niemand, der geistig aktiv ist, übersehen darf«, behauptete aber, daß die Ausführung des psychologischen Hintergrundes entbehre und verurteilte Leonards Angewohnheit der »dogmatischen Übertreibung«. Die Besprechung in *Times Literary Supplement* enthielt einige Komplimente, aber verriß das Buch mit der Feststellung, daß die Ausführung über den Generalstreik von 1926 »ins Billige abgleite«. Der Verkauf war im ersten Jahr nur bescheiden, aber 1937 wurde es als Penguin Paperback neu gedruckt.

Ebenfalls 1931 erschienen *The Waves* (»Die Wellen«), ein Roman, in dem Virginia versuchte, die wesentlichen Merkmale von sechs Persönlichkeiten herauszustellen – drei Männern und drei Frauen –, ihr Leben von der Kindheit bis zum Grabe, wie sie es selbst und gegenseitig sahen und wie es durch die Beziehung zu einer siebten Person zum Ausdruck kam: Percival – nach ihrem Bruder Thoby gezeichnet, der auch schon neun Jahre zuvor in *Jacob's Room* eine Rolle spielte. Einige der Hauptfiguren waren, obwohl verändert, leicht zu identifizieren: Rhoda ist Virginia selbst, und in der Tat ist der Roman zum großen Teil autobiographisch mit den Erinnerungen an ihre Kindheit in St. Ives und kurzen Hinweisen auf weniger weit zurückliegende Ereignisse wie ihre Reise nach Spanien 1923 und ihre Beobachtung einer Mondfinsternis 1927. Das immer wiederkehrende Bild des Meeres in *Die Wellen* (und anderswo) hat auch autobiographische Bedeutung: »Das Meer ist ein Wunder«, schrieb Virginia 1908, »das mir mehr zusagt als jedes menschliche Wesen.« Jinny scheint aus Kitty Maxse oder vielleicht auch Mary Hutchinson hervorgegangen zu sein, der damaligen Freundin Clive Bells; Bernard geht auf Desmond MacCarthy zurück; Louis auf Leonard; Neville auf Lytton Strachey. Für jene, die glauben, daß die Wirklichkeit eine Darstellung physischer Funktionen ist, müssen *Die Wellen* unwirklich erscheinen – »alles über nichts«, wie Hugh Walpole es ausgedrückt hat. Für jene, die glauben, daß die Wirklichkeit dem Geiste entspringt, sind *Die Wellen* ungemein wirklich.* Angus Wilson bezeichnete das Buch als »einen der bedeutendsten englischen Romane dieses Jahrhunderts«. Den Lesern gefiel es so gut, daß in England und in den Vereinigten Staaten innerhalb eines Monats Nachauflagen nötig wurden.

1932 kam ein weiterer Band mit Artikeln und Rezensionen von Virginia heraus: *The Common Reader: Second Series.* Dieser wurde zusammengestellt, während Virginia über ihre beiden nächsten Bücher nachdachte und daran schrieb: *Flush,*

---

* »...für Menschen, die einen Funken Phantasie haben, sind so schöne Träume das eigentliche Leben... Aber für die meisten ist das Alltägliche in ihrer Umgebung schon alles.«
Sarah Orne Jewett, *The Country of the Pointed Firs.* The Traveller's Library, 1951, S. 229

A Biography und *The Years* (»Die Jahre«). *Flush*, 1932 erschienen, handelte von den Abenteuern des Cockerspaniels
von Elizabeth Barrett-Browning in London und Florenz.
Das Buch beruhte auf ein paar Fakten (»es gibt sehr wenige
Quellen für diese Biographie«) und einer Menge Phantasie,
wobei die enge Verbindung mit »Pinka« half, einem Cockerspaniel, den Vita Virginia geschenkt hatte. Pinka, der für das
Frontispiz Modell stand – bzw., genauer gesagt, für Leonard,
der die Aufnahme gemacht hat –, wird in dem Buch mit
keinem Wort erwähnt. *Flush* war ungemein erfolgreich – aus
den falschen Gründen, meinte Virginia. Von all ihren Büchern hatte dies die größte Erstauflagenziffer, und weitere
Auflagen wurden in den nächsten Monaten notwendig – in
Höhe von fast 50 000 Exemplaren in England und den Vereinigten Staaten.
Während Leonard weiter an dem arbeitete, was sein »großes
Werk« werden sollte, den Bänden, die auf *After the Deluge*
folgten und in denen er sein Geschichtsbild auf lange Sicht
zum Ausdruck brachte, wurde seine unmittelbare Aufmerksamkeit durch den Aufstieg Hitlers und Mussolinis und die
wachsende Spannung in Europa abgelenkt. 1935 veröffentlichte er *Quack, Quack!*, eine bittere Attacke auf die Irratio-
nalität in der Politik, wofür das Nazi-Deutschland und das
faschistische Italien die besten Beispiele lieferten, und in der
Philosophie, wie sie sich in den Schriften Spenglers, Keyser-
lings, Radhakrishnans und Bergsons offenbarte.
Virginias nächster Roman, *The Years* (»Die Jahre«), erschien
1937. Über weite Strecken, mehr als zwei Drittel des Buches,
kehrt Virginia hier zu der unkomplizierten Erzählweise nach
der altbewährten Tradition englischer Romane zurück, deren
Virginia sich seit *Night and Day* nicht mehr bedient hatte.
Der Roman berichtet von Ereignissen im Leben einiger Mitglieder der Pargiter-Familie von 1880 bis 1918. Das letzte
Kapitel, »Gegenwart«, bringt die noch übriggebliebenen Par-
giters auf einer Party in Bloomsbury zusammen, so wie
Thomas Love Peacock seine Helden für ein Wochenende auf
dem Land zusammenführte. Auch hier wieder spürt Virginia
der schwer zu beantwortenden Frage »Was ist Leben?«
nach.
Die Jahre zu schreiben war Virginia schwergefallen, und die
Aussicht auf das baldige Erscheinen setzte sie unter großen
Druck. Sie hielt den Roman für zu lang und zu detailliert, war

»ihn bis obenhin leid und nahm Leonards Gartenschere, schnitt Stücke heraus und verbrannte sie«. Dies geschah sechs Jahre nach dem Erscheinen der *Wellen* und vier nach der Veröffentlichung von *Flush*. Angriffe von Wyndham Lewis und anderen hatten deutlich gemacht, daß ein Mißerfolg zu diesem Zeitpunkt in bestimmten Kreisen freudig begrüßt werden würde. Trotz der Sorgen, die sich Virginia machte, erwiesen sich *Die Jahre* als der größte finanzielle Erfolg. 5000 Exemplare waren schon verkauft, bevor das Buch überhaupt erschienen war. Die erste englische Auflage betrug 18 000 Exemplare. In Amerika wurde der Roman zu einem Bestseller; im ersten Jahr allein wurden an die 50 000 Exemplare verkauft.

Die weiblichen Figuren in *Die Jahre* erinnerten Virginia daran, daß sie nicht alles, was zum Thema Diskriminierung zu sagen war, gesagt hatte, als sie 1929 *Ein Zimmer für sich allein* schrieb. Außerdem war seitdem einiges geschehen, was die Empfindlichkeit auf diesem Gebiet lebendig hielt. 1935 zum Beispiel berichtete ihr Morgan Forster, ein Komiteemitglied der London Library, daß das Komitee beschlossen habe, Frauen kämen als Komiteemitglieder nicht in Frage. Ein Buch mit dem Titel *Three Guineas* nahm allmählich Gestalt an und wurde 1938 veröffentlicht. Obwohl viele ihrer engsten Freunde es für unnötig schrill hielten – zweifellos hatte es nichts von dem feinen Humor der früheren Bücher –, muß seine Bedeutung als einer polemischen Schrift eher danach beurteilt werden, was es bewirkt hat, als danach, auf wieviel Sympathie es stieß. Was das angeht, ist keine Messung möglich; jede Schlußfolgerung hängt davon ab, wie viele Frauen durch das Buch angeregt wurden, den Kampf fortzusetzen. Alles, was wir wissen, ist, daß das Buch ein weiterer Markstein in der feministischen Bewegung war und daß in den letzten vierzig Jahren viel geschehen ist, das Ausmaß der Frauendiskriminierung in der Ausbildung, im Beruf und in Regierungsämtern zu reduzieren: in Bereichen, die in diesem Buch besonders attackiert werden.

1934, während Virginia an den *Jahren* schrieb, war Roger Fry gestorben. Von Frys Schwester und einigen seiner Freunde gedrängt, machte sich Virginia daran, seine Biographie zu schreiben. Dies erwies sich als eine qualvolle Erfahrung. Wenn sie bisher über Tatsachen geschrieben hatte, war dies immer in Form von Essays geschehen; dagegen war eine

Biographie, bei der man die Fakten eines ganzen Lebens ordnen muß, eine schreckliche Belastung für jemanden, der es weder gewohnt war, mit sorgsam angelegten Aktenordnern umzugehen, noch Berge der verschiedensten Informationen in Zettelkästen zu sortieren. Hinzu kam, daß Virginia sich außerstande sah, ausführlich und offen über Frys Liebesleben zu schreiben, besonders nicht über seine Beziehung zu ihrer Schwester Vanessa. Trotz dieser Schwierigkeiten ist *Roger Fry* 1940 erschienen, eine gedankenvolle und gescheite Biographie von jemandem, der ihn gut kannte. Die Beschreibung Frys, wie er mit J. P. Morgan und dessen Freundin auf dem Motorrad durch Europa fuhr, ist einer der amüsantesten Reiseberichte in der Literatur. Er war jedoch nicht für jedermann gleich komisch. Von der anderen Seite des Atlantiks wurde heftiger Druck ausgeübt – dem sich auch Maynard Keynes und Lord Bicester, der an der Morgan Grenfell Company beteiligt war, anschlossen –, um diese Episode aus der amerikanischen Ausgabe zu streichen. Die Bemühungen blieben ohne Erfolg, aber die New Yorker Zeitungen haben es galanterweise unterlassen, diese Geschichte in ihren Berichten zu erwähnen.

Inzwischen beschäftigte sich Leonard direkt mit der wachsenden Kriegsgefahr. 1939 veröffentlichte er drei Bücher zu diesem Thema. In dem Buch *Barbarians at the Gate** (Barbaren vor der Tür) kam er zu dem Schluß, daß die Gefahr für die Zivilisation nicht Hitler, Mussolini oder die nationalsozialistischen und faschistischen Systeme waren – nicht die Barbaren vor der Tür –, sondern daß sie von den Mächten innerhalb der Zitadelle drohte: von den kapitalistischen Systemen in Frankreich und Großbritannien und der Unterdrückung der Freiheit in Rußland. Denn obwohl Leonard glaubte, daß das Ziel des russischen Kommunismus letztendlich eine Zivilisation war, die auf den westlichen Vorstellungen von Freiheit beruhte, war er doch – und das spricht sehr für ihn – einer der ersten englischen Sozialisten, der die autoritäre Diktatur Stalins verdammte: »Was Machtbesitz und Machtanwendung angeht, gibt es keinen Unterschied zwischen der Position Stalins und der Gruppe um ihn herum und der Position Hitlers und Mussolinis und den Gruppen um sie herum.«

---

* in Amerika unter dem Titel *Barbarians Within and Without* (Barbaren drinnen und draußen) erschienen

»Barbaren vor der Tür« wurde in England vom Left Book Club veröffentlicht, und zwar trotz der heftigen Einwände John Stracheys, der dem für das Programm verantwortlichen Dreiergremium angehörte und ein überzeugter Verfechter des stalinistischen Rußlands war.

Auch der zweite Band von *After the Deluge* wurde 1939 veröffentlicht, acht Jahre nach Erscheinen des ersten Bandes. Er untersucht die Verfassungsreform von 1832 in England und die Französische Revolution von 1830 – »die ersten Versuche im 19. Jahrhundert, die Vorstellungen und Prinzipien von Demokratie in die Praxis umzusetzen«.

Leonards Schauspiel *The Hotel* war das dritte seiner 1939 erschienenen Bücher. Das Stück spielt größtenteils in einer Hotelhalle und handelt, wie der Klappentext sagt, von »den Manövern von nazistischen und kommunistischen Agenten, die in den Besitz von Waffenlieferungen zu kommen versuchen«, um diese dann nach Spanien zu verfrachten. Es endet mit dem sinnlosen Tod des unschuldigen Christopher (Christian), des Sohns von Mary, dem Zimmermädchen, und Vajoff, dem Eigentümer des »Grand Hotel de l'Univers et du Commerce«. *The Hotel* war ein Drama mit einer ironisch und symbolhaft ausgedrückten Botschaft – eine schwierige Kombination. Es wurden weniger als tausend Exemplare verkauft, und alle Anstrengungen, das Stück zur Aufführung zu bringen, blieben ohne Erfolg.

Im nächsten Jahr wandte sich Leonard einem vertrauteren Thema zu und veröffentlichte *The War for Peace* (Der Kampf für Frieden) – einen Aufruf zu einem internationalen System, das auf Recht, Kompromißbereitschaft und Zusammenarbeit beruhen und der Verhinderung von Kriegen dienen sollte. Warum hatte der Völkerbund versagt? Was für Elemente waren notwendig, um ein neues System zu schaffen, das funktionieren würde? Dies waren die Fragen, mit denen sich *The War for Peace* beschäftigte.

Virginia hatte ihren letzten Roman *Between the Acts* (»Zwischen den Akten«) schon vor Kriegsausbruch geplant, hatte ihn aber zum größten Teil erst geschrieben, nachdem Deutschland im August 1939 in Polen eingefallen war. Er spiegelt ihre Sorge um die Zivilisation wider, die durch den Krieg in Gefahr war, und um die Menschen, die aufgerufen waren, diese Zivilisation zu retten. *Zwischen den Akten* ist wie *Mrs. Dalloway* auf eine Zeitspanne von 24 Stunden begrenzt. Die ganze Handlung spielt sich in einem alten englischen Haus ab, Pointz Hall, wo die Hausbesitzer, die Olivers, »erst seit etwas mehr als 120 Jahre lebten«. Der Höhepunkt des Tages ist das jährliche Laienspiel der Dorfbewohner mit einem Überblick über die englische Geschichte. Zum Schluß werden die Zuschauer mit ihrem eigenen Anblick konfrontiert, indem die ganze Schauspieltruppe ihnen Spiegel vor die Nase hält. Sie werden gefragt, wie die Zivilisation aufgebaut werden soll mit »Abfall, Schabseln und Schnipseln, wie wir es sind«? Fast alle wichtigen Gestalten in dem Buch sind einsam – ein immer wiederkehrendes Thema in Virginias Romanen. Vieles von der Sprödigkeit in *Zwischen den Akten* erinnert an T. S. Eliots *The Waste Land* (»Das wüste Land«), und was dann nicht weiter überrascht, Eliot hielt diesen für ihren besten Roman. Zur Zeit von Virginias Tod im März 1941 war *Zwischen den Akten* beendet, aber noch nicht völlig druckfertig gemacht.

Jedem, der die Kritiken zu *Zwischen den Akten* liest, wird die Vielfalt der Meinungen über den Sinn von Virginias letztem Beitrag zur englischen Literatur auffallen. Kritiker scheinen von dem Bedürfnis getrieben, schnell eine Antwort zu finden: den Sinn in einem einfachen Satz zusammenzufassen, auf den sich dann offenbar schon zwei nicht einigen können. Aber bestimmt hätte Virginia selbst den Schlüssel mitgeliefert, wenn sie gemeint hätte, daß man es tun könnte; sie gab einem keine Rätsel auf, für die sie die Antwort bereithielt. Was tat sie dann? Ihr Essay *The Russian Point of View* (Der russische Gesichtspunkt) legt eine Antwort nahe. Als sie über Tschechow schrieb, sagte sie:

»Diese Geschichten sind ohne Aussage, sagen wir, und wir machen uns daran, eine Kritik zu entwerfen, die auf der Annahme basiert, daß die Geschichten eine Aussage haben sollten, die wir erkennen können. Indem wir das tun, stellen wir unsere eigene Fähigkeit als Leser in Frage.«

Und etwas weiter fährt sie fort: »Nichts ist gelöst, haben wir das Empfinden; nichts ist richtig zusammengehalten. Auf der anderen Seite scheint die Methode, die zunächst so beiläufig, aussagelos und mit Nebensächlichkeiten beschäftigt wirkte, das Ergebnis eines höchst originellen und anspruchsvollen Geschmacks zu sein, der kühn wählt, unfehlbar zusammensetzt und von einer Ehrlichkeit kontrolliert wird, die ihresgleichen nur unter den Russen selbst findet . . . Folglich erweitert sich der Horizont, während wir diese kleinen Geschichten über absolut nichts lesen; die Seele gewinnt ein erstaunliches Gefühl von Freiheit.«

Ist es nicht vielleicht so, daß Virginia nichts weiter tun wollte, als unseren Horizont erweitern und uns ein neues Gefühl von Freiheit geben, indem sie uns mit unbeirrbarer Ehrlichkeit unsere Unzulänglichkeit zeigte, »Heuchelei, Pose und Unaufrichtigkeit« aufdeckte und uns ihre »Vision« in *Zwischen den Akten* vermittelte?

79 *Vanessa mit ihren Söhnen, Julian und Quentin, und Roger Fry*

9

ALTE UND NEUE FREUNDE

Vanessa, Clive Bell und Duncan Grant

Bloomsbury war ein Zufallsprodukt des Ersten Weltkrieges. »Es hat sich aufgelöst wie der Morgennebel«, um mit Virginias Worten zu reden. »Es ist schon so lange her, daß ich Lytton gesehen habe«, schrieb sie am 17. April 1919, »und ich beziehe meinen Eindruck von ihm nun zu sehr aus dem, was er schreibt«; sie spielte auf einen seiner letzten Artikel an, der ihr nicht gefallen hatte. 1920 machten sie einen Versuch, etwas von der Vergangenheit einzuholen. Leonard und Virginia trafen sich mit elf alten Freunden, um den *Memoir Club*

81 *Roger Fry
und Vanessa Bell*

82 *Roger Fry
im oberen Wohnzimmer
vom Monks House*

83 *Duncan Grant*

84 *Duncan Grant
mit Barbara Bagenal
1917 in Charleston in den
Kostümen, die er für
»Pelleas und Melisande«
entworfen hatte*

85 *Lydia Keynes,*
über die Virginia schrieb:
»... hat das netteste
Wesen der Welt und einen
sehr beschränkten
Verstand ...
Ihr Beitrag sind ein
Aufschrei, zwei Tänze;
dann Schweigen, wie ein
unterwürfiges Kind,
mit gefalteten Händen.«

86 *»Der Aufschrei« –*
Lydia Keynes mit Virginia
und Julian Bell

87 »*Der Tanz*« – *Lydia
mit Duncan Grant*

88 »*Mit gefalteten
Händen*« – *Lydia mit
Morgan Forster*

89 *Angelica Bell, Clive, Virginia und Maynard Keynes vor dem Gartenhaus im Monks-House-Garten – dem Zimmer, wo Virginia oft schrieb*

90 *Virginia mit Adrian und Karin Stephen*

zu gründen. Die anderen waren Clive und Vanessa Bell, Desmond und Molly MacCarthy, Lytton Strachey, Roger Fry, Morgan Forster, Maynard Keynes, Duncan Grant, Saxon Sydney-Turner und Sydney Waterlow. Diese Personen waren, wie Leonard schrieb, »mit den ursprünglichen dreizehn Mitgliedern des alten Bloomsbury-Kreises identisch«.*

Als der *Memoir Club* gegründet wurde, waren sechzehn Jahre vergangen, seit Virginia und Vanessa mit ihren beiden Brüdern an den Gordon Square gezogen waren. In der Zwischenzeit war vieles geschehen, was einen Wandel in den Beziehungen erklärte. Die meisten Mitglieder der Gruppe waren nun Ende dreißig oder Anfang vierzig; es hatte nicht ausbleiben können, daß alle ihre eigenen Wege gingen und in verschiedenen beruflichen Laufbahnen aufgingen. Vier von ihnen – Clive Bell, Lytton Strachey, Morgan Forster und Maynard Keynes – hatten Bücher geschrieben, die ungewöhnlich erfolgreich waren und ihnen einen beträchtlichen

---

* *Downhill All the Way* (1967), S. 114. Als Leonard dies schrieb, hatte er offenbar vergessen, daß er in dem vorhergehenden Band seiner Autobiographie – *Beginning Again* (1964), S. 2 – eine Liste der ursprünglichen dreizehn Mitglieder des alten Bloomsbury-Kreises aufgestellt hatte, die Adrian Stephen einschloß, aber nicht Sydney Waterlow.

Ruf auf ihren jeweiligen Gebieten – Kunstkritik, Biographie, Romankunst und Wirtschaft – einbrachten.

Es gab auch Veränderungen anderer Art. Die beiden Stephen-Brüder waren für Bloomsbury verloren – Thoby durch den Tod und Adrian durch die Ehe, denn 1915 hatte Adrian Karin Costelloe geheiratet, die sowohl Virginia als auch Vanessa ziemlich unsympathisch fanden. Vanessa und Clive hatten nach ihrer Heirat ein paar Jahre zusammengelebt und sich dann freundschaftlich getrennt. Für kurze Zeit waren Vanessa und Roger Fry miteinander liiert (1911–14), dann nahm Duncan Grant Rogers Platz ein. Duncan war in seinen jüngeren Tagen Maynards Liebhaber gewesen (»dieser Mr. Grant«, sagte Maud, Hausmädchen am Fitzroy Square, 1913, »kommt überall rein«), aber als Duncan dann mit Vanessa lebte, hatte sich Maynard in die russische Primaballerina Lydia Lopokova verliebt, die er 1925 heiratete. In einem solchen Klub lassen sich endlos Gesprächsthemen finden, die sich um *memoirs*, Erinnerungen, drehen.

Aber durch Leonards persönliches Tagebuch, in das er jeden Tag eintrug, wen er gesehen hatte, wird deutlich, daß der *Memoir Club* höchstens kurzlebig Erfolg hatte, die alten Bloomsbury-Zeiten zu neuem Leben zu erwecken. Die

Gruppe spielte im Laufe der Jahre eine immer geringere Rolle im Leben der Woolfs. 1913 sah Leonard die anderen der Gruppe (bis auf Vanessas Hausgemeinschaft, die Clive und Duncan einschloß) ungefähr einmal im Monat. Sein Tagebuch von 1938 zeigt, daß er die anderen im Durchschnitt etwa nur zweimal im Jahr sah. Der *Memoir Club* selbst schrumpfte allmählich zusammen. Sydney Waterlow zog sich zurück, gleich nachdem der Club gegründet worden war. David Garnett kam hinzu, und später wurden die drei Kinder von Vanessa Bell hinzugebeten, aber bei den zahllosen späteren Wechseln stießen immer weniger Leute zu dem alten Bloomsbury-Kreis hinzu, und Ende der fünfziger Jahre löste sich der Klub ganz auf. Jahrzehnte vorher war der alte Bloomsbury-Kreis nur noch ein Gespenst seiner selbst.

Die Tabelle zeigt, wie häufig die Namen der anderen elf Mitglieder des *Memoir Club* (und Adrian Stephen) in Leonards Tagebüchern auftauchen, und zwar ein Jahr vor und ein Jahr nach dem Ersten Weltkrieg und in vier weiteren Jahren. Da Leonards Tagebücher selten Aufschluß darüber geben, wer bei den Zusammenkünften des *Memoir Club* zugegen war (sie fanden etwa zweimal im Jahr statt), stehen die Zahlen hauptsächlich für Begegnungen außerhalb des Clubs:

	$L+V$ in London	$L+V$ in Richmond		$L+V$ in London		
	1913	1919	1923	1928	1933	1938
Vanessa	43	9	13	36	42	39
Clive	28	5	17	23	6	9
Duncan	14	6	5	8	4	10
Desmond	15	1	5	7	8	2
Molly	6	1	0	1	2	2
Roger	15	3	8	14	5	†
Sydney	19	1	0	0	0	0
Maynard	5	4	8	9	9	9
Lytton	20	5	5	7	†	†
Morgan	6	7	8	6	5	4
Saxon	20	4	5	3	1	0
Adrian	32	4	2	2	1	2
Insgesamt	223	50	76	116	83	77
ohne Vanessa, Clive und Duncan	138	30	41	49	31	19

Virginias Tagebucheintragung für den 2. September 1930, zehn Jahre nach der Gründung des *Memoir Club*, lautet: »Lytton sehe ich kaum noch ... den Kontakt zu Morgan halte ich in unserer chronisch unregelmäßigen Art aufrecht... Adrian sehe ich nie. Mit Maynard stehe ich ständig in Verbindung. Saxon sehe ich nie.«

Man ist fortwährend in Versuchung, an diese interessanten Leute als an eine Gruppe zu denken, als die sie hier auch geschildert worden sind, aber es hat selten eine Gruppe dieser Größe gegeben, deren Mitglieder im Hinblick auf ihre Persönlichkeitsstruktur und ihre Ansichten weniger zusammengepaßt hätten. Was sie miteinander verband, waren Offenheit, Freude am Gespräch, Hochachtung vor Wissen und Argumenten, der Glaube an persönliche Freiheit, die lange Verbindung und eine gewisse Zuneigung. Obgleich ein Außenseiter Beweise von Gruppensolidarität, vor allem auf dem Gebiet Kunst, finden könnte, war es intern nie eine Gesellschaft, in der sich alle gegenseitig bewunderten. Nach Meinung Saxons war ihr einziges charakteristisches gemeinsames Merkmal: »Wir waren alle ziemlich nett.« Dennoch sprachen sie nicht immer nett voneinander. Sie übten offen Kritik aneinander und nahmen einander auf die Schippe, genau wie Mitglieder einer zwanglosen Familie es tun.

Maynard Keynes war ein Genie und amüsant, und er konnte sehr nett sein; man konnte oft viel Spaß mit ihm haben, aber für Menschen, die ihn gut kannten, hatte er gewisse niederträchtige Züge. Als Leonard in Ceylon war, hegte er keine freundlichen Gedanken für Maynard: »...der, wenn er das Gesicht eines Schweins hat«, schrieb Leonard an Lytton (vermutlich als Antwort auf etwas, was Lytton ihm in einem Brief mitgeteilt hatte), »die Seele einer Ziege hat.« »Ich verabscheue Keynes, Du nicht? ... wenn je einer von Grund auf böse war, dann ist er es nach meinem Dafürhalten«, hieß es in einem weiteren Brief, den Leonard Lytton von Ceylon aus sandte. Virginia hielt Maynards Freundlichkeit für oberflächlich. 1923 meinte Morgan Forster, daß Keynes »eine seltsame Mischung aus Gutmütigkeit und schuljungenhaftem Egoismus sei... Ich würde unter ihm nur arbeiten, wenn ich Geld brauchte und sicher sein könnte, daß ich es auch kriege – sonst nicht.« Leute, die ihn weniger gut kannten, waren noch härter in ihrem Urteil. Kingsley Martin, der als Redakteur des *New Statesman* für Maynard arbeitete (der einer der Direktoren

91 *Maynard Keynes im oberen Wohnzimmer im Monks House*

und Hauptanteilseigner der Zeitschrift war) schrieb 1945:
»Ich habe Maynard immer gemocht und ihn gegenüber anderen Leuten, die ihm vorwarfen, arrogant, grob und was sonst
noch zu sein, immer verteidigt... Aber ich werde mich nie
wieder seinen Beleidigungen aussetzen... Ich verstehe jetzt,
warum die Leute Maynard so hassen.« Und fortfahrend,
zitierte er einen Cambridge-Dozenten, der gesagt hatte, »eine
hervorstechende Eigenschaft von Maynard war seine Grau-
samkeit«. Die »offizielle« Biographie *The Life of John Maynard Keynes* von Roy Harrod, 1951 erschienen, bemüht sich
leider kaum, diese Seite seines Wesens zu untersuchen. Und
die erst vor ein paar Jahren, 1975, von seinem Neffen Milo
Keynes herausgegebenen *Essays on John Maynard Keynes*
sind in dieser Hinsicht auch enttäuschend: allerdings wird
darin freimütig auf seine frühen homosexuellen Neigungen
eingegangen.

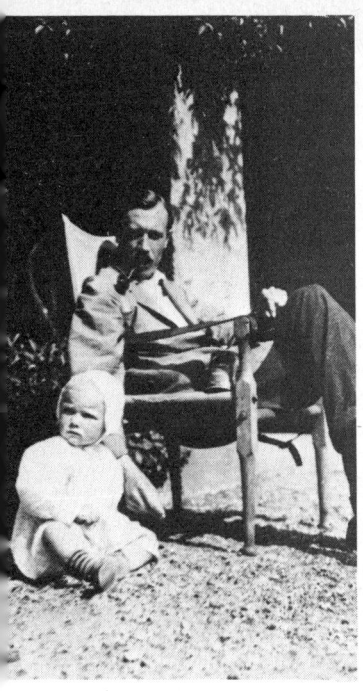

92 *Saxon Sydney-Turner mit Judith Bagenal, ca. 1920*   93 *E. M. Forster*

Virginia fand Roger Fry anregend, aber hielt »seine Versuche, sich an die jungen Leute zu halten« (Roger war sechzehn Jahre älter als Virginia) für »ziemlich rührend«. Lytton konnte Roger nicht leiden und nannte ihn »einen höchst durchtriebenen und wurmstichigen Menschen«. Leonard schrieb: »90 Prozent bei ihm ... waren Sanftheit und Gewissenhaftigkeit, aber es gab ... einen Zug – sagen wir 10 Prozent –, der absolut unvereinbar damit war ... so einen merkwürdigen rücksichtslosen Zug.« Eine ähnliche Schwäche sah Leonard bei Lytton, der »hinreißend sein konnte, aber, wenn er schlecht gelaunt war, auch intolerant und unerträglich« und »gelegentlich, was Detailgenauigkeit anbelangte, eine fast verächtliche, wenn nicht gewissenlose Nachlässigkeit an den Tag legen konnte«.

Fast von Anfang an betrachteten seine Freunde den ineffektiven Saxon mit »liebevollem Spott«. »Beim Frühstück warf er die Tinte um«, schrieb Virginia 1909, »und versuchte, seinen Stuhl mit einer in Milch getauchten Taschentuchecke zu säubern... Dann wischte er eine Schere an einem Stück Brot ab.« Aber mit zunehmendem Alter (er lebte bis 1962) wurde er für die anderen doch so etwas wie eine Nervensäge und fiel ihnen zur Last.

1924 schrieb Sydney Waterlow, als er vom Militärdienst im Ausland zurückkam, daß Besuche von Saxon ihn »wirklich fertig machen«. Als Saxon pensioniert war, saß er in seinem Zimmer in der Percy Street und verspielte seine kleine Pension bei Pferderennen und an der Börse. Wenigstens einmal kam Vanessa für die Kosten seiner Lebensmittel auf, so daß er bis zum Eintreffen seines nächsten Pensionsschecks leben konnte.

Desmond war charmant, aber seine Unpünktlichkeit »ging fast ins Geniale«. Aus dem gleichen Grunde war er nie fähig, das große Buch hervorzubringen, das seine Freunde von ihm erwartet hatten. Dieser Mangel an Beständigkeit regte Virginia auf. »Desmond hat eine ungewöhnliche Begabung, mich zu deprimieren«, schrieb sie am 1. Juni 1925 in ihr Tagebuch. »Auf irgendeine merkwürdige Weise nimmt er dem Leben seinen Reiz. Ich mag ihn; aber seine Ausgeglichenheit und Güte und sein Humor, alle in sich großartig, verlieren irgendwie ihren Glanz.«

Leonard war berüchtigt für seinen Starrsinn und seine Exzentrizität; er und Vanessa kamen nicht immer gut miteinander aus, und Virginia neigte dazu, sich auf Leonards Seite zu stellen. Virginia galt als ein schlimmes Sicherheitsrisiko, da sie alles, was man ihr erzählte, mit größter Wahrscheinlichkeit weitererzählte, meist mit byzantinischer Ausschmückung. Morgan Forster und Leonard fühlten sich einander sehr eng verbunden, Virginia dagegen schätzte zwar ungemein Forsters Urteilskraft, fühlte sich in seiner Gesellschaft aber nie ganz wohl, genauso wenig wie er mit ihr.

Clive Bell bekam ein mehr als gerechtes Maß an Beschimpfungen ab. Er verstand eine Menge von Pferden und Gewehren, als er nach Cambridge kam, und wurde seitdem als Außenseiter betrachtet, als ein netter Mensch, aber ziemlich seicht. »Er hat ein einfaches, recht sonniges Wesen, einen hellen brauchbaren kleinen Verstand«, schrieb Leonard über seinen Schwager. Alle waren sich darin einig, daß er zu laut redete. Roger Fry behauptete, Clive habe ihm verschiedene

94 *Desmond und Molly MacCarthy*

Gedanken über Kunst gestohlen. Virginia war abwechselnd sehr angetan von Clive und dann wieder über ihn verärgert, nannte ihn »cockatoo« (Hähnlein) und »little hop o' my thumb« (meinen kleinen Daumenhüpfer) – er war fast fünf Zentimeter kleiner als Virginia mit ihren fast 1 Meter 78 – und sagte, daß er sie an einen Cherub erinnere – »nichts als Hintern und ein kleiner flachsblonder Schopf«.

Die abnehmende Bedeutung des alten Bloomsbury-Kreises in Leonards und Virginias Leben wurde durch neue Beziehungen ausgeglichen. Katherine Mansfield tauchte gegen Ende 1916 oder Anfang 1917 auf, und sie und Virginia fühlten sich sehr zueinander hingezogen. Es erging ihnen wie einem Hündchen, das sich zum erstenmal im Spiegel sieht, denn beide hatten bis dahin keine Frau gekannt, die ihr Leben ganz dem Schreiben widmete. Virginia erkannte, daß Katherine ebenfalls von den Dämonen der Feder besessen war: »Nie-

95 *T. S. Eliot mit Morgan Forster in einer Ecke der Küche vom Monks House. Hinter ihnen hängt eines der Gemälde, welche die Woolfs 1919 bei der Auktion des Inventars vom Monks House erstanden. Forster mochte das Bild so gern, daß er es sich später von Leonard auslieh und in seiner Wohnung am King's College in Cambridge aufhängte*
96 *Im oberen Wohnzimmer*

mand spürte ernsthafter die Wichtigkeit zu schreiben als sie.«
Und Katherine reagierte ähnlich: »Überleg doch mal«, meinte Katherine in einem Brief an Virginia, »wie selten es ist,
jemanden mit der gleichen Schreibleidenschaft zu finden, wie
Du sie hast, der übergewissenhaft sich selbst treu bleiben und
sich ohne jeglichen Vorbehalt die Freiheit der Stadt gönnen
möchte.« Doch irgend etwas in ihrem Wesen hinderte beide
daran, eine feste Freundschaft zu schließen. Vielleicht war
Katherine von Virginias vornehmer Herkunft eingeschüch-
tert, oder Virginia mag das Selbstzerstörerische an Katherines
Leben und ihrem Vagabundendasein gestört haben. Vielleicht
stand dem auch der unangenehme Middleton Murry, Katherines Liebhaber und späterer Ehemann, im Wege. 1919 und
1920 schrieb Virginia siebzehn Artikel für seine Zeitschrift
Athenaeum, fand ihn jedoch fast von Anfang an »schlammfarben und stumpf«. Später, als sie ihn besser kannte, sah sie
ihn als »einen sich in Pose setzenden kleinen Mann in der Art
Byrons; blaß; penetrant; mit schlechten Zähnen; theatralisch;
ein Egoist; wohl nicht aufrichtig...« Virginias Freundschaft

97 *Im unteren Wohnzimmer, das manchmal, bei mildem Wetter, als Eßzimmer benutzt wurde. Als Eliot das Photo sah, schrieb er an Leonard: »Der Ausdruck entzückter Blödheit beunruhigt mich; er läßt ahnen, wie ich aussehen werde, wenn ich senil bin.«*

98 *Im Garten von Vivienne Eliot*

mit Katherine nahm ein jähes Ende, als letztere 1920 nach Italien fuhr. Sie haben sich nie wieder gesehen. Katherine schrieb, daß Virginias Bild sie »etwas verfolge« und sie sich ihrer erinnere, mit dem Kopf leicht zur Seite geneigt und lächelnd, als ob sie »ein bezauberndes Geheimnis kenne«. Für Virginia war die Begegnung mit Katherine ein unvergeßliches Erlebnis. Zwanzig Jahre nach ihrem letzten Abschied erinnerte sie sich immer noch an Einzelheiten ihrer Gespräche.

T. S. Eliot betrat 1918 die Szene, als er, mit einigen seiner Gedichte bewaffnet, das Hogarth House besuchte. Er las sie Leonard und Virginia laut vor. Eliot interessierte Virginia als Mensch, Dichter und Literaturkritiker. Anders als Katherine Mansfield war er gehemmt und wirkte kalt. Er erzählte einem Freund, daß er sich in Gegenwart seiner ersten Frau nie rasiert habe, und er war verständlicherweise schockiert, als Leonard bei einem Spaziergang auf dem Lande mit ihm und Virginia zurückblieb, um seine Notdurft zu verrichten. Eliot war unglücklich über die Ausstrahlung, die er auf andere hatte: »Die Kritiker sagen, ich sei gelehrt und kalt«, erzählte er den

Woolfs. »Die Wahrheit ist, daß ich keins von beiden bin.« Es dauerte drei Jahre, bis Eliot dazu zu bewegen war, Leonard und Virginia mit dem Vornamen anzureden. Als er sich endlich entspannte, bewies er, daß er menschlich und voller Humor sein konnte, wie die folgende Annahme einer Einladung zum Tee beweist:

»Possum* möchte nun sein Schweigen erklären
Und sich entschuldigen (wie es sich gehört);
Er hatte eine Vergiftung von einiger Heftigkeit,
Worauf einige Tage im Bett mit Kehlkopfentzündung
    folgten.
Gestern mußte er aufstehen und sich anziehen –
Seine Stimme dick belegt und mit einem Kopf wie Blei –
Um sich zu Herrn Bürgermeister und zur Frau Bürgermei-
    sterin zu begeben,
Zu einer Zusammenkunft, die etwas mit Reparaturen an
    der Southwark-Kathedrale zu tun hatte.
Seine Beine vertragen viel Anspannung und Stress noch
    nicht,
Und seine Worte kommen immer noch schwerfällig und
    dickzüngig;
Dies sind Heimsuchungen,
Die selbst das überschäumendste Beuteltier deprimieren
    können.
Aber er würde gern zum Tee kommen
Irgendwann an einem Tag nächster Woche (nicht am Mitt-
    woch),
Wenn das möglich wäre,
Und er endet diesen Brief
In der Hoffnung, daß es Ihnen nicht schlechter und Leo-
    nard viel besser geht.«

Virginia hielt es nicht für richtig, daß ein Dichter mit Eliots Talenten sich durch Arbeit in einer Bank ernähren mußte, und so versuchte sie 1922 in Zusammenarbeit mit Lady Ottoline Morrell und dem Imagisten Richard Aldington,

---

* Wortspiel: Im Englischen ist *possum* eine Kurzform für Opossum, heißt aber auch, sich krank oder tot stellen. – Im Original ist dies ein Brief in gereimten Versen. (Anm. d. Red.)

einen Eliot-Interessengemeinschafts-Fonds zu gründen, der Eliot mit genügend Geld ausstatten sollte, daß er die Bank verlassen und seine Zeit ganz dem Schreiben widmen konnte.* Im nächsten Jahr kämpfte sie dafür, wenn auch vergebens, daß der *New Statesman* Eliot als Feuilletonredakteur einstellte. 1925 wurde es Eliot schließlich möglich, die Bank zu verlassen, als man ihn zum Leiter des Verlages ernannte, der heute Faber & Faber heißt. Virginia fand – ziemlich unlogisch –, daß er die Hogarth Press im Stich gelassen hätte – natürlich sollten seine Arbeiten danach von seinen neuen Kollegen verlegt werden –, verzieh ihm jedoch bald, und sie blieben Freunde.

1922 lernten Leonard und Virginia Vita Sackville-West und ihren Mann Harold Nicolson kennen. Ende 1925 wurde offenkundig, daß Vita sich in Virginia verliebt hatte und Virginia sich ebenso von Vita angezogen fühlte, die sie an einen »Gardeoffizier mit Bärenfellmütze und Reithosen« erinnerte. Virginias Interesse galt nicht Vitas Schreiberei, die nach Virginias Ansicht mit einer »Blechfeder« produziert wurde, sondern sie galt Vitas Liebe zum kühnen Abenteuer, ihren noblen Verbindungen und ihrer männlichen Schönheit, den wesentlichen Elementen eines traditionellen Märchens. Dieser märchenhafte Aspekt Vitas kommt auf fast jeder Seite von *Orlando* zum Ausdruck und hat Virginia so beschäftigt, daß Quentin Bell meinte:

»Virginia empfand, wie eine Liebende empfindet: Sie war verzagt, wenn sie sich vernachlässigt fühlte, verzweifelt, wenn Vita nicht da war, wartete ungeduldig auf Briefe, brauchte Vitas Gesellschaft und lebte in der seltsamen Mischung von Hochstimmung und Verzweiflung, die für Liebende – und man sollte meinen, nur für Liebende – bezeichnend ist.«

»Vielleicht hat es – alles in allem halte ich es für sehr wahrscheinlich – einige Zärtlichkeiten zwischen ihnen gegeben; wahrscheinlich sind sie auch mal miteinander ins Bett gegangen. Aber was auch immer in dieser Hinsicht zwischen ihnen geschehen sein mag, ich bezweifle sehr, daß es Virginia erregt und Vita befriedigt hat.«

Nigel Nicolsons *Portrait einer Ehe*, das Auszüge aus der

* Virginias Bemerkung, daß Eliot womöglich als Bankdirektor geendet hätte, wenn er in dem Metier geblieben wäre, wird widersinnigerweise von Lytton Stracheys Biograph als Beweis dafür zitiert, daß Virginia auf Eliot eifersüchtig war. Holroyd, *Lytton Strachey*, Bd. 1, S. 404

ungewöhnlich offenen Korrespondenz zwischen seinen Eltern enthält, bestätigt größtenteils Professor Bells Schlußfolgerung. Vita stellte in einem Brief an Harold fest: »Ich liebe Virginia – wer täte das nicht? Aber ... die Liebe zu Virginia ist etwas ganz anderes: etwas Seelisches, etwas Geistiges, wenn man so will, eine Sache des Intellekts ... Ich habe tödliche Angst, körperliche Gefühle in ihr hervorzurufen, wegen des Wahnsinns ... Ich *habe* mit ihr geschlafen (zweimal), aber das ist alles.« Dies läßt offen, ob Vita – wie angedeutet – nie *versucht* hat, in Virginia »körperliche Gefühle« zu wecken, und ob es irgendeine leidenschaftliche Reaktion gegeben hätte, wenn sie es versucht hätte.

Wie hoffnungslos es war, Virginia nachzustellen, muß Vita ziemlich bald klar geworden sein. Nigel Nicolson sagt, daß »das physische Element in ihrer Freundschaft zögernd und nicht sehr erfolgreich war und nur ein paar Monate anhielt, vielleicht ein Jahr«. Aus Virginias Sicht, bei der es nie ein »physisches Element« gegeben zu haben scheint[*], mag die Bindung länger bestanden haben. Welchen Glanz auch immer Vita für Virginia hatte, er war bis 1935 verblaßt, als sie von Vanessa aus Rom einen Brief erhielt, in dem diese über eine Begegnung mit Harold Nicolson, Vita und einer Freundin Vitas berichtete:

»Am 24. kamen die Nicolsons an, und am nächsten Tag mußten wir mit ihnen zu Abend essen. Ich hatte Vita jahrelang nicht gesehen – sie ist einfach in der falschen Richtung Orlando geworden – ich meine, sie ist zu einem Mann geworden mit einem dicken Oberlippenbart und sehr gebieterisch und im ganzen bestimmt viel breiter. – Wie hast Du das nur gemacht? Vielleicht wirkt es zum Teil so durch den Gegensatz zu ihrer absurden kleinen Geliebten – die so weiß wie ein Bettuch aussieht – in jeder Hinsicht ziemlich unfähig, auf sich selbst aufzupassen – und im ganzen ziemlich blöd, wie ich fand. Bei Harold habe ich immer den Eindruck, als litte er stark unter Minderwertigkeitskomplexen, aber wenn man sich große Mühe gibt, ihn zu bestätigen, entspannt er sich allmählich – und ist ein ganz netter, aber dümmlicher Kerl, ich meine, etwas langweilig.«

Vita war nicht der einzige Gast in Virginias Leben. Es gab bei ihr in periodischen Abständen auch Ausflüge in die Gesell-

[*] »... es ist großartig, ein Eunuch zu sein, wie ich es bin«, schrieb Virginia 1927 an Vita.

99 *Vita und Virginia 1933*
im Monks-House-Garten

100 *Vita mit Pinka auf dem Schoß*
im oberen Wohnzimmer
im Monks House, 1932

101 *Vita auf ihrem Esel, Mouse,*
in der Malamir-Ebene in Persien,
1927

102 *Vita und Leonard*
im Monks-House-Garten 1933

schaft: die literarischen und künstlerischen Zusammenkünfte bei Lady Ottoline Morrell – jener seltsamen, aber hinreißenden Frau mit ihren leidenschaftlichen Liebesaffären und ungewöhnlichen Frisuren, Make-ups und Kleidern; sie »erhob sich und sah genau wie die Spanische Armada unter vollen Segeln aus«, sagte Virginia einmal über sie; und die formelleren Parties bei Lady Sybil Colefax und Lady Emerald Cunard. Leonard beschreibt eine Party im Argyll House, dem Wohnsitz von Sir Arthur und Lady Colefax, wo sich »der Premierminister und das halbe Kabinett, Mary Pritchard, Margot Asquith, der Herausgeber der *Times*, Max Beerbohm und Augustus John hinbegaben«. In der Zwischenzeit hatte Lady Cunard vielleicht gerade den Prinzen von Wales, den Herzog von Kent, George Moore und Sir Thomas Beecham zu Gast. Virginia kannte beide Salons, Leonard nur Argyll House.

Diese flüchtigen Einblicke, die Virginia in die Gesellschaft nahm, spiegeln einen ganz anderen Aspekt ihres Charakters wider: nämlich den, »gerne von sich reden zu machen – ein schickes Kleid anzuziehen und zu einer Veranstaltung zu gehen und dann sich selbst deswegen zu verachten«. Verstan-

Einige Monks-House-Besucher:

103 *Elizabeth Bowen*   104 *Dame Ethel Smyth*

desmäßig wußte Virginia, daß die Salons prätentiös, steril und unecht waren; gefühlsmäßig mochte sie das erregende Gefühl, gutaussehende und gut angezogene Leute zu treffen. In der Tat gefielen ihr Parties jeglicher Art. Aber Parties und Glamour waren ganz und gar nicht nach Leonards Geschmack. Er hielt Lady Colefax für eine »verdammte Snobistin«. Ihn amüsierten mehr die Tiere im Zoo – den er häufig besuchte – als die Gäste auf einer schicken Party. Er las lieber und hörte Musik, spielte Schach oder diskutierte mit Freunden über Politik, Literatur oder das Leben. Er zitierte Ben Jonson:

»Mit wieviel kalter Geschäftigkeit verbringt ein Mann unnütz den besseren Teil seines Lebens, indem er mit Komplimenten um sich wirft, Besuche macht, Neuigkeiten sammelt und verbreitet, Festivitäten und Theateraufführungen besucht und sich mit einem Winter-Liebchen in eine dunkle Ecke verdrückt.«

Dies, meinte Leonard, bringt die Ansicht eines jeden Mannes zum Ausdruck, der über 35 ist und in einer zivilisierten Gesellschaft gelebt hat.

105 *Stella Benson und Virginia*   106 *Lady Sybil Colefax*

107 *Virginia*
mit Lytton Strachey
im Garten von
Ottoline Morrells Haus
in Garsington

108 *William Plomer*
mit einer der Gartenstatuen
109 *Virginia mit James*
und Alix Strachey

110 *Virginia beim Boules-Spielen mit Angelica, Quentin und einer Freundin*

10

BOSHEIT ODER SCHALK?

›Virginia‹
ein Aquarell, das Vanessa Bell 1935 Leonard Woolf
zu Weihnachten schenkte. Jetzt im Monks House

Virginias Spaß an Glamour bietet einen Schlüssel zu einer
wichtigen Seite ihres komplizierten Wesens: in vieler Hinsicht blieb sie ihr Leben lang ein Kind. Zwei andere Schlüssel,
die in dieselbe Richtung weisen, waren ihre lebenslange Sehnsucht nach einer Mutterfigur und ihre sexuelle Unreife. Und
um noch einen weiteren Aspekt zu nennen: auch ihre Ver-
gnügungen waren oft die eines Kindes. Virginias Kauf »eines
grünen Glasgefäßes bei einem Drogisten – einer dieser großen
runden Flaschen, die die Apothekerfenster schmücken oder

früher einmal schmückten – war für sie, weil sie sich das vielleicht seit ihrer Kindheit wünschte, ein wohl ebenso wichtiges Ereignis wie die Freundschaft mit Katherine Mansfield oder die deutschen Luftangriffe«. Gerald Brenan beobachtete, als Virginia 1923 in Spanien war, daß »sie aufgeregt war wie ein Schulmädchen an einem schulfreien Tag«. 1928, als Virginia 46 Jahre alt war, schrieb Vita über ihr »süßes und kindhaftes Wesen«. Ihre Unterhaltung war, erklärt Quentin Bell, »voller Überraschungen, unvorhersehbarer Fragen, Phantasie und Gelächter – dem glücklichen Gelächter eines Kindes, das die Welt seltsamer, absurder und schöner findet, als je einer es sich hätte vorstellen können«. Virginias Nichte erinnerte sich, daß ihr Gerede »des öfteren voller Unsinn war, ein Vortäuschen und Spekulieren, was das Treiben anderer Leute anging, die wir nicht kannten, die Art Spielchen, die man als Kind betreibt«. Etwas von diesem kindhaften Unsinn macht folgender Auszug aus einem Brief deutlich, den sie 1930 Hugh Walpole schrieb:
»Ich wollte, mir fiele irgend etwas anderes ein, um Sie neidisch zu machen. Beinahe am liebsten stehe ich unten im Souterrain an der Druckerpresse: nein, ich trinke gern Champagner und werde gern ganz aufgedreht. Ich liebe es, an einem heißen Freitagabend nach Rodmell zu fahren und kalten Schinken zu essen und auf der Terrasse zu sitzen und mit ein oder zwei Eulen eine Zigarre zu rauchen.«
Virginia hatte Kinder gern; nicht nur theoretisch, sie war gern mit Kindern zusammen, und Kinder liebten sie. Sie nannten Virginia beim Vornamen, als wäre sie ihresgleichen. Sie behandelte sie als gleichwertig und nahm an ihren unausgesprochenen Verschwörungen gegen die Eltern teil. Als sie einmal mit den kleinen Nicolson-Jungen allein war und Vita kommen sah, rief sie: »Geh weg, Vita, siehst du denn nicht, daß ich mit Ben und Nigel rede?« Ihre Späße waren oft kindisch. Man stelle sich nur das strahlende Gesicht der kleinen Tochter von Barbara Bagenal vor, als sie sich auf der Straße begegneten und Virginia zu ihr sagte: »Kommst du mit mir zu Woolworth, einen ganz dicken Radiergummi kaufen? Ich will alle meine Romane ausradieren.« Und Quentin Bell hat einen herrlich amüsanten Bericht über ein Gespräch mit seiner Tante auf der Fahrt von Lewes nach Sevenoaks gegeben: »Erst neulich sind wir auf der Straße einem Elefanten begegnet – die sind wohl in diesem Teil von Kent nichts Ungewöhn-

liches. Schau, da ist noch einer. Na ja, vielleicht ist es ja nur eine alte Sau, aber nirgendwo sonst in England würde man wohl eine Sau finden, die einem Elefanten so ähnlich sieht.«

Kindlich, ja; aber manche Leute, sogar Freunde von ihr, sagten, sie sei »malicious« – boshaft. Was dabei gewöhnlich übersehen wird, ist, daß »malicious«, ein Lieblingswort im Bloomsbury-Vokabular, häufiger im Sinn von schalkhaft oder neckend als böswillig gebraucht wurde. Die abgeschwächte Bedeutung war nicht auf Bloomsbury beschränkt; sie war damals allgemein bekannt. Das »Necken«, »Verulken«, das laut *The Oxford English Dictionary* von 1933 auch in »malicious« steckt, war ein beliebter Bloomsbury-Sport. Um ein Beispiel zu geben: Virginias Roman *Jacob's Room* enthält die folgende Passage, als Jacobs Mutter gegen Ende des Tages über den Friedhof von Scarborough wandert:

»Aber auch noch in diesem Licht konnte man die Inschriften auf den Grabsteinen lesen, knappe Stimmen, die sagten: ›Ich bin Bertha Ruck.‹ ›Ich bin Tom Gage.‹ Und an welchem Tag im Jahr sie starben, und das Neue Testament sagte auch etwas für sie, etwas, das einen sehr mit Stolz erfüllen konnte, etwas sehr Überschwengliches oder Tröstliches.«

Für Virginia war der Name »Bertha Ruck« wahrscheinlich nichts weiter als ein lustiger Klang – obwohl offenbar fast jeder Bücher lesende Mensch in England wußte, daß es damals eine populäre Schriftstellerin mit dem Namen *Berta* Ruck gab, die *Arabella the Awful* (Arabella die Schreckliche) geschrieben hatte und andere Romane mit ähnlich ansprechenden Titeln. Berta Ruck war bestimmt nicht in Scarborough begraben, sondern sehr lebendig und verheiratet mit dem bemerkenswerten Romancier Oliver Onions. Mr. und Mrs. Onions waren äußerst verärgert über diese offenbar absichtliche Verunglimpfung der künstlerischen Fähigkeiten von Berta Ruck und drohten mit einem Prozeß. Virginia schaffte es jedoch, die Onions davon zu überzeugen, daß sie noch nie etwas von Berta Rucks Büchern gehört hatte, obwohl diese sich in weit höherer Anzahl verkauften als alles, was Virginia je geschrieben hatte. Sie und Virginia freundeten sich miteinander an, und später sprach Virginia voller Bewunderung von Berta Ruck, die auf einer Bloomsbury-Party mit ihrem Vortrag des Liedes »Never allow a sailor an inch above your knee« (»Laß einen Matrosen nie eine Handbreit übers Knie«) für glänzende Unterhaltung gesorgt hatte.

Bis hierhin ist die Geschichte ziemlich bekannt, da sie in allen Lebensberichten über Virginia vorkommt. Ein vor kurzem entdeckter Brief liefert noch eine bis dato unveröffentlichte Ergänzung zu dem Vorfall. Nachdem Virginia die zornige Mitteilung von Berta Ruck und ihrem Mann erhalten hatte, traf noch ein weiterer an Virginia adressierter Brief im Hogarth House ein. Er war mit »Thomas Gage« unterzeichnet und lautete:

»Madam,

in Ihrem vor kurzem erschienenen Roman *Jacob's Room* hat die Seite 217 meine Aufmerksamkeit erregt, wo Sie zwei Grabsteine beschreiben, auf denen mein Name und der Name meiner verehrten Freundin, Miss Berta Ruck, stehen.

Darf ich Ihnen versichern, daß Sie eigentlich allen Grund haben sollten zu wissen, daß weder ich, wie Sie erwähnen – und zu wünschen scheinen – auf dem Friedhof von Scarborough oder sonstwo begraben bin noch Miss Ruck es ist?

Zu Ihrem Versuch, dem literarischen Ruf der Autorin von ›Bridge of Kisses‹ (Brücke der Küsse) und ›The Lad with Wings‹ (Der beflügelte Jüngling) zu schaden und eine literarische Rivalin aus dem Weg zu räumen, mit deren Auflagenziffern in England, den britischen Dominions und den Vereinigten Staaten Sie wohl vergeblich gleichzuziehen hoffen, will ich mich nicht äußern. Miss Rucks Rechtsanwälte werden schon dafür sorgen, daß sie reichlichen und angemessenen Schadensersatz erhält. Und ich würde mich auch nicht dazu herablassen, darüber zu reden, daß Sie meinen und ihren Namen als auf benachbarten Grabsteinen stehend erwähnen, wenn nicht diese perfide Nebeneinanderstellung Anlaß zu allerlei unangenehmen Kommentaren gegeben hätte; *Miss Ruck ist zu sehr eine Lady*, als daß sie davon sprechen würde, aber ich als englischer Gentleman und (pensioniertes) Mitglied der R.N.R.* fühle mich gezwungen, aufs heftigste dagegen zu protestieren. Jeder, der Miss Ruck kennt, weiß, daß sich in ihrer edlen Brust kein Gefühl birgt, dessen sich ein Engel zu schämen hätte. Aber Fremde außerhalb ihres heiligen Bekanntenkreises werden einen ganz anderen Eindruck gewinnen...«

Nun, schon vor dieser Stelle muß Virginia den Brief als das erkannt haben, was er war – ein Ulk. Die letzten Zweifel

---

* R.N.R. = Königliche Britische Marinereserve (Anm. d. Red.)

wurden noch dadurch beseitigt, daß der Briefschreiber im folgenden behauptete, die Sache »hat meine Gesundheit dermaßen angegriffen, daß ich mich gezwungen sah, meine Stellung als Oberaufseher der Bedürfnisanstalt Oxford Circus aufzugeben...«

Ein Ulk war es – aber von wem? Leonard war sicher, daß der Schuldige Logan Pearsall Smith war, dem Leonard wegen eines früheren Schabernacks automatisch jeden neuen Vorfall anlastete. Schließlich tauchten die wahren Schuldigen auf: Lytton Strachey und Dora Carrington.

Virginia war es gewöhnt, auf den Arm genommen zu werden, wie selbst andere auf den Arm zu nehmen – auch das Woolfsche Personal wurde in das Spiel miteinbezogen. Ihre engsten Freunde wußten, daß sie bei vielem, was Virginia sagte – besonders wenn es lustig war – einen erheblichen Teil abziehen mußten. Ein gutes Beispiel für diese Art von Phantasie lieferte ihr Stück *Freshwater*, das drei berühmte Gestalten des viktorianischen Zeitalters durch den Kakao zog: den Poeta Laureatus Tennyson, den Maler George Frederick Watts und Julia Margaret Cameron, eine Großtante Virginias, die auf dem Gebiet der Photographie Pionierleistungen vollbrachte. Von frühester Kindheit an hatte Virginia aus erster Hand über diese drei erzählen hören. Sie wußte, daß Tennyson gerne seine Gedichte laut vortrug, vor allem eines, *Maud*. Sie wußte, daß der 47 Jahre alte Watts die sechzehnjährige Ellen Terry geheiratet hatte (eine höchst erfolglose Verbindung, da die Ehe nie vollzogen wurde) und daß sie stundenlang in einem weißen Kleid oder Schleier Modell stehen mußte, während »Signor« an seinen allegorischen Bildern arbeitete. Und Virginia wußte auch gut über ihre talentierte, exzentrische und herrschsüchtige Großtante, Julia Cameron, Bescheid. (Eine Mappe mit Photographien, die Mrs. Cameron gemacht hat, wurde 1975 auf einer Sotheby-Auktion für 52 000 Pfund verkauft.)

Diese Kenntnisse verarbeitete sie in einem Stück, das, wie der Name besagt, in Freshwater, einem Ort auf der Isle of Wight, spielen sollte, wo die Camerons, Tennysons und Watts Nachbarn waren. Die alternden Camerons sind im Begriff, nach Indien zurückzukehren, wo sie die meiste Zeit ihres Ehelebens verbracht haben. Doch solange ihre Särge nicht fertig sind, die sie unbedingt mitnehmen wollen, können sie nicht abfahren. Tennyson, der von Farringford herübergekommen ist, um sich zu verabschieden, schlägt vor, ihnen in den zwei Stunden und zwanzig Minuten, die ihnen bis zur Abreise verbleiben, noch einmal *Maud* vorzulesen. Ellen Terry, in einen weißen Schleier gehüllt, steht Watts Modell, der seine berühmte Allegorie vom Mammon malt. Mrs. Cameron befiehlt allen gebieterisch, für ihre Photographien zu posieren. Sie unterbricht Tennyson und sagt:

»Alfred, Alfred, ich suche Sir Galahad. Wo werde ich Sir Galahad finden? Gibt es keinen Gärtner, keinen Lakaien, keinen Küchenmeister in Farringford mit richtigen Waden – er muß Waden haben.«

Nachdem die anderen ins Spiel einbezogen worden sind, kommt sie wieder zu Wort:

»Was nützt ein Polizist, wenn er keine Waden hat? Da habt ihr die Tragödie meines Lebens. Das ist Julia Margaret Camerons Botschaft an ihre Zeit! Alle meine Schwestern waren schön, aber ich hatte Genie. Sie waren die Bräute von Männern, aber ich bin die Braut der Kunst. Ich habe das Schöne an den unwahrscheinlichsten Plätzen gesucht. Ich habe bei der Polizei in Freshwater gesucht und habe keinen einzigen Mann mit Waden gefunden, die eines Sir Galahad würdig wären. Aber wie ich zum Hauptwachtmeister gesagt habe: ›Was ist die Ordnung, Wachtmeister, ohne Schönheit? Was ist das Gesetz ohne Leben?‹ Warum sollte ich mein Silber weiter von einer Horde Männern bewachen lassen, deren Beine mir ästhetisch zuwider sind? Wenn ein Bettler käme und er wäre schön, würde ich zu ihm sagen: Nehmen Sie meine Fischmesser! Nehmen Sie meine Essigfläschchen, meine Brotkörbe und meine Suppenterrinen. Was Sie nehmen, ist nichts im Vergleich zu dem, was Sie geben – Ihre Waden, Ihre wunderschönen Waden. – Ich habe die Schönheit in Wirtshäusern gesucht und fand sie, die Ziehharmonika spielend, auf der Straße. Meine Köchin war eine Bettlerin. Ich habe sie in eine Königin verwandelt. Mein Hausmädchen hat Schuhbänder am Charing Cross verkauft: Sie ist jetzt mit dem Earl of Dudley verlobt. Mein Stiefelputzer hat Eier geklaut und war im Gefängnis. Jetzt bedient er bei Tisch, als Cupido verkleidet.«

Da Virginia Cupido erwähnt, sollte erklärt werden, daß Ellen Terry, vom Leben in Freshwater angeödet, tatsächlich eines Abends außerplanmäßig auf der Bühne erschien und in einem rosa Trikotanzug als Cupido verkleidet vor der versammelten

Gesellschaft, zu der einige vornehme Gäste gehörten, einen Tanz vorführte. Als ob das nicht schon gereicht hätte, wurde später in ganz London das Gerücht verbreitet, daß sie nackt vor einer Gruppe »verwirrter und erstaunter Bischöfe« auf einem Tisch getanzt habe... Der rosa Trikotanzug besiegelte Ellens Untergang: Die beiden Großtanten Virginias, welche die nicht vollzogene Ehe arrangiert hatten, sorgten jetzt für eine Trennung, und Ellen, inzwischen 17 geworden, wurde heim zur Mutter geschickt.

Das eben Geschilderte ist Tatsache. In Virginias Version steckte Ellen nicht in einem rosa Trikotanzug, sondern schockierte Watts, indem sie zu einer Verabredung mit einem jungen Mann (John Craig) im Garten lange Hosen trägt:

»*Watts*: Elendes Mädchen – wenn ich dich überhaupt noch als Mädchen bezeichnen kann. Ich hätte dir vieles verzeihen können, aber nicht das. Hättest du dich mädchenhaft in einen Schleier gehüllt oder ganz in Weiß gekleidet mit ihm getroffen, wäre es etwas anderes gewesen. Aber Hosen – nein – ... Fort mit dir. Verschwinde mit deinem Geliebten und führe dein verderbtes Leben...

Craig: Nun mal langsam, Sir. Ich habe ein großes Haus am Gordon Square.*

Watts: Dann geh zum Gordon Square. Gründe eine Gesellschaft, in der das heilige Eheversprechen nicht mehr geachtet wird.«

Endlich kommen die Särge für die Camerons an, und sie fahren ab. Einen Augenblick später stürzen Tennysons Diener mit der Botschaft herein, daß Königin Victoria rübergekommen sei, um ihn zu sehen. Während die Königin in einem Sessel auf die Bühne gebracht wird, sagt Tennyson (zum Publikum, ganz grimmig): »Die Komödie ist vorbei.« Er fällt auf die Knie. Mehrere Grammophone spielen »God Save the Queen«, und der Vorhang fällt.

Als *Freshwater* 1935 vor Freunden aufgeführt wurde, spielte Vanessa Bell die Schlüsselrolle von Mrs. Cameron, Leonard Woolf stellte Mr. Cameron dar und Duncan Grant Watts. Die Rollen von Lord Tennyson und Ellen Terry übernahmen Julian und Angelica Bell. Die Truppe studierte sorgfältig die Rollen, und es wurden fünf Proben abgehalten. Als das Stück in Vanessas Londoner Studio aufgeführt wurde, lachten Clive

* Gordon Square war eine beliebte Bloomsbury-Adresse, und vor allem wohnten dort Vanessa und Clive Bell, nachdem sie geheiratet hatten.

Bell und sein Bruder Cory so laut, daß einige Zuschauer sich beklagten, sie könnten den Text nicht verstehen.

Die Art des Verulkens, wie es in *Freshwater* vorkam, wurde innerhalb der Familie und unter alten Freunden nicht übelgenommen. Neuere Bekannte jedoch waren oft sprachlos, wenn Virginia irgendeine harmlose Sache, die sie betraf, zum Anlaß nahm, daraus eine Geschichte zu fabrizieren, die sie kaum noch wiedererkennen konnten. Dafür ist ein Beispiel bekannt geworden, von dem Gladys Easdale betroffen war, die Mutter von Joan Easdale, einer jungen Dichterin, deren Werke die Hogarth Press veröffentlicht hatte. Den Hintergrund scheinen folgende Fakten zu bilden: Mrs. Easdale hatte einen Sohn, der Musiker war; Virginia und Leonard hatten ein Konzert besucht, wo dessen Musik gespielt wurde; die Mutter hatte Virginia erzählt, daß sie ihren Sohn Sir Henry Wood gegenüber erwähnt habe, einem berühmten Dirigenten jener Zeit. Das Tagebuch von Mrs. Easdale, das man erst kürzlich entdeckt hat, enthält einen Bericht darüber, was später beim Tee im Monks House passierte. Er begann mit den Worten, die Virginia vor der versammelten Gesellschaft äußerte:

»»Sie ist die tapferste Frau, die ich kenne – sie ging in ein großes Restaurant direkt zu Sir Henry, der einen Schwarm von Damen um sich hatte, und sagte: Sir Henry, mein Sohn ist ein Genie!, und nun erzählen Sie die Geschichte weiter –‹ Natürlich war meine Verwirrung grenzenlos. Dann fuhr sie (in der ihr eigenen charmanten, spielerischen Art) fort: ›Sehen Sie – sie hat einen Sohn, der ein unbekannter hervorragender Komponist ist.‹ Als nächstes sprach sie über das Konzert – das interessanteste, das sie je erlebt habe –, sagte, daß wir die fortschrittlichste Familie in der ganzen Welt seien – Worte mit der Musik zu verbinden, wie sie sonst niemand so zu verwenden wagen würde, und obendrein noch die modernste Musik zu machen – und so ging es weiter, halb ernst, halb komisch.«

Ein paar Tatsachen zu etwas ganz anderem aufzublähen und dann einen der Zuhörer zu bitten, »die Geschichte weiterzuerzählen«, war ein alter Trick von Virginia, und die meisten Leute fanden das komisch, aber manche fanden es auch gemein. Es ist wohl unmöglich, mit Gewißheit zu behaupten, daß Virginia sich nur einen Spaß machen wollte und nicht merkte, daß das Opfer sie vielleicht grausam fand, aber bei dem oben zitierten Beispiel gibt es nicht den gelindesten

Zweifel, daß Virginia der Besucherin sehr zugetan war. Sie war aus freien Stücken zu dem musikalischen Vortrag des Sohnes gegangen, die *Press* hatte die Gedichte der Tochter gedruckt, und sie hatten sich mehrmals gegenseitig eingeladen. Tatsächlich nahm in diesem Fall das durch den Kakao gezogene »Opfer« das Ganze offensichtlich mit Humor auf. Nicht alle Opfer taten das. Dora Sanger spielte auf Virginias »gnadenlosen Spott« an und behauptete, Virginia sei zwar ihrem Mann, dem »heiligen« C. P. Sanger, gegenüber »ehrerbietig«, zu ihr jedoch »grausam« gewesen. Im Gegensatz dazu bat Barbara Rothschild in einem Brief an Leonard, »Virginia zu sagen, daß wir auch sie wiedersehen und uns wieder in dieses Labyrinth von Indiskretionen führen lassen wollen, in das sie ihre rotköpfige Gefolgschaft hineinlockt«. Virginias Art, die Leute aufzuziehen, erschreckte einige und amüsierte andere. Wir wissen, daß Virginia sich zwar dessen bewußt war, daß sie manchmal die Leute vor den Kopf stieß, sie aber nicht wußte, warum. »Ich wollte, Du würdest mir eines Tages schreiben, wieso ich sie erschrecke«, schrieb sie an Dorothy Bussy: »Ich habe alle Laster, zugegeben: aber warum sollte meine unglückselige brüchige Ansammlung von Lastern den jungen und schönen und begabten Leuten, die ihr ganzes Leben vor sich haben, Angst einjagen ... Weiß der Himmel!«

Da Virginia auf ungewöhnliche Weise aufgewachsen ist, ohne die einengende Struktur einer formalen Erziehung und ohne die abstumpfenden Lektionen, die aus den Erfahrungen herrühren, wie man in dieser rauhen Welt »zurechtkommt«, ist es sehr wohl möglich, daß sie sich ihrer Wirkung auf andere nicht immer bewußt war; daß ihr die Worte aus dem Mund sprudelten, ohne daß sie sich darüber im klaren war, welchen Schaden sie anrichten könnten. Auf dieselben Ursachen ist wohl zum Teil auch die Frische ihrer Beobachtungsgabe zurückzuführen; auch ihre Freude an kleinen belanglosen Dingen, auf die die Erwachsenen-Welt wenig Wert legt, und ihre Unabhängigkeit von allem Offensichtlichen und Trivialen. Was Leonard »vom Boden abheben« nannte – wenn sie einen prosaischen Vorfall oder eine solche Aussage zum Anlaß nahm, einen barocken Phantasieberg zu schaffen –, war einfach ein weiterer Ausdruck dieses kindhaften Frei-Seins von Banalität, was ein Teil ihres Wesens war. Dies läßt sich auf vielfache Weise illustrieren. Der Geruch von Leuten spielt in kindlichen Gesprächen eine Rolle, wird jedoch zu einem Tabuthema für Erwachsene, wohingegen Virginia keine Hemmungen hatte zu schreiben, daß Katherine Mansfield »wie eine Zibetkatze stinkt«. Dem normalen Erwachsenen ist in seiner Kindheit beigebracht worden, daß Eifersucht etwas Böses ist. Heuchlerisch versuchen wir, dieses fundamentale Element der menschlichen Natur zu verbergen, das – mit Ausnahme von Heiligen – in jedem von uns steckt. Aber Kinder, die noch nicht zu Stereotypen erzogen worden sind, geben ihre Eifersucht offen zu – und Virginia gesteht in ihrem Tagebuch immer wieder, daß sie eifersüchtig sei: auf Frauen mit Kindern, auf die schriftstellerischen Leistungen Katherine Mansfields oder T. S. Eliots oder Lytton Stracheys oder auf sonst jemanden, der erfolgreich war. Für Virginias Freunde waren diese kindhaften Züge wie ihre Fröhlichkeit und Liebe zu kleinen Dingen, ihr Schalk, ihre Offenheit, Phantasie und Frische ein wesentlicher Charakterzug ihres Wesens, das sie so reizvoll fanden.

11

DER PRIOR VON LEWES

Kopf Leonard Woolfs von Charlotte Hewer,
jetzt im Monks-House-Garten

Ein paar Jahre vor seinem Tod erhielt Leonard einen bemerkenswerten Brief von einem Nachbarn, einem Mann, der
etwa zu der Zeit in Rodmell geboren wurde, als die Woolfs
1919 dorthin zogen. Er hatte Leonard sein ganzes Leben
gekannt, und der Brief war voller Bewunderung: »Wenn ich
mir jemanden wünschte«, hieß es, »der aufrichtig spräche und
von keinerlei Furcht beeinflußt würde, wären Sie es.« Der
Brief lautete weiter:
»Ich glaube, Sie sind im Grunde Ihres Wesens religiös – ein

Mensch, der sich selbst nicht nachgibt, der sich einen Verhaltenskodex von hohem moralischem Niveau auferlegt und Respekt vor dem Leben in seiner ganzen Vielfalt hat. Wenn Sie im Mittelalter gelebt hätten, hätten Sie in der Tat gut ein Prior der Lewes-Propstei sein können, mit etwas unorthodoxen Ansichten, aber ein fähiger und starker Verwalter der Ländereien und Interessen der Propstei.«

Nichts in Leonards Unterlagen gibt Aufschluß darüber, was er von diesem Brief gehalten hat, aber man braucht nicht viel über ihn zu wissen, um mit Sicherheit sagen zu können, daß er ihm sehr gefallen hat.

Leonard *war* ein religiöser Mann, obwohl er sich zu keiner konventionellen Religion bekannte. Wie wir gesehen haben, war er ein Ungläubiger, als er nach Cambridge kam, hatte aber bis mindestens zwei Monate vor seinem achtzehnten Geburtstag die Synagoge besucht. »Als kleiner Junge war er ein strenggläubiger Jude«, schrieb Virginia, »und er kann immer noch auf Hebräisch singen« – vermutlich war er der erste Jude, der einer der Cambridger Apostel wurde. Er hatte sowohl das Alte als auch das Neue Testament studiert und behauptete in einer hitzigen Debatte mit dem Erzbischof von Canterbury, daß seine Position zu dem Thema eher mit den Geboten von Jesus Christus zu vereinen sei als die vom Erzbischof eingenommene. Wegen der Religion ist es zwischen Virginia und Leonard nie zum offenen Konflikt gekommen. Sie war von Geburt an Agnostikerin und war alles, was auch Leonard war. »Wir sind Juden«, hat sie einmal gesagt. Leonard erklärte: »Was mein Judentum angeht, so weiß ich, es ist seltsam, daß es mein Leben so wenig beeinflußt haben soll.« Leonards jüngerer Bruder Philip hielt die Familienreligion für eine positive Kraft und gab seinem Erstaunen darüber Ausdruck, daß Leonard dies in seiner Autobiographie nicht hervorgehoben hat. Während Leonards Schwester Bella sich beklagte, daß Leonard seiner Mutter nicht genügend Dankbarkeit für das Wohlergehen der Familie bewiesen habe, beschwerte sich Philip, daß »Du unser Judentum nicht herausgestellt hast«.

Leonard hat offenbar nie auf Philips Stellungnahme geantwortet. Vielleicht, weil er einfach nicht mehr in konfessionellen Begriffen dachte. Wir wissen, daß seine Religion – das heißt, das Glaubensbekenntnis, das sein Verhalten bestimmte und von dem er meinte, daß es das Verhalten von anderen bestimmen sollte – allein auf zwischenmenschlichen Beziehungen begründet war; es entbehrte jeglichen Rituals, jeglicher Priesterschaft, jeglicher Theologie, jeglicher Vorstellung von einem Weiterleben nach dem Tode, jeglicher Wunder-, Heiligen- oder Feiertagstradition. »Mir geht es leidenschaftlich um das, was ich zivilisiertes Leben nenne«, schrieb er. In einem solchen Leben verbanden sich nach Leonards Worten die semitischen Ideale – Gerechtigkeit, Mitleid und Toleranz – mit den griechischen: Freiheit und Schönheit. Alles, was er schrieb und tat, wurde sein Leben lang von diesen Regeln beherrscht. Er war ein Sozialist, aber anders als viele andere englische Sozialisten hätte er keinerlei Abweichung einer sozialistischen Regierung von den Normen Gerechtigkeit, Toleranz und Freiheit hingenommen. Ein Journalist, der Leonard lobend eine »liberale« Haltung bescheinigte, wurde korrigiert: »Ich bin kein Liberaler und war auch nie einer. Seitdem ich politisch tätig bin ... bin ich Sozialist ... Sie gehen falsch in der Annahme, Gedankenfreiheit sei bei einem Sozialisten mehr oder weniger verbrecherisch und Sozialismus bestehe aus einem fortwährenden Wiederkäuen der Worte von Marx, Lenin und Stalin.«

Der einzige Bereich, in dem Leonard vielleicht von seinem Glaubensbekenntnis abgewichen ist, war seltsamerweise die Toleranz. Als extremer Rationalist konnte er keine Verhaltensweisen ertragen, die auf Instinkt oder Emotion beruhten. Er war ein Mensch, der von seinen Meinungen auf bestimmten Wissensgebieten, vor allem in der Politik, tief überzeugt war, und so war er gegenüber Ansichten, die von seinen stark abwichen, oft intolerant.

In einem Brief an einen alten Freund, einen praktizierenden Christen, schrieb er:

»Ich bewundere das Christentum Jesu Christi und sympathisiere großenteils damit, obwohl einiges davon nicht praktizierbar und irgendwie Unsinn ist. Wenn er mir 1920 die Bergpredigt gebracht hätte, hätte ich sie mit größtem Vergnügen veröffentlicht (und wäre wahrscheinlich der einzige Verleger in London gewesen, der dies getan hätte), und ich bin sicher, er hätte sich ganz gern von jemandem mit meinen Ansichten verlegen lassen. Was mir nicht gefällt, ist das Christentum der Kirchen, des Erzbischofs von Canterbury, von Königin Elizabeth II., des Papstes und des Kirchenpräsidenten von Schottland, die alle die Anständigkeit und synthetische Gottheit verehren, die sich zu 90 Prozent aus Mammon und zu 10 Prozent aus Gott zusammensetzt.«

Beatrice Webb beschreibt eine »wütende Auseinandersetzung« mit Leonard und Virginia über konfessionelle Erziehung und den Wert von religiösem Mystizismus (Leonard allerdings behauptete, Virginia und Sidney Webb hätten während der Diskussion geschwiegen). Mrs. Webb zufolge »waren sie gegen Duldsamkeit – was ›unbedingt falsch‹ war und eine Ansicht, die niemand vertreten sollte, der über einer bestimmten Intelligenzstufe stand und für sich in Anspruch nahm, sich selbst und anderen gegenüber ehrlich zu sein«.

Leonard gab sich nicht damit zufrieden, an seinem eigenen Unglauben festzuhalten und anderen den Glauben zu erlauben; er war von einem missionarischen Eifer beseelt, den Glauben anderer zu zerstören und sie zur Wahrheit zu bekehren: das heißt, zu seiner Art zu denken. Etwa zehn Seiten des ersten Bandes seiner Autobiographie waren einem Angriff auf die konventionelle Religion gewidmet. Er schrieb, er könne »nicht verstehen, wie ein intelligenter Mensch des zwanzigsten Jahrhunderts sich in ein solches Denkkorsett pressen lassen kann, daß es ihm etwas bedeutet, zu Gott zu beten«. Ihn erfüllte »stilles Erstaunen«, als er T. S. Eliot in die Dorfkirche Rodmell zur Kommunion gehen sah. »Wenn ich mir Mühe gäbe«, schrieb Leonard, »könnte ich eine geistig befriedigende Erklärung für den psychologischen Prozeß beibringen, der Tom in den ehrenwerten Schoß der Church of England getrieben hat, aber ich habe kein wohlwollendes Verständnis dafür.« Der Zorn, den Leonard gegenüber dem »ehrenwerten« Wesen der Kirche zum Ausdruck brachte, hier und in dem früheren Zitat, sagt uns viel über Leonard selbst: Unter anderem die Tatsache, daß ihn Eliots Abkehr von der Rationalität, die dieser durch seinen Kirchenbesuch bewies und die in Leonards Biographie so hervorgehoben wird, weit mehr kränkte als Eliots Abkehr von der Rationalität, wie sie in seinem leichten Antisemitismus zum Ausdruck kam. Letzteren erwähnt Leonard nicht einmal, obgleich er sich dessen bewußt war. Als Antwort auf eine Nachfrage schrieb Leonard: »Ich glaube, T. S. Eliot war leicht antisemitisch in jener vagen Art, die nicht ungewöhnlich ist. Er hätte das voller Überzeugung abgestritten.« Einem anderen Journalisten gegenüber fügte er hinzu: »Im Gespräch und im täglichen Umgang hat er nie auch nur die geringsten Anzeichen gezeigt. Ich nehme an, daß wir darüber diskutiert haben, aber ich kann mich nicht erinnern, mit welchem Ergebnis.«

Außer der Religion gab es noch andere Themen, für die er sich leidenschaftlich einsetzte und die mit Sicherheit eine heftige Reaktion bei ihm auslösten. Als Mrs. H. M. Swanwick, die lange Jahre für den Völkerbund tätig war, ein Buch mit dem Titel *Collective Insecurity* (Kollektive Unsicherheit) schrieb, in dem sie die Nützlichkeit von Sanktionen bestritt, wurde sie von Leonard, der fest an deren Nützlichkeit glaubte, böse attackiert. Der Angriff richtete sich nicht nur auf die Argumentation, sondern persönlich auf Mrs. Swanwick, die er öffentlich im *New Statesman* der »selbstzufriedenen Selbstgefälligkeit« beschuldigte – wofür er im nachhinein in einem persönlichen Brief sein Bedauern zum Ausdruck brachte.

Mit Margaret Coles Buch *The Story of Fabian Socialism* (Die Geschichte des Fabianismus) ging Leonard in einer Rezension für *Political Quarterly* alles andere als sanft um. Die Autorin, mit der Leonard eine mehr als dreißig Jahre lange Zusammenarbeit für die Ziele des Fabianismus verband, wurde gründlich von ihm heruntergemacht. Leonard erklärte, daß Margaret Cole und ihr Mann Douglas sich gegen die Webbs in der *Fabian Society* »aufgelehnt« hätten und man als Leser »das Gefühl hat, vor lauter Coles die Webbs nicht sehen zu können«. Das »persönliche Vorurteil« der Autorin, sagte Leonard, »läßt ihre Schlußfolgerung und manchmal sogar ihre Fakten unglaubwürdig werden«. Ihr Stil wurde als »durchgehends schlampig« angegriffen; und die Rezension endete mit diesem schrillen Ton: »Wenn irgendein Englischlehrer einen Satz braucht, anhand dessen er seiner Klasse vorführen kann, ›wie man die englische Sprache nicht schreiben sollte‹, könnte sich ihm kein besseres Beispiel bieten als die Ungeheuerlichkeit, die auf den ersten neunzehn Zeilen auf Seite 163 zu finden ist.« Dieser Verriß zog eine ausführliche Korrespondenz zwischen »Lieber Leonard« und »Liebe Margaret« nach sich. Margaret erhielt schließlich die bescheidene Genugtuung – wenn es überhaupt eine Genugtuung war nach der öffentlichen Abkanzelung –, daß Leonard ihr privat erklärte: »Ich hätte das Buch nicht rezensieren sollen«, vermutlich wegen seiner persönlichen Verstrickung in die frühen Zankereien innerhalb der *Fabian Society*. Der Grund dafür, daß er es rezensierte, ein praktischer Grund, war alles andere als befriedigend: »Ich wollte es lesen, aber als Verleger und ehemaliger Feuilletonredakteur kaufe ich mir nie Bücher, sondern schreibe eine Rezension, wenn ich etwas lesen will«, gestand er wahrheitsgemäß.

The Life of John Maynard Keynes von Roy Harrod, das so etwas wie ein Klassiker auf seinem Gebiet geworden ist, wurde von Leonard ebenfalls (diesmal unsigniert) mit einer Rezension bedacht, die rückblickend unnötig hart erscheint, obgleich das persönliche Element hier eine geringere Rolle spielte. An zwei Stellen der Besprechung wurde das Buch als »mißlungen« bezeichnet, und der literarische Stil des Autors wurde als »naiv«, »gequält« und »quasselig« kritisiert. In einem Brief, den Harrod Jahre später schrieb, äußerte er sein Mißfallen an der Kritik. Leonard antwortete: »Ich hätte es nie rezensieren sollen und bin gern bereit zu glauben, daß ich ihm keine Gerechtigkeit habe widerfahren lassen. Aber ich war nicht gehässig... Gehässigkeit zählt, glaube ich, nicht zu meinen vielen Lastern. Gereiztheit oder eine gereizte Feder oder Schreibmaschine gehören dazu, und in Ihrem Buch sind ein paar Dinge, die mich gereizt haben, wie die Rezension gezeigt hat... Aber Sie hatten Grund, auf mich böse zu sein.«

Man kann nicht umhin, sich zu wundern, wieso Leonard in diesen Fällen so offensichtlich den Rat vergaß, den er anderen gegeben hatte, als er Feuilletonredakteur der *Nation* war: Der wirkungsvollste Verriß ist der, der am unpersönlichsten ist. Man mutmaßt die Existenz eines Charakterzugs, ein Gefühl der Unsicherheit, das in Leonard tief verwurzelt war, so wie die Unreife in Virginia – möglicherweise waren diese Züge in beiden Fällen auf den Verlust eines geliebten Elternteils während der Kindheit zurückzuführen. Der Panzer, den Leonard sich schon in frühen Jahren wegen seiner Verletzlichkeit zulegte, um sich gegen eine »feindliche Welt« zu schützen, ist beredtes Zeugnis dieser Unsicherheit. Seine Angriffe auf die konventionelle Religion und die wiederholt von ihm zum Ausdruck gebrachte Verachtung für die »Ehrbarkeit« der Kirche riechen nach Selbstverteidigung. Trotz seiner anerkannten intellektuellen Fähigkeiten war Leonard ein Außenseiter unter den Aposteln und war sich dessen bewußt: kein anderes Mitglied der Gesellschaft hat je so ausführlich über seine Verbindung zu der Gruppe geschrieben. Leonard war ein Außenseiter als Kolonialbeamter und hatte das Bedürfnis, auch in späteren Jahren, sich immer und immer wieder selbst zu versichern, mit welch ungewöhnlicher Tatkraft er ein halbes Jahrhundert zuvor in Ceylon seine Arbeit verrichtet hatte. Vermutlich aus dem gleichen Verlangen heraus schrieb er an einen Freund: »Ich behaupte, ernsthafter und intelligenter als der Durchschnittsmensch zu sein.« Selbst in bezug auf seine eigene Familie empfand er sich in gewisser Weise als Außenseiter, ein Gefühl, das sich darin widerspiegelt, daß er mit über 75 Jahren behauptete, seine Mutter habe ihn weniger geliebt als ihre anderen Kinder. Durch ein Gefühl der Unsicherheit läßt sich weitgehend auch der in seinen Kritiken zum Ausdruck kommende Unmut darüber erklären, daß sich weniger kompetente Sachverständige zu Themenkreisen äußerten, in denen Leonard sich besonders kompetent fühlte, ebenso der Starrsinn, mit dem er einmal eingenommene Positionen verteidigte. »Mit ihm zu diskutieren war sinnlos«, sagte Keynes. Dieser Fehler hielt sich dadurch in Grenzen, daß Leonard sich sehr sorgfältig mit einem Thema beschäftigte, bevor er zu irgendwelchen Schlußfolgerungen kam. Die Schlüsse, die er zog, waren meist richtig, aber seine Methoden, sie zum Ausdruck zu bringen, konnten oft nicht überzeugen. Der Rezensent von *Quack, Quack!* in *The Listener* fand Leonard »zu leidenschaftlich und zu bitter, als daß er der perfekte Vertreter der ruhigen Diskussionsmethoden sein könnte, die er predigt«. Der Protokolleintrag des internationalen Beratungsausschusses der Labour Party für eine Sitzung am 11. Januar 1928 lautete: »Mr. Woolfs Memorandum (über die Verfemung des Krieges) abzumildern wurde dem Vorsitzenden und Sekretär überlassen.«

Seine Freunde fanden Leonards sprichwörtlichen Starrsinn bald weniger irritierend als merkwürdig überspannt (Leonards eigene Anspielungen auf seine Hartnäckigkeit lassen vermuten, daß er sie als eine Tugend betrachtete) ebenso wie seine Achtsamkeit im Umgang mit Geld oder sein Buchführen über alles. Wenn er ein Buch schrieb, notierte er jeden Tag in einem Notizbuch die Zahl der geschriebenen Worte. Tatbestände wie der erste Frost im Winter, die Zeit, die er brauchte, um vom Monks House zum Tavistock Square zu fahren, die Anzahl der Meilen, die er jedes Jahr zurücklegte, Virginias Gesundheitszustand, der Tag, an dem er sich die Haare schneiden ließ, die Kiloernte an Äpfeln von jedem Baum im Monks-House-Obstgarten, wo und zu welchen Zeiten die wilden Blumen von Sussex zu finden waren, seine

Ausgaben, wofür auch immer, und die wichtigsten Ereignisse fast jeden Tages über eine Zeitspanne von mehr als fünfzig Jahren gehörten zu den Informationen, die er sammelte – ein wundervolles Datenkompendium für jemanden, der Auseinandersetzungen genoß und gern die Stütze eines unwiderleglichen Beweises hatte.

Nach allem, was nun gesagt worden ist, könnte man meinen, daß Leonard ein unangenehmer Mensch war, der alles viel zu ernst nahm. Nichts davon; selbst Leute, die es schwer fanden, mit ihm zu arbeiten, fanden Leonard höflich und charmant. Er war ein rücksichtsvoller und amüsanter Kamerad, ein guter Gastgeber und ein guter Gast. Obgleich nur eine Photographie von ihm bekannt ist, auf der er lächelt oder lacht, war seine Lebenseinstellung eher trocken und lakonisch als feierlich. Als er jemanden aus seiner Familie als »waschechten Woolf« bezeichnete, meinte er damit, daß der Betreffende »die Welt und ihre Bewohner voller Zurückhaltung, Argwohn und Resignation« beobachtet. Diese Züge waren Leonard in vollem Ausmaß eigen, aber er hatte auch viel Sinn für Humor, wie diese Sätze aus einem frühen Artikel beweisen:

»Wenn Sie alte *Punch*-Nummern lesen, werden Sie feststellen, daß ältere viktorianische Herren es anscheinend ziemlich normal fanden, einen Polizisten herbeizurufen, wenn ihnen auf der königlichen Chaussee ein kleiner Junge die Zunge 'rausstreckte. Das war schon ziemlich idiotisch, und ich war versucht, daraufhin ein paar tiefsinnige Überlegungen über die Psychologie der Gesellschaft eines Zeitalters anzustellen, dem durch den letzten Weltkrieg endgültig und berechtigterweise ein Ende bereitet worden ist. Ich bezweifle, daß es in London heutzutage auch nur einen einzigen alten Herrn gibt, der dem überhaupt Beachtung schenken, geschweige denn nach der Polizei schreien würde, wenn ihm ein Straßenjunge die Zunge 'rausstreckte, und das Ergebnis ist, daß es in London nicht einen kleinen Jungen gibt, der seine Zeit damit vertun würde, alten Herren die Zunge 'rauszustrecken.«

Überall in seinen Arbeiten verstreut gibt es ähnliche Beispiele scharfen Witzes. Es gibt einen Brief, in dem er einem Journalisten erklärt: »Ich freue mich, daß Sie meinen Rat beherzigen, obwohl ich selbst ihn nicht immer beherzige«, und eine Tagebucheintragung lautet kurz und bündig: »Beschnitt Bäume und meinen Finger.« Er hatte auch eine ausgeprägte Begabung, in wenigen, entwaffnend einfachen, aber sehr treffenden Worten Leute zu beschreiben. So war Bertrand Russell ein Kreuzfahrer, »bemerkenswert wegen seines großen Muts, seiner Maßlosigkeit und manchmal seiner Verachtung von Folgerichtigkeit. Er ist in der Tat eine Mischung aus Sokrates, Don Quijote und Puck.« »Rudyard Kipling war ein Genie und wie viele andere Genies ein ziemlich ekelhafter Mann.« Auch Leonards Kollegen beim *New Statesman* wurden von solch enthüllenden Charakterisierungen nicht verschont. Über Clifford Sharp, einen ehemaligen Redakteur, schrieb er: »Ich mochte Clifford Sharp, aber ich mochte ihn so, wie man manchmal einen alten räudigen, launischen, etwas gefährlichen Hund mag. Man ist eben sehr stolz, wenn man zu den wenigen gehört, denen er knurrend erlaubt, ihm vorsichtig den Kopf zu tätscheln.« Und über Kingsley Martin, einen anderen Redakteur dieses Magazins, sagte er: »Kingsleys Geist war nicht auf die Ewigkeit und auf Sphärenmusik eingestimmt, sondern genau auf den Zeitraum einer Woche.«

Leonard konnte in seiner Korrespondenz ebenso ätzend wie witzig sein, besonders, wenn es bei dem Streitpunkt um eine Sache ging, bei der er nicht mit sich spaßen ließ. Eines der Dinge, die ihn besonders beschäftigten, war die nach dem Ersten Weltkrieg immer dichter werdende Bebauung der South Downs im Süden Englands. Er erinnerte sich noch an die Zeiten, als es zwischen Newhaven und Brighton keine Häuser gab bis auf ein Gebäude auf den Telscombe Cliffs, in dem ein Postamt und eine Teestube waren. Die spekulationsbedingte Nachkriegs-Bauwut in Peacehaven erschreckte ihn. Außerdem hatten er und Virginia unter der Zementfabrik in Asheham zu leiden gehabt. 1968 wurde er dadurch aufgestört, daß es Pläne gab, bei Mt. Caburn eine weitere Zementfabrik zu bauen. Er schrieb an den Landrat von East Sussex: »Wenn man Kalk für Zementbauten braucht, schlage ich vor, daß man ihn in und um Peacehaven beschafft, wo das Landschaftsbild dadurch verbessert werden könnte, daß man die bestehenden Gebäude durch Zementfabriken ersetzt.«

Als John Lehmann mit der Arbeit an seinem Buch über die Sitwells mit dem Titel *A Nest of Tigers* (Ein Tigernest) beschäftigt war, schrieb Leonard: »Ich hoffe, Ihr Gebrauch des Wortes ›Nest‹ im Titel bedeutet, daß Sie zeigen wollen, was sie waren – Kuckucks im Tigerpelz.«

Leonard konnte auch über sich selbst lachen. In den vierziger Jahren bekam er einen Brief von einem Zitrusfrüchte-Plantagenbesitzer auf Ceylon, der sich als Ehemann eines Mädchens vorstellte, das Leonard vierzig Jahre vorher attraktiv gefunden hatte, als er auf Ceylon war. Sie taucht als »Gwen« in *Growing* auf, wo es über sie heißt: Sie war »hübsch, lebendig, sanft, und ich hatte sie gern und sie mich«. Andere Unterlagen aus dieser Zeit lassen die Vermutung zu, daß da mehr war als ein Gern-Haben. 1907 heißt es in einem von Leonards Briefen an Strachey: »... ich bin also wirklich in jemanden verliebt, der auch in mich verliebt ist.« Daß sie zwischen 1907 und 1943 ungeheuer massig geworden war, muß wohl eine dämpfende Wirkung auf Leonards Erinnerung an seine Beziehung zu dem Mädchen gehabt haben.

Zur Erneuerung des Kontaktes kam es, weil »Gwens« Mann ein Handbuch über den Anbau von Zitrusfrüchten geschrieben hatte. Er hatte es Leonard in der Hoffnung geschickt, daß es vielleicht bei der Hogarth Press erscheinen könnte. Leonard lehnte ab, aber vielleicht nicht entschieden genug, denn der Autor sandte weitere Exemplare des Handbuchs direkt an das Verlagsbüro, wo sie die Aufmerksamkeit John Lehmanns erregten, der damals als Geschäftsführer des Verlages fungierte. Als Lehmann Leonard um eine Erklärung bat, erhielt er folgende Antwort:

»Die Lage ist die: [Der Autor] ist ein langweiliger Plantagenbesitzer auf Ceylon. Ich kenne ihn überhaupt nicht. Aber als ich 25 war und seine Frau 17, hatten wir an meinem ersten Dienstort auf Ceylon eine verrückte, amüsante und romantische Liebesaffäre. Ich danke Gott, daß ich sie nie wiedergesehen habe, denn sie wiegt jetzt, glaube ich, um die 140 Kilo. Aufgrund dieser Tatsache hat er mir einige dümmliche Briefe geschrieben, in denen er mich bittet, bei Hogarth Press dieses Buch zu veröffentlichen... trotz meiner Erinnerung an (sie) – habe ich ihm einen klaren Korb gegeben... Es ist doch absurd, daß einen die Sünden der Jugend vierzig Jahre später in Form eines Handbuchs über Zitrusfrüchte heimsuchen.«

Leonards leiser Humor war Virginia keineswegs fremd. Bis auf die Themen, besonders das letztere, könnten die angeführten Beispiele alle den Schriften ihres Vaters entnommen sein. »Ich weiß noch, wie bei einer unserer Zusammenkünfte«, schrieb Sir Leslie Stephen über seine Gespräche mit Matthew Arnold, »einmal eine Bemerkung fiel, die mir im selben Moment als einzigartig gelungen auffiel. Leider stammte die Bemerkung von mir und nicht von ihm.«

Das untere Wohnzimmer im Monks House

Obwohl Virginia in erster Linie Ideenromane verfaßte, gehört sie überraschenderweise zu den wenigen Schriftstellerinnen, die über die häuslichen Dinge des Alltagslebens geschrieben haben: über Hausarbeit, Nähen, Einkaufen, Tee-Einschenken, Bedienstete, das Buchführen über die täglichen Ausgaben. Diese Stoffe beruhten nicht auf Erfindung: Virginia hatte mit ihnen allen gekämpft. Das kleine lederne Adreßbuch, das im Monks House neben dem Telefon lag, enthielt nicht nur die Nummern der Nicolsons in Sissinghurst Castle, sondern auch die der Metzgerei, des Fischladens, der Wäscherei und des Lebensmittelladens. Während man nach Virginias eigenem Bericht über ihre Erfahrungen beim Kochunterricht, den sie 1914 besuchte, den Eindruck hat, sie habe sich allein dadurch hervorgetan, daß sie ihren Ehering unter eine Mehlspeise rührte, konnte sie nichtsdestotrotz Brot und Kuchen backen, Orangenmarmelade und eine ganze Reihe von einfachen Gerichten kochen. Als sie 1917 Vanessa schrieb, »meine Bücher belaufen sich auf etwa 17 Shilling pro Kopf«, sprach sie nicht von den Büchern, die sie gerade schrieb oder las. Sie bezog sich auf den Stand der Haushaltsausgaben, jene schrecklichen Bücher, die in der Stephen-Familie so viel Ärger hervorgerufen hatten. Und Virginia führte diese Bücher zumindest während ihrer ersten Ehejahre, wie Vanessa und Stella und Mrs. Stephen es früher gehalten hatten.

Mit der Nadel war Virginia alles andere als geschickt. Ihre Unterwäsche hielt sie oft, wie sie eingestand, mit Sicherheitsnadeln zusammen, eine Mißlichkeit, die sie davon abhielt, Kleider zu kaufen. Wenn es darauf ankam, konnte Virginia soeben mit Mühe etwas stopfen, wie sie es zum Beispiel tat, als Bob Trevelyan sich den Hosenboden verbrannt hatte, während er, vor dem Kamin hockend, seine Gedichte vorlas. Ihre Unzulänglichkeit auf diesem Gebiet bereitete ihr manchmal Kummer, wenn sie Vanessas leuchtendes Beispiel vor Augen hatte. Nachdem sie 1939 eine Besucherin beim Strümpfestopfen beobachtet hatte, stellte Virginia zu ihrem Erstaunen fest, daß sie es auch konnte, was ihr den Ausruf entlockte: »Oh, Leonard, sieh nur! Warte ab, was Vanessa sagt, wenn sie sieht, was ich fertiggebracht habe.«

Virginias Erfahrungen mit den Hausangestellten könnten ein ganzes Buch füllen, besonders die mit den beiden Unentwegten: Nelly Boxall und Lottie Hope, die 1916 für die Woolfs zu arbeiten begannen. Damals gehörten Dienstboten fast zur Familie. So war es möglich, daß Lottie noch sechs Jahre im Woolfschen Haushalt blieb, nachdem Virginia in ihr Tagebuch schrieb: »Lottie und Leonard piesacken sich gegenseitig wegen ihrer schlechten Launen.« Einmal hieß es von Lottie, sie sei eine »blöde Ziege« oder eine »besoffene Kuh«, und dann wiederum, sie sei »einfach engelhaft und demütig wie eine Raupe«. Als Lottie krank war, schrieb sie Virginia »lange Briefe, von Freundin zu Freundin«. Ein paar Monate später »machte sie eine Maus aus Marzipan mit einem schönen

Schnur-Schwanz«, die sie Virginia zur Teezeit neben die Tasse legte.

Nellie hatte Probleme mit ihren Zähnen. Dann wurde sie von einem Auto überfahren, doch wie eine Henne erhob sie sich unverletzt. Als sie und Lottie die Masern hatten, pflegten Leonard und Virginia sie. Die beiden Mädchen gaben ihre Ersparnisse für Tanzstunden aus; waren Freidenker wie Leonard und Virginia; lasen geöffnete Briefe, die herumlagen, und trugen den Familientratsch sowohl zu den Dienern bei den Bells in Charleston oder am Gordon Square als auch zu den Angestellten des Anwaltsbüros im Stockwerk unter der Woolfschen Wohnung am Tavistock Square. Es ist kaum überraschend, daß Virginia liebevoll an eine »verzauberte Welt« dachte, »wo ich auf den Knopf drücke, und heiße Lammkoteletts fliegen auf einen Teller – Tätigkeiten von Menschen, die gänzlich unbeachtet bleiben«.

Mehr als einmal hatten Leonard und Virginia Streit wegen der Dienstboten; Leonard sprach sich gewöhnlich für einen härteren Kurs aus, als Virginia einzuschlagen gewillt war, und sie mußte oft verletzte Gefühle beschwichtigen, wenn Leonard wieder einmal jemanden durch eine scharfe Bemerkung gekränkt hatte; allerdings kam es hin und wieder auch vor, daß Leonard besänftigend einwirken mußte.

Dies waren nicht die einzigen Streitigkeiten im Woolfschen Haushalt. Es gab einen Punkt, der immer wieder Anlaß zu größeren Auseinandersetzungen bot: das strenge Regiment, das Leonard über Virginia führte, und die damit eng verknüpfte Frage, ob sie irgendwohin gehen sollte, wo sie Leute treffen würde, die Leonard zu aufreizend für sie fand. Leonard hatte so seine Zweifel, besonders im Hinblick auf die Art von Parties, wie sie Clive Bell und Ottoline Morrell zu geben pflegten.

Auch bei ihren Boules-Spielen auf dem Rasen vom Monks House gab es Spannungen. In einer Serie von Spielen – man könnte fast von einem Turnier sprechen –, die 1935 begann und sich über sechs Jahre erstreckte, spielten sie über 1200 Spiele. Virginia war eine ehrgeizige Kämpferin – wie in allem, was sie anpackte. Sie haßte es, beim Boules-Spiel gegen Leonard zu verlieren; aber sie verlor, immer wieder. Aus Fairneß ihr gegenüber muß man sagen, daß Monks House nicht den besten Rasen zum Boules-Spielen hatte, es gab da etliche Mulden und Löcher, die man kaum bemerkt, wenn

man nicht selbst mit einem Rasenmäher darüber gegangen ist.
Vielleicht behauptete Virginia, öfter gesiegt zu haben, als es
den Tatsachen entsprach, oder es ist nur ein weiterer Beweis
für eine eingefleischte Gewohnheit, über alles Buch zu führen
– egal, warum, jedenfalls hielt Leonard gewissenhaft die
Ergebnisse jedes einzelnen Spiels mit Virginia fest. Aus diesen
errechnete er später die jährliche Gesamtsumme, wie sie
folgende Aufstellung zeigt:

	V	L	Unentschieden
1935	8	42	
1936	57	174	1
1937	59	177	
1938	47	178	
1939	84	222	
1940	73	259	3

Unter diesen Umständen überrascht einen Virginias Tagebucheintragung vom 22. Juni 1940 kaum: »Bin beim Boules-
Spielen geschlagen worden, bin deprimiert und verärgert und
schwöre, nie mehr zu spielen.« Doch sie spielte weiter – und
wurde weiter geschlagen.
Da sie über alles und jedes diskutierten, gab es viele Themen,
über die ihre Meinungen auseinandergingen. Ein bemerkens-
wertes Beispiel dafür, daß sie in ihren Ansichten uneins sein
konnten, ohne zueinander unangenehm zu werden, bietet
Virginias 22seitiger Essay *Reviewing* (Rezensieren), den die
Hogarth Press 1939 veröffentlichte und dem Leonard eine
fünfseitige Anmerkung anhing, in der er feststellte, daß »mir«
einige von Virginias Schlußfolgerungen »zweifelhaft erscheinen, daß die Bedeutung bestimmter Tatsachen übersehen
oder ihre Gewichtigkeit unterschätzt worden ist«. Hat es je
ein solches Beispiel eines Ehepaares gegeben, wo Mann und
Frau ruhig in aller Öffentlichkeit ihre verschiedenen Stand-
punkte vertreten? Doch es gab auch Beispiele für Schärfe:
»Leonard sagt, wir verdanken Shaw eine Menge. Ich sage, er
beeinflußte nur den äußeren Rahmen der Moralität ... das
menschliche Herz wird nur von den Poeten berührt. Leonard
sagt ›Quatsch‹, ich sage ›verdammt‹. Dann gehen wir nach
Hause. Leonard sagt, ich sei engstirnig. Ich sage, er sei
verkümmert.«
Normalerweise konnte Virginia Leonards Ansichten über

politische oder wirtschaftliche Fragen akzeptieren. »Alix [Sargant-Florence] und Fredegond [Shove] zum Abendessen bei uns«, beginnt Leonards Tagebuch am 6. Januar 1918. »Sprachen über Tolstoiismus. Gerald [Shove] hat das Rauchen aufgegeben, weil es ein Nachgeben gegenüber einer Schwäche ist. V. sagte, wir sollten alle unser ganzes Kapitel aufgeben. Ich sagte, das sei Unsinn.« Als Virginia 1930 an der Inneneinrichtung des Monks House einige Verbesserungen vornehmen, Leonard dagegen Geld für den Garten ausgeben wollte, lösten sie das Problem, indem sie die Kosten aufteilten, so daß Virginia etwas mehr als 454 Pfund für die Inneneinrichtung aufbrachte und Leonard etwa 80 Pfund für die Veränderungen im Garten. Von den 17 Pfund für die Versetzung des Garten-WCs bezahlte jeder die Hälfte. (Als für Virginia und Leonard bessere Zeiten kamen, wurde der Betrag ihres Gesamteinkommens, der über die elementaren jährlichen Lebenshaltungskosten hinausreichte, halbiert und aufgeteilt, und mit diesem persönlichen »Schatz« durfte jeder machen, was er wollte. Dieser Überschuß belief sich in der Zeit zwischen 1924 – 1938 auf über 18 000 Pfund.)

Zweifellos waren dies nicht die einzigen Meinungsverschiedenheiten, die sie in ihrem 28jährigen Eheleben hatten, aber sie sind typisch für die Art ihrer Auseinandersetzungen und dafür, wie sie sich einigten. Leonard sah Virginia als äußerst schwierig an und wußte, daß sie manchmal einem Zusammenbruch gefährlich nahekommen konnte. Manchmal wollte er wahrscheinlich nur seinen Frieden haben, wenn es eine Unstimmigkeit gab. Diese Praxis spiegelt sich wohl in Leonards Tagebucheintragung vom 1. April 1920 wider: »Fand Wiesenschaumkraut auf den Feldern und Schachtelhalme, die in den Gräben hochschießen; V. sagt, diese seien die ältesten Blumen der Welt – eine zweifelhafte Feststellung. Schlüsselblumen voll heraus zwischen den Weiden.«

Die materiellen Aspekte im häuslichen Leben der Woolfs wurden von drei Dingen bestimmt: Virginias Gesundheit, Leonards Beruf, ihr Einkommen. Da Virginia immer wieder Ruhe und Erholung brauchte, mußten sie eine Wohnung auf dem Land haben, und wegen Leonards Arbeit brauchten sie eine weitere in oder bei London. In den Häusern mußten Arbeitsplätze für zwei Leute vorhanden sein, denn in keiner der Stellungen, die Leonard innehatte, mußte er mehr als zwei oder drei Tage im Büro anwesend sein; die restliche Zeit arbeitete er zu Hause. Trotz ihres erst schmalen Einkommens schafften sie es, sich von Anfang an zwei Wohnsitze zu halten. Während der ersten zweieinhalb Jahre in London (1912–15) mieteten sie sich Zimmer im »Clifford's Inn« und dann in Richmond. Danach bewohnten sie Häuser: von 1915 bis 1924 das Hogarth House in Richmond; von 1924 bis 1939 die Nummer 52 am Tavistock Square; und von 1939 an das Haus Nr. 37 am Mecklenburgh Square. Ihr Wohnsitz in Sussex war von 1912 bis 1919 in Asheham, in der Nähe der Beddingham-Newhaven-Landstraße, und von 1919 an im Monks House, Rodmell, ungefähr ein Kilometer Luftlinie vom Ouse-Fluß entfernt. In den zwanziger Jahren verbrachten sie im Durchschnitt etwa ein Fünftel ihrer Zeit auf dem Lande und in den dreißiger Jahren etwa ein Drittel. Von der Stadt aufs Land zu kommen war keine einfache Sache, solange die Woolfs kein Auto hatten: »Wir reisen mit einer Auswahl von Büchern, die wir in Körben verpackt haben«, schrieb Virginia 1923. »Außerdem mit einem Hund und einer Schildkröte, die wir gestern für zwei Shilling in der High Street gekauft haben. Mein Mann leitet das Ganze mit beträchtlicher Meisterschaft – armer Teufel; indem ich ihm die ganzen praktischen Probleme des Lebens aufbürde, lasse ich ihn für seinen unseligen Fehler büßen, als Jude auf die Welt gekommen zu sein.«

Die Lebenskosten am Tavistock Square und Mecklenburgh Square wurden beträchtlich dadurch gesenkt, daß sie das Parterre und den ersten Stock an eine Anwaltsfirma vermieteten (das Souterrain wurde von der Hogarth Press genutzt). So war der Woolfsche Wohnanteil bescheiden auf die beiden obersten Stockwerke begrenzt. Keines der Häuser, die die Woolfs bewohnten, kann als großartig bezeichnet werden; Monks House kauften sie für 700 Pfund, und das Mecklenburgh-Square-Haus, in das sie auf der Höhe ihres Wohlstandes zogen, war eine Pension gewesen, bevor sie es mieteten. Die Kosten für den Unterhalt von zwei Häusern (einschließlich Miete, Gemeindeabgaben, Strom, Gas und Wasser, Versicherung, Heizung etc.) beliefen sich auf 190 Pfund im Jahre 1917, 243 Pfund im Jahre 1927 und 388 Pfund im Jahre 1937. Und dann war da das Personal: die meiste Zeit zwei Dienstmädchen (für eine kurze Weile drei, oft weniger als zwei), deren Löhne die ganzen Jahre über im Durchschnitt 80 Pfund pro Jahr betrugen. Lebensmittel waren immer der teuerste

Ausgabenpunkt: die Woolfs hatten häufig Gäste, und es war wichtig, daß Virginia nicht abnahm. 1917 gaben sie 232 Pfund für Lebensmittel aus, was für damalige Zeiten sehr viel war. In den nächsten zwanzig Jahren jedoch überschritten die jährlichen Kosten für Nahrung nie 320 Pfund.

Diese Posten – Wohnungen, Personal und Lebensmittel – stellten lange Zeit ihre Hauptausgaben dar. Die Arztrechnungen betrugen 1917 15 Pfund – inklusive von fast 9½ Pfund für Dr. Harrison, den Woolfschen Zahnarzt. Dies war eine typische Aufteilung ihrer Arztkosten: Fast in jedem Jahr zahlten sie mehr an Zahnärzte als an andere Ärzte. 1917 gab Virginia 32 Pfund für Kleidung aus, davon fast 19 Pfund für vier Kleider und 21 Shilling für ein Cape; der Rest setzte sich zusammen aus verschiedenen kleineren Beträgen, für Hemdhosen, Korsetts, Schuhreparaturen und Handschuhe. In Leonards Ausgaben für Kleidung waren 1917 solche Posten enthalten wie 5 Pfund 10 Shilling 2 Pence für einen Anzug, 6 Shilling für einen Schwamm und 6 Pence für einen Kragenknopf – über jeden Penny wurde Rechenschaft abgelegt.

Die Möbel in den Woolfschen Häusern waren äußerst einfach. Einige davon scheinen aus dem Haus am Hyde Park Gate 22 gekommen zu sein. Es gab jedoch keine wertvollen Möbelstücke. Wenn es je solche Erbstücke gegeben hatte, muß Vanessa 1906 darüber verfügt haben, als die Familie von Kensington wegzog. In der ersten Zeit ihrer Ehe mußten sie sich feines Porzellan borgen, wenn sie eine Party gaben. Bei der Auktion der Haushaltsgegenstände, die 1919 auf den Verkauf vom Monks House an sie folgte, kauften sie für mehr als 20 Pfund ungefähr dreißig Posten, lauter nützliche Gegenstände. Typische Dinge darunter waren zwölf Messer mit Elfenbeingriff und sechs Gabeln für 19 Shilling, zwölf Gemüsetöpfe für 7 Shilling und eine Plattform zum Schafe-Waschen und ein Trog für 2 Shilling, obwohl nichts darauf hindeutet, daß sie je Schafe gehalten haben. Die einzige andere Ausgabe, die man als leichtsinnig bezeichnen könnte, waren die 4 Shilling, die sie für drei alte Ölgemälde bezahlten. Sie hängen noch heute im Monks House. Später wurden verhältnismäßig wenig Möbel angeschafft. Die einzige größere Anschaffung, die sie in den ersten zehn Jahren fürs Monks House machten, scheint ein Sofa gewesen zu sein, das sie 1926 für 8 Pfund 10 Shilling erstanden.

Es gab jedoch fünf Bereiche, in denen die Woolfs sich etwas

114 *Monks House, wie es 1919 aussah*

gönnten, als sich Ende der zwanziger Jahre ihre finanzielle Situation zu bessern begann. Als erstes wurden ein paar bescheidene Verbesserungen im Monks House durchgeführt, die von ihrem höchst einfachen Lebensstil zeugen: 1927 wurde ein Badezimmer mit Toilette eingebaut und dadurch das alte Plumpsklo ersetzt, das sie in den ersten sieben Jahren benutzt hatten. 1931 wurde das Haus an das Stromnetz und 1934 an die Wasserleitung angeschlossen. Die beengten Räumlichkeiten in dem Haus wurden 1930 durch den Anbau zweier kleiner Zimmer erweitert: eines neuen Schlafzimmers für Virginia und eines Wohnzimmers. Vier Jahre später wurde für Virginia im Garten ein kleines Haus gebaut, das ihr dann als Arbeitsplatz diente.

115 *Nach dem Einbau eines Badezimmers und dem Anbau zweier Zimmer ganz links – Umbauten, mit denen 1927 begonnen wurde*

116 *Vom Garten aus gesehen. Hier sind die Dachfenster des Anbaus auf der rechten Seite. Dort lag der obere Wohnraum. Virginias Schlafzimmer lag direkt darunter und hatte einen Ausgang zum Garten*

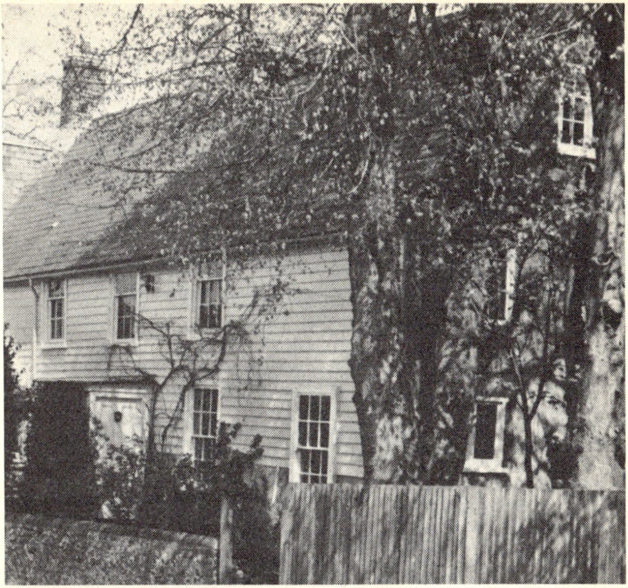

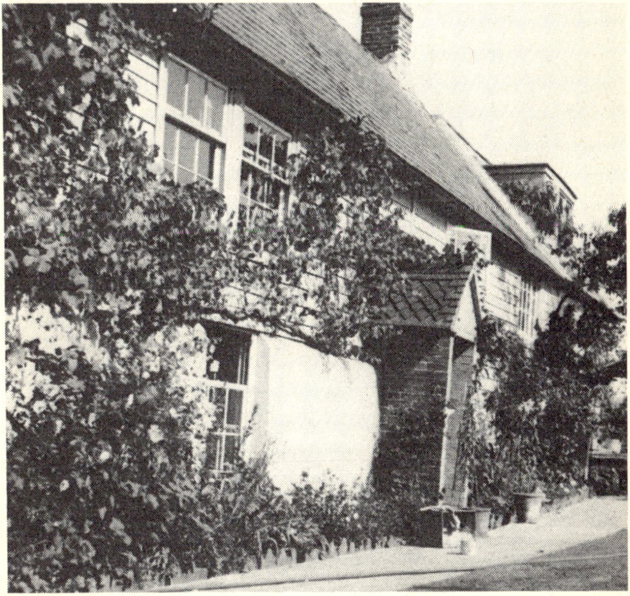

119 *Der Garten heute mit dem Gartenhaus und der Kirche im Hintergrund*

117 *Winter in Monks House. Monks House wurde als Sommer- und Wochen-
enddomizil gekauft. Es hatte keine Zentralheizung. Seine Mauern boten
wenig Schutz gegen die Winde, die vom Kanal herüberwehten. In den Wintern
1939 und 1940 mußten sie mit ungewöhnlich niedrigen Temperaturen und
heftigen Schneefällen fertig werden*

118 *Virginias Gartenhaus, wo sie gewöhnlich schrieb, wenn sie in Rodmell
weilte*

122 *Die Gartenfront, wie sie heute aussieht, mit dem Glashaus, das in den fünfziger Jahren angebaut wurde*

123 *Das Haus vom Garten aus, wie es heute aussieht*

Für die Zimmer, die 1930 hinzukamen, wurden einige Möbel gekauft. »Jahrelang hatte ich nie ein Pfund übrig, nie ein bequemes Bett oder einen Stuhl, der nicht neu gepolstert werden mußte«, schrieb Virginia in ihr Tagebuch. »Heute morgen lieferte Hammond vier bequeme Sessel – und wir machen uns sehr wenig daraus.«

Bücherregale wurden angefertigt, und die Flächen an den Wänden, die nicht von Büchern verdeckt waren, füllten sich allmählich mit Bildern, hauptsächlich Gemälden von Vanessa Bell, Duncan Grant und Roger Fry. Im Tavistock-Square-Haus, schrieb Virginia, »sind alle meine Zimmer riesige Gemälde von Mondaufgängen und Primadonnen-Blumensträußen – das Werk Vanessas und von Duncan Grant«. Der Kamin, der Sims und die Wände – alles war von ihnen bemalt. Der Tisch und vier Stühle, die Virginias Initialen trugen und im Monks House landeten, und mehrere handgearbeitete Brücken mit Vanessa/Duncan-Design – Kreisen und Kreuzschraffierungen – gehörten offenbar zu dem ursprünglichen

Dekor jenes Zimmers. Kacheln, die Vanessa und Duncan angefertigt hatten, schmückten die Kamine in den neuen Zimmern, die 1930 im Monks House angebaut wurden, und sind heute noch dort.

Im Juli 1927 kaufte Leonard sein erstes Auto: einen etwas klapprigen Singer aus zweiter Hand, den Vita verständlicherweise einen »alten Schirm« nannte.* Für den Wagen bezahlten sie 275 Pfund, und für seine Betriebskosten mußten sie etwa 100 Pfund im Jahr aufwenden. Etwa zur gleichen Zeit stellten sie einen Ganztags-Gärtner für 2 Pfund die Woche plus Wohnung ein. Der Gärtner, Percy Bartholomew, blieb fast zwanzig Jahre lang, obwohl er mit Leonard über fast jede gärtnerische Entscheidung stritt. Leonards Schrullen wurden jeden Abend am Abendbrottisch der Familie Bartholomew zum besten gegeben, beginnend mit den Worten »Woolf hat wieder herumgebuddelt«, während Bartholomews Eigenheiten, so wie sie Leonard schilderte, für seine Freunde eine nie versiegende Quelle der Erheiterung waren. Leonard schätzte, daß die jährlichen Nettokosten für den Monks-House-Garten 1928 20 Pfund betrugen, nachdem er das an Wert abgezogen hatte, was die Woolfs selbst an Obst und Gemüse verzehrten. Wenn sie in London waren, schickte Bartholomew jede Woche einen vollen Korb mit dem Zug zum Tavistock Square.

Und schließlich haben sie sich im Hinblick auf Auslandsreisen keine Sparsamkeit auferlegt. Die ersten zehn Jahre nach ihren Flitterwochen blieben sie zu Hause. 1923 statteten sie Gerald Brenan in Spanien einen kurzen Besuch ab. 1925 fuhren sie nach Frankreich. Und von 1927 an fuhren sie dann die nächsten zwölf Jahre regelmäßig ins Ausland (außer 1930 und 1938). Diese Reisen hatten in Wirklichkeit kaum mehr Extravagantes an sich als der »alte Schirm«. Sie übernachteten nie in Hotels erster Klasse und aßen nicht in teuren Restaurants. Das meiste, was die Woolfs je auf einer ihrer Reisen ausgaben, waren 166 Pfund, und das auf ihrer Griechenlandfahrt 1932. Nach Leonards spleeniger Rechnungsart wurden jedoch nur 147 Pfund dafür eingetragen, da er immer einen geschätzten Betrag für Essen abzog, vermutlich aufgrund der einleuchtenden Überlegung, daß sie so viel auch ausgegeben

---

* 1930 wurde das Auto durch einen neuen Singer ersetzt. Drei Jahre später schafften sie sich einen Lanchester an, den Leonard die nächsten 22 Jahre fuhr.

hätten, wenn sie zu Hause geblieben wären. Auf all den Auslandsreisen war Virginia nur einmal krank: als sie auf Vanessas Vorschlag hin eine Tablette gegen Seekrankheit nahm, gegen die sie allergisch war.

Wegen ihrer Lebensweise scheint es zwischen Leonard und Virginia nie Unstimmigkeiten gegeben zu haben. Sie waren beide von Natur aus bescheiden. Wie wir gesehen haben, gab Virginia wenig für Kleidung aus. Sie rauchte billige belgische Zigaretten und ging später zu billigen Zigarren über. Ein wenig Luxus erlaubte sie sich bei Federhaltern und mit farbigem Papier und später, indem sie ihrer Nichte Angelica regelmäßig einen festen Kleiderzuschuß zukommen ließ. Virginia wurde von Clive Bell wegen ihres schlampigen Aussehens beschimpft, und manchmal borgte sie sich Sachen von Vanessa. 1921 schrieb sie: »Mir ist ein Mißgeschick passiert mit meinem einzigen Kleid.« Im folgenden Jahr: »Ich kann doch nicht immer im selben Rock erscheinen.«

Leonard übertraf Virginia noch. Er benutzte Druckfahnen als Toilettenpapier; Raymond Mortimer behauptet, daß er tatsächlich von Virginia getippte Schreibmaschinenseiten gefunden habe, »die stark von ihrer Feder korrigiert waren« und die zu solchem Zweck benutzt wurden. Und als die Papierknappheit zu Beginn des Zweiten Weltkriegs akut wurde, ging Leonard dazu über, Umschläge von Briefen zu verwenden, die er bekommen hatte – eine Praxis, die er nie mehr aufgab. Und die Rückseiten von Briefen, die er erhielt, benutzte er als Durchschläge bei Briefen, die er selbst schrieb.

Sie kauften selten Schnaps oder Wein. (Erst viel später bekam Leonard Geschmack an gutem Wein; 1965 zum Beispiel betrug seine Weinrechnung mehr als 250 Pfund.) Virginia trank Kaffee oder Tee oder viel Milch. Sie waren große Leseratten, verschlangen die Bücher, wie Virginia es ausdrückte, »wie ein Rüsselkäfer ... Käse frißt«, gaben jedoch nicht viel dafür aus. Gelegentlich kauften sie sich Bücher, ja, und genossen es, sie in Antiquariaten aufzustöbern; aber meistens bestellten sie die Bücher durch den Times Book Club oder liehen sich welche von Freunden oder der London Library, die bei Virginias Tod neun Bücher ausweisen konnte, die an sie ausgeliehen waren. Es gab viele, viele Bücher im Haus, aber die wertvollsten waren von Leslie Stephen geerbt oder Geschenkexemplare von Werken, die Freunde von ihnen geschrieben hatten. Und natürlich gab es endlos viele Rezensionsexemplare. In allen Zimmern lagen die Bücher zuhauf herum. Viele standen in Regalen, aber andere lagen auf Tischen, Stühlen und Fußböden; sie waren auf beiden Seiten der Treppe gestapelt, so daß jemand, der hinauf- oder hinunterging, gerade so viel Platz fand, daß er einen Fuß auf jede Stufe setzen konnte. In Virginias Zimmer war ein »unglaubliches Durcheinander von Gegenständen«. Weder Leonard noch Virginia störte die Unordnung, die in ihren Häusern herrschte. Die Tiere, die sie hatten, und dazu gehörten ein Krallenäffchen sowie eine Folge von Hunden, verstärkten noch den Wirrwarr. Als sie sich später eine Katze anschafften, wurden die Zimmer »noch voller durch Blechnäpfe auf dem Fußboden«.

Schon bald nach ihrer Hochzeit bezogen Leonard und Virginia getrennte Schlafzimmer. Leonard brachte ihr auf einem Tablett das Frühstück, das sie im Bett einnahm. Morgens schrieben sie, nachmittags arbeiteten sie oft, wenn sie in London waren, für die Hogarth Press, besonders in der Anfangszeit. Waren sie im Monks House, unternahmen sie Spaziergänge, oder Virginia ging spazieren und Leonard arbeitete im Garten. Obwohl sie die meisten Abende zu Hause verbrachten, gingen sie gern ins Theater oder ins Konzert. Anfang 1913, als Virginias Krankheit noch nicht zum Ausbruch gekommen war, besuchten sie in vier Monaten nicht weniger als vierzehn Opern und Konzerte, sieben Theatervorstellungen und zwei Kunstausstellungen. In späteren Jahren, als sie einen Plattenspieler und ein Radio hatten und Virginia nicht mehr so oft ausgehen durfte, besuchten sie im Durchschnitt nicht mehr als zwei öffentliche Veranstaltungen im Monat. Wenn sie abends allein zu Hause waren, saßen sie meist vor dem Kamin, lasen und hörten Musik.

Waren Virginia und Leonard glücklich verheiratet? Eine von Virginias Romanfiguren würde mit einiger Gewißheit mit einer Gegenfrage antworten: »Was ist Glück?« Anstatt klären zu wollen, was Glück absolut bedeutet, ist es hier vielleicht richtiger zu fragen, ob Leonard und Virginia glücklicher gewesen wären, wenn sie jemanden anderes geheiratet hätten oder unverheiratet geblieben wären. Was Virginia angeht, scheint die Antwort auf diese Frage ganz klar zu sein. Am Schluß ihres Tagebuchs von 1919 schrieb sie: »Ich wage zu

behaupten, wir sind das glücklichste Ehepaar in England.«*
Und 1922 stellte sie einfach fest: »Ich hätte keinen anderen
Mann heiraten können.« In dem Brief, den sie Leonard am
28. März 1941 auf dem Kaminsims hinterließ, sagte sie: »Ich
verdanke Dir alles Glück meines Lebens ... Ich glaube nicht,
daß zwei Menschen hätten glücklicher sein können, als wir es
waren.« Aber um eine Antwort zu finden, muß man sich
nicht unbedingt auf diese Aussage stützen. Seit ihrer frühen
Kindheit war Virginia ein einsamer Mensch, und Leonard hat
– mit den Worten einer von Virginias Heldinnen ausgedrückt –
ihrer Einsamkeit »ein Ende bereitet«. Es gab sonst niemanden, dessen Intelligenz sie so hätte respektieren können und
der außerdem die Kraft und die Geduld gehabt hätte, sie die
28 Jahre lang, die sie zusammen lebten, zu ermutigen und zu
schützen. Leonard sorgte für die Bedingungen, unter denen
sie schreiben konnte, und das war das, was Virginia im Leben
am meisten interessierte.
Sie bedauerte nur eines – und hier kommen wir zu der Frage
nach Leonards Glück –, daß sie unfähig war, Kinder zu
kriegen: »Tu nie so«, redete sich Virginia in ihrem Tagebuch
selbst ins Gewissen, »als ob die Dinge, die du nicht hast, es
nicht wert wären, sie zu besitzen ... Tu nie so, als ob zum
Beispiel Kinder durch etwas anderes zu ersetzen wären.«
Dieser Wunsch nach Kindern mag sich mit der Zeit abge-
schwächt haben. Aber soweit dieser je enttäuscht wurde, war
das auf Virginias eigene körperliche Verfassung zurückzuführen und nicht auf die Wahl ihres Ehemanns, und es kann in
keiner Weise die Richtigkeit von Quentin Bells Schlußfolgerung beeinträchtigen, daß ihr Entschluß, Leonard zu heiraten, »die klügste Entscheidung ihres Lebens« war.
Leonard muß es genauso bedauert haben, keine Kinder zu
haben. Aber in seinem Fall gab es noch einen Kummer. Ihre
sexuelle Beziehung war so, daß sie manch weniger resolute
Persönlichkeit entnervt hätte. Hatte Virginia sich anfangs
noch passiv verhalten, so verhielt sie sich bald eindeutig
ablehnend gegenüber dem Geschlechtsakt. Danach lebten sie
»keusch«, erzählte Virginia Gerald Brenan, als sie ihn 1923 in
Spanien besuchten. Virginia gab sich über ihren Zustand
keinerlei Selbsttäuschung hin: »Arme Billy«, schrieb sie über

---

* »Saxon ... sprach viel über die Ehe ... und sagte, unsere Ehe scheine ihm die beste
zu sein, die er kenne, und daß er eines Abends, als er uns besuchte, erstmalig die
Vorteile des Verheiratet-Seins begriffen habe.«

sich selbst, »ist weder das eine noch das andere, kein Mann und keine Frau.« Es ist auch möglich, daß sie von einem persönlichen Standpunkt aus ihre Frigidität gar nicht bedauerte. Ihre Ansicht mag durch Mrs. Dalloway zum Ausdruck kommen, die, obwohl Ehefrau und Mutter, »eine übers Gebären hinaus bewahrte Jungfräulichkeit nicht abstreifen« konnte, »die ihr anlag wie ein Leintuch«. Mrs. Dalloway hatte eine Abneigung dagegen – gegen diese Sache, die sie »dieses kalte Wesen« nannte, und die Erklärung ist, es war »ein Bedenken, von ihr, der Himmel mochte wissen wo, aufgelesen oder ihr, so empfand sie es, *von der Natur (der unwandelbar weisen)* gesandt«. Kurz, sie dachte vielleicht, daß ihre Frigidität auch zu etwas gut war. Zu was? Vielleicht um jegliche Ablenkung von ihrer Kunst zu vermeiden. Es führt zu nichts, wollte man die Quelle dieses »Bedenkens« bei Virginia erörtern; vielleicht lag es daran, daß sie erst relativ spät heiratete* oder an den erotischen Annäherungsversuchen ihrer Halbbrüder, als sie noch sehr jung war, was ziemlich ausführlich in Quentin Bells Biographie abgehandelt wird, oder einfach an Virginias Physiologie. Aber ganz gleich, woher es kam – dieses »Bedenken« macht es besonders schwierig, die Frage zu beantworten, ob die Ehe für Leonard glücklich war. Und wir müssen bedenken, daß wir gerade versuchen, eine Antwort für Leonard zu finden, der Virginia liebte, und nicht für irgend jemanden oder den Durchschnittsmann. Die Antwort lautet, wie wir zu glauben geneigt sind, »ja«, es war eine glückliche Ehe für Leonard. Aber sie hätte noch glücklicher sein können, als sie es war – nicht wenn Leonard eine andere Frau geheiratet hätte, sondern wenn Virginia anders gewesen wäre, als sie war.

---

* Wie Freud im 7. Band seiner Gesammelten Werke behauptet, haben die lange sexuelle Enthaltsamkeit, zu der Frauen gezwungen sind, und das Verharren ihrer Sinnlichkeit in der Phantasie noch eine andere wichtige Folge. Oft sei es für sie später nicht mehr möglich, die Verbindung, die sich in ihrer Vorstellung zwischen sinnlichem Tun und etwas Verbotenem hergestellt habe, wieder zu lösen, und sie erwiesen sich psychisch impotent beziehungsweise frigide, wenn solches Tun endlich erlaubt sei.
[Sigmund Freud, *Gesammelte Werke*, Bd. VII, Werke aus den Jahren 1906–1909, S. Fischer Verlag, Frankfurt/M., (1966), S. 160–161]

124 *Holzschnitt der in Rodmell lebenden Diana Gardner mit deutschen Flugzeugen, die 1940 Monks House mit Maschinengewehren beschossen (Sussex Express & Country Herald, 9. Januar 1942). Mit Genehmigung Diana Gardners*

125 *Diese beiden großen Ulmen in einer Ecke des Monks-House-Gartens waren als »Leonard« und »Virginia« bekannt. Unter dem Baum, der ihren Namen trägt, wurde Virginias Asche begraben. Zwei Jahre später stürzte der Baum bei einem heftigen Sturm um*

13

VERBANNT INS MONKS HOUSE

Der Zweite Weltkrieg hatte eine direkte Auswirkung auf Leonards und Virginias Leben. Im August 1939, dem Monat, bevor Deutschland in Polen einfiel, waren die Woolfs mit der Hogarth Press und ihrer persönlichen Habe von einer Bloomsbury-Adresse in eine andere gezogen, aus dem Haus Nummer 52 am Tavistock Square, wo sie fünfzehn Jahre gewohnt hatten, an den Mecklenburgh Square. Als der Krieg ausbrach, beschlossen sie, ihren Hauptwohnsitz aufs Land zu verlegen, ins Monks House; von dort fuhren sie dann einmal in der Woche nach London, und gelegentlich schliefen sie eine Nacht oder zwei am Mecklenburgh Square. Das ging so etwa ein Jahr – bis zum September 1940 –, als das Londoner Haus während der Schlacht um England durch eine Bombe schlimm beschädigt wurde. Daraufhin verbrachten sie den Winter 1939/40 größtenteils und den Winter 1940/41 ganz in Rodmell, ohne gelegentliche Übernachtungen in London.

Monks House war als Wochenend- und Ferienhaus erworben worden, vor allem aufgrund seiner bezaubernden Lage in der hügeligen Landschaft von Sussex, den Sussex Downs, von wo man auf die Sumpfwiesen des Ouse-Tals blickt. Selbst bei gutem Wetter war es kein bequemes Haus, und bei kaltem Wetter war es darin höchst ungemütlich. Anders als die meisten Sussex-Häuser war es hauptsächlich aus Holz gebaut, und überall blies der Wind durch, dem das Haus von allen Seiten ausgesetzt war. Das Wohnzimmer hatte einen roten Ziegelsteinfußboden, der leicht feucht war. Es gab keine Zentralheizung. Um von Virginias Schlafzimmer zum Badezimmer und zur Toilette zu gelangen, mußte man erst in den Garten hinausgehen, von dort ein paar Stufen hinunter in die Küche, dann durch einen Gang und eine Treppenflucht hinauf zum ersten Stock. Es gab noch eine Toilette im Garten, die jedoch nicht viel bequemer zu erreichen und noch weniger attraktiv war. In Rodmell schneit und friert es selten, aber die Winter 1939/40 und 1940/41 waren eine Ausnahme. Am 19. Dezember hatte Virginia so kalte Hände, daß sie nicht einmal eine Feder halten konnte. Am 28. Dezember 1939 schneite es, und in der nächsten Nacht fiel das Thermometer unter Null, so daß Leonard auf dem Teich im Garten Schlittschuh laufen konnte. Den ganzen Januar 1940 hindurch lag Schnee und konnte man Schlittschuh laufen, und im Februar schneite es erneut gewaltig. Virginia, die »es seit jeher haßte zu frieren – es schien sie auf seltsame Weise zu beeinträchtigen – ihr fast Angst zu machen«, schrieb in ihr Tagebuch: »Es bläst ein schneidender Wind, scharf wie eine Sense, der Teppich im Eßzimmer ist steif wie aus Gußeisen.« Sie bekam die Grippe und war bis Ende März ans Bett gefesselt. Im nächsten Winter setzte der Schnee erst im Januar ein, und danach wurde es sehr kalt. Virginia schrieb: »Das Haus ist feucht. Das Haus ist unaufgeräumt. Aber es gibt keine Alternative.«

Man sollte nun nicht denken, daß Virginia, nur weil man ihre periodischen Depressionen kennt, ständig am Rande ihrer

126 *Leonard mit Schlittschuhen auf dem Teich im Monks-House-Garten*

nervlichen Kraft lebte. Sicherlich, sie mochte die Kälte nicht und empfand Lärm bei der Arbeit als störend. Aber es gibt viele völlig normale Leute, die Kälte und Lärm nicht mögen. Virginia war kein nervöser introvertierter Typ. Unter normalen Umständen war sie ruhig und zurückhaltend. Bei Konzerten war sie »so still, so aufmerksam«, daß sie von einem Beobachter mit einem »erstarrten Falken« verglichen wurde. Selbst unter ganz extremen Bedingungen blieb sie ruhig. Während der Luftangriffe im Ersten Weltkrieg brachte sie die Dienerschaft mit ihren Scherzen pausenlos zum Lachen, bis Leonard sie inständig bat aufzuhören, damit er schlafen könne. Leonards Nichte, Philippa Woolf, erinnert sich, wie sie einmal im Monks House weilte und Leonards Krallenäffchen Mitz Virginia auf den Kopf hüpfte und sich so in ihren Haaren verhedderte, daß es nicht mehr freikam und auch Virginia und Philippa es nicht befreien konnten. Virginia blieb sitzen und unterhielt sich über eine halbe Stunde mit Philippa, ganz ruhig, obwohl das Äffchen an ihren Haaren zerrte, bis Leonard nach Hause kam und es schaffte, seinen kleinen Liebling zu befreien.

Virginias Unwohlsein im Winter 1940/41 war keine nervliche Angelegenheit im üblichen Sinn. Es war das Ergebnis einer ganzen Reihe von Umständen, wobei das Wetter nur ein nebensächlicher Faktor war. Bis Ende Juni 1940 hatte eine scheinbar unbesiegbare deutsche Armee Polen, Norwegen, Dänemark, Holland und Belgien erobert, war durch Nordfrankreich gestürmt, hatte die Briten aus Dünkirchen vertrieben und stand fünfzig Meilen von der Sussex-Küste entfernt. Rodmell liegt im Süden Londons, nur vier Meilen von der Seaford-Bucht entfernt und auf dem Weg der deutschen Bomber, die auf die Hauptstadt zujagten. Der erste Fliegeralarm in Rodmell ertönte am 8. August 1940. Von da an gab es ständig Fliegeralarme, drei Monate lang, Tag und Nacht, bis zum 13. November, manchmal bis zu sechs in 24 Stunden. Direkt über ihren Köpfen spielten sich Nahkämpfe ab. Eine Messerschmitt, die über dem Caburn-Berg abgeschossen worden war, sah aus wie eine »ruhende Motte«. Mehrmals flogen deutsche Flugzeuge im Tiefflug übers Haus: »Sie kamen sehr nah. Wir warfen uns unter den Baum. Es klang, als ob direkt über uns jemand die Luft zersägte. Wir lagen flach auf unseren Gesichtern, die Hände hinterm Kopf. Preß nicht die Zähne aufeinander, sagte L. Sie schienen an etwas

Feststehendem zu sägen. Bomben ließen die Fenster meines Gartenhauses erzittern. Wird eine herunterfallen? fragte ich mich. Wenn ja, werden wir zusammen zerrissen.« Nachts erzitterten die Fenster vom Monks House, wenn Bomben auf London abgeworfen wurden, das London, das Virginia persönlich so sehr schätzte. »Acht von meinen Stadtkirchen zerstört«, schrieb sie am 1. Januar 1941, und zwei Wochen später trug sie ein: »Die traurigen Ruinen meiner alten Plätze, aufgeschlitzt, niedergerissen; die alten roten Ziegelsteine alle weißer Puder ... all die Vollkommenheit verwüstet und zerstört.« Rodmell wurde auch in den Landkrieg mit hineingezogen. Das Dorf beherbergte Flüchtlinge aus London wie aus Dünkirchen. Lazarettzüge transportierten ihre traurigen Lasten auf den Schienen, die am Flußufer entlangliefen. Auf dem Monks-House-Gelände wurden Stacheldraht und Bunker errichtet. »Ein starker Verdacht einer Invasion in der Luft, Straßen voller Militärfahrzeuge, Soldaten«, schrieb Virginia. Rodmell hätte in einer ersten Welle von jeder Invasion überrannt werden können. »Kapitulation wird bedeuten, daß alle Juden dran glauben müssen. Konzentrationslager. Auf zu unserer Garage.« In der Garage vom Monks House wurden einige Benzinvorräte aufbewahrt »für den Selbstmord, falls Hitler gewinnen sollte«. Adrian Stephen hatte ihnen auch tödliche Dosen Morphium gegeben, um ihnen die Gefangenschaft zu ersparen. »Ich kann mir nicht vorstellen«, schrieb Virginia im Juni 1940, »daß es einen 27. Juni 1941 geben wird.«

Es wurde schwierig, Lebensmittel zu beschaffen. Das war natürlich für jedermann ein Problem, aber für Virginias Gesundheit war es eine Sache von Leben oder Tod. »Wie man jetzt am Essen Spaß hat«, trug Virginia Ende 1940 ein, »ich erfinde Phantasiemahlzeiten.« Dies war also Virginias Situation 1940 und 1941. Für einen Menschen, dessen Gesundheit davon abhing, daß er Aufregungen mied, genügend Ruhe hatte und viel Nahrhaftes zu essen bekam, konnte man sich kaum eine schlimmere vorstellen. Und unglückseligerweise trafen die Bedrängungen von außen mit heftigen inneren Bedrängungen zusammen. Im Mai 1940 hatte Virginia ihre Biographie über Roger Fry beendet, der 1934 gestorben war, ein Buch, das sie gar nicht hatte schreiben wollen und dann auf Drängen von Roger Frys Schwester, Margery Fry, und Rogers Geliebten, Helen Anrep, doch schrieb. Gleichzeitig hatte Virginia an *Zwischen den Akten* gearbeitet. Wie immer erregte das Schreiben sie, und wie immer folgte auf die Erregung die Depression. Nur, diesmal war es anders als sonst. Erstens konnten Leonards Vorschriften für Ruhe, ausreichend Schlaf und gutes Essen nicht befolgt werden. Zweitens quälte Virginia die Befürchtung, daß ihr, da sie im Ersten Weltkrieg schon wahnsinnig geworden war, während des Zweiten Weltkriegs wahrscheinlich das gleiche wieder passieren würde.

Leonard sah die Anzeichen der Gefahr. Besuche beim Arzt im Jahre 1913 hatten Virginia eher beunruhigt als ihre Ängste besänftigt. Deshalb können wir sicher sein, daß Octavia Wilberforce, eine Ärztin aus Brighton, nicht gerade zufällig am 9. und noch einmal am 23. Dezember »zum Tee« hereinschaute. Sie brachte Milch- und Buttergeschenke von ihrem Bauernhof mit. Sie begann Virginia auszuhorchen, und sobald sie nach Hause zurückgekehrt war, brachte sie die Unterhaltung in Briefen an ihre Freundin Elizabeth Robins zu Papier. Virginia erzählte ihr von den Schwierigkeiten, die sie mit der Roger-Fry-Biographie gehabt hatte: wie im Auftrag von J. P. Morgan Maynard Keynes von Leuten gebeten worden war zu intervenieren, damit Teile aus der Biographie gestrichen wurden, die von Morgan und seiner Geliebten handelten, und sie berichtete von anderen kritischen Stimmen zu diesem Werk. Sie erwähnte auch, »daß sie Papiere sortiert hatte. Liebesbriefe ihres Vaters an ihre Mutter. Die sie mitgenommen hätten. ›Der arme Leonard ist mein Interesse an meiner Familie und alles, was dabei wieder hochkommt, so leid.‹ « Später erzählte Virginia, sie habe beim Tod ihrer Mutter und ihrer Halbschwester Stella »irreparable Schläge« erhalten; daß ihr Vater »uns emotional zu sehr beansprucht hat und daß dies eine Menge von dem erklärt, was in meinem Leben falsch gelaufen ist... Ich kann mich nicht erinnern, mich je meines Körpers erfreut zu haben.« Als Octavia fragte, was sie damit meine, sagte Virginia: »Sie [Octavia] haben die Wälder und Spiele herrlich gefunden, ich hatte nie die Möglichkeit dazu.« Octavias Kommentar dazu: »Für sie gab es, wie mir scheint, nur Intellekt und Gefühle – kein gesundes Austoben im Freien.« Octavia berichtete von derselben Unterhaltung weiter: »Sie liebte und haßte zugleich ihren Vater, und beides ganz intensiv. Hielt dies für eine Bestätigung dessen, daß Psychologen erklärt hatten, dies sei möglich.« Virginias Hände, berichtete Octavia, waren »schlimmer als

Eiszapfen«. Die Teenachmittage wurden fortgesetzt. Octavia kam noch dreimal im Januar und einmal im Februar. Nach dem Februarbesuch berichtete sie, Virginia »hat eine gesündere Farbe, aber ist immer noch dünn wie ein Strich«. Bis zu diesem Zeitpunkt hatte Virginia immer wieder behauptet (wie sie es eigentlich immer tat, wenn sie krank war), daß mit ihr alles in Ordnung sei, aber am 12. März gestand sie schließlich beim Tee, daß sie sich »verzweifelt gefühlt« habe, »deprimiert bis in die tiefsten Tiefen, hatte gerade eine Geschichte beendet. Hab' mich immer so gefühlt – aber besonders nutzlos gerade jetzt.« Octavia meinte zu Elizabeth Robins: »Sie hat einmal während einer Phase im letzten Weltkrieg den Halt verloren, und irgendwo in meinem Hinterkopf habe ich den Verdacht, daß sie Angst hat, dies könnte jetzt wieder geschehen.« Octavia hatte auch gemeint, daß Virginia am 9. Dezember 1940 »fast verängstigt« ausgesehen hatte. Am 21. März kam es zu einer weiteren Teestunde, bei der Virginia Octavia erzählte, daß ihre beiden Biographien, *Orlando* und die über Fry, »mißlungen« seien, daß sie nicht mehr schreiben könne: »Ich bin ausgepumpt... ich bin hier begraben – Ich kriege keine Anregung, indem ich Leute sehe. Ich kann mich nicht dazu bringen«, und daß sie angefangen habe, »den Boden zu schrubben«, wenn sie nicht schreiben könne – es lenke sie ab. In Virginias Bodenschrubben spiegelte sich ihre übermächtige Ruhelosigkeit wider. Sie war erschöpft, weigerte sich aber, im Bett zu bleiben. Ihr fehlte die übliche Zerstreuung durch Freunde, das Theater und die Konzerte. Sie schaffte es nicht, sich – wie früher – im Schreiben zu verlieren. Sie hielt nach anderer Arbeit Ausschau. Die Dorf-Größen wiesen ihren Antrag ab, als nächtliche Brandwächterin eingesetzt zu werden, so wandte sie sich den unwichtigsten Aufgaben im Haus zu. Vanessa, die durch Leonards Berichte alarmiert war, bat Virginia, sich auszuruhen. Wenn sie es nicht täte, könne es zu ganz unpassender Zeit zu einem vollständigen Zusammenbruch kommen: »Was sollen wir bei einer Invasion tun«, schrieb Vanessa am 20. März, »wenn Du eine hilflose Invalidin bist?« Diese Erwägung war unter den herrschenden Umständen bestimmt nicht gerade tröstlich. Denn das wollte Virginia mit Sicherheit am wenigsten sein: eine hilflose Invalidin, die man bei der anscheinend unmittelbar bevorstehenden Invasion aufgabeln würde.

Eine Woche später, am 27. März, rief Leonard Octavia an und

bat sie (sie lag zu der Zeit selbst krank im Bett), sich Virginia am Nachmittag anzusehen. Was dann geschah, erzählt Quentin Bell in eindringlicher Weise: »Es war eine schwierige Unterredung. Virginia erklärte sofort, ihr fehle nichts. Eine ärztliche Konsultation sei völlig unnötig; und auf Fragen werde sie bestimmt nicht antworten. ›Sie müssen nur eines machen‹, sagte Octavia, ›Leonard beruhigen.‹ Dann fügte sie hinzu, sie kenne Virginias Symptome, und bat darum, sie untersuchen zu dürfen. Fast schlafwandlerisch begann Virginia sich auszuziehen, hielt aber gleich wieder inne.

›Versprechen Sie mir, wenn ich das tue, mir keine Ruhekur zu verordnen?‹

›Ich verspreche, Ihnen nichts zu verordnen, was Sie nicht selbst für vernünftig halten. Ist das fair?‹

Virginia war einverstanden, und die Untersuchung ging, wenn auch unter großem Protest, vonstatten. Sie war wie ein Kind, das zu Bett geschickt wird. Zum Schluß gestand sie einen Teil ihrer Ängste ein, Befürchtungen, daß die Vergangenheit zurückkehren und sie nicht mehr schreiben könnte. Octavia antwortete, schon allein die Tatsache, daß sie bereits früher einmal eine solche Störung gehabt habe und davon geheilt worden sei, sei ein Grund zur Zuversicht. Wenn Ihnen der Blinddarm herausgenommen wird, sagte sie, bleibt nichts zurück als eine Narbe; eine seelische Krankheit läßt sich mit dem gleichen Ergebnis heilen, wenn man nicht auf der Wunde herumreitet und sie dadurch dazu bringt, sich zu entzünden. Zum Schluß nahm sie Virginias Hand, eine kalte schmale Hand, wie sie fand, und sagte: ›Wenn Sie mitmachen, kann ich Ihnen helfen, dessen bin ich sicher, und es gibt niemanden in England, dem ich lieber helfen würde.‹ Und daraufhin sah Virginia etwas glücklicher aus – ›auf entrückte Weise erfreut‹, wie Octavia es ausdrückte.

Im Anschluß daran fand eine vertrauliche Beratung zwischen Octavia und Leonard statt. Was sollten sie tun: Virginia unter die Aufsicht einer gelernten Krankenschwester stellen? Das konnte sich leicht als verhängnisvolle Maßnahme erweisen. Außerdem hatten beide, Leonard und Octavia, den Eindruck, daß die Konsultation sich gut ausgewirkt hatte. Die Woolfs fuhren nach Rodmell zurück, und Octavia legte sich wieder ins Bett. Sie schrieb Virginia ein Briefchen, so sanft und beruhigend, wie sie konnte, und rief am folgenden Abend an, aber da war es schon zu spät.

Am Freitag, dem 28. März, einem strahlend hellen, kalten Tag
ging Virginia morgens wie üblich in ihr Arbeitszimmer im
Garten. Dort schrieb sie zwei Briefe, einen für Leonard, einen
für Vanessa – die beiden Menschen, die sie am meisten liebte.
In beiden Briefen erklärte sie, sie höre Stimmen und glaube,
nie wieder gesund zu werden; sie könne nicht mehr so
weitermachen und Leonard sein Leben zerstören. Dann ging
sie ins Haus zurück und schrieb noch einmal an Leonard:

>Liebster,
ich spüre genau, daß ich wieder dabei bin, verrückt zu werden.
Ich glaube, wir können nicht noch einmal eine so schreckliche
Zeit durchmachen. Und diesmal werde ich nicht wieder gesund
werden. Ich höre Stimmen und kann mich nicht konzentrieren.
Deshalb tue ich, was mir das Beste zu sein scheint. Du hast mir
das größtmögliche Glück geschenkt. Du bist mir in jeder
Hinsicht alles gewesen, was einem überhaupt ein Mensch sein
kann. Ich glaube nicht, daß zwei Menschen hätten glücklicher
sein können – bis diese schreckliche Krankheit kam. Ich kann
nicht mehr dagegen ankämpfen. Ich weiß, daß ich Dir Dein
Leben zerstöre, daß Du ohne mich arbeiten könntest. Und das
wirst Du tun, ich weiß es. Du siehst, ich kann nicht einmal das
hier richtig schreiben. Ich kann nicht lesen. Was ich sagen
möchte, ist, daß ich alles Glück meines Lebens Dir verdanke.
Du bist ungeheuer geduldig mit mir und unglaublich gut zu mir
gewesen. Das möchte ich sagen – jeder weiß es. Wenn mich einer
hätte retten können, dann wärest Du es gewesen. Alles ist von
mir gegangen bis auf die Gewißheit Deiner Güte. Ich kann Dir
nicht weiter Dein Leben zerstören.
Ich glaube nicht, daß zwei Menschen hätten glücklicher sein
können, als wir es waren. V.<

Sie stellte den Brief im Wohnzimmer auf den Kaminsims,
nahm ihren Spazierstock, schlüpfte gegen halb zwölf aus dem
Haus und ging über die sumpfigen Wiesen zum Fluß hinunter.
Leonard glaubte, daß sie vielleicht schon früher einmal einen
Versuch unternommen hatte, sich zu ertränken; wenn ja,
dann hatte sie aus dem Mißlingen gelernt und war entschlossen, diesmal sicherzugehen. Sie legte ihren Stock ans Ufer und
zwängte einen großen Stein in ihre Manteltasche. Dann ging
sie in den Tod, >die einzige Erfahrung<, wie sie zu Vita gesagt
hatte, >die ich nie beschreiben werde<.«

Tuesday.

Dearest,

I feel certain that I am going mad again. I feel we can't go through another of those terrible times. And I shan't recover this time. I begin to hear voices, & can't concentrate. So I am doing what seems the best thing to do. You have given me the greatest possible happiness. You have been in every way all that anyone could be. I don't think two people could have been happier till this terrible disease came. I can't fight it any longer, I know that I am spoiling your life, that without me you could work. And you will I know. You see I can't even write this properly. I can't read. What I want to say is that I owe all the happiness of my life to you. You have been entirely patient with me & incredibly good. I want to say that — everybody knows it. If anybody could

127 *Virginias letzter Brief an Leonard*

Als das Mittagessen fertig war und Virginia nicht erschien, fand Leonard die Briefe, die sie ihm hinterlassen hatte. Es war zu spät. Als er endlich am Ouse-Ufer ankam, war von Virginia nichts mehr zu sehen. Später am Tag, nachdem alle Versuche, sie zu finden, fehlgeschlagen waren, schrieb Leonard auf einen Zettel, der 28 Jahre später bei seinem Tod fettig und vergilbt unter seinen Papieren gefunden wurde:
»Sie sagten: ›Komm zum Tee und laß uns dich trösten.‹ Aber

es ist sinnlos. Man muß sich auf seinem eigenen privaten Kreuz kreuzigen lassen.

Es ist merkwürdig, daß schreckliches Herzweh durch einen geringfügigen Schmerz im vierten Zeh des rechten Fußes unterbrochen werden kann.

Ich weiß, daß V. nicht aus dem Gartenhaus herüberkommen wird, und doch schaue ich in dieser Richtung nach ihr aus. Ich weiß, daß sie ertrunken ist, und doch spitze ich die Ohren, ob sie zur Tür hereinkommen wird. Ich weiß, es ist die letzte Seite, und doch blättere ich um. Die eigene Dummheit und Selbstsucht kennen keine Grenzen.«

128 *Kopf Virginia Woolfs von Stephen Tomlin im Monks-House-Garten*

14

EIN EPILOG

Als Virginia starb, war Leonard Woolf sechzig Jahre alt. Er lebte noch 28 Jahre. Während der ersten neunzehn Jahre dieser Zeit brachte er nur ein Buch hervor, *Principia Politica*, während er zu Virginias Lebzeiten siebzehn Bücher geschrieben hatte. Aber 1953 begann Leonard mit der Arbeit an seiner Autobiographie. Aus unbekannten Gründen hörte er auf, nachdem er etwa ein Drittel dessen geschrieben hatte, was später den ersten von fünf Bänden füllte. 1958 nahm er die Arbeit daran wieder auf und brach sie wieder unbeendet ab. Im Januar 1959 fing er noch einmal an. Der erste Band erschien 1960, als Leonard achtzig war. Von dann an bis zum Ende seines Lebens widmete er einen großen Teil seiner Zeit der Fertigstellung der verbleibenden vier Bände; er schrieb 400 bis 600 Worte am Tag. In der übrigen Zeit beantwortete er Leserbriefe und Anfragen wegen Interviews, Artikeln und Rundfunksendungen, die der Erfolg der Bücher nach sich zog. Das fünfbändige Werk muß, als Ganzes gesehen, als Höhepunkt in Leonards langer Karriere angesehen werden. Es ist ein bedeutendes gesellschaftliches Dokument, da es eine Epoche in der britischen Geschichte beschreibt, die sich als die kritischste erweisen mag, eine Zeitepoche, in der einige altehrwürdige Institutionen in Trümmer gingen und andere in Verfall gerieten. Es ist ein großartiges persönliches Dokument, das Leonards liebevolle Fürsorge für Virginia, seine Gründung der Hogarth Press und sein würdig-heiteres Altern bis in die hohen Jahre beschreibt.
1966 erhielt Leonard einen Brief von Premierminister Harold Wilson, in dem es heißt, er habe »die Absicht, für die bevorstehende Liste der Ehrenverleihungen zum Geburtstag der Königin Ihren Namen mit der Empfehlung vorzulegen, daß Ihre Majestät gnädig geruhen möge zuzustimmen, daß Sie zum Mitglied des ›Order of the Companions of Honour‹ ernannt werden«. Als Antwort schrieb Leonard: »Ich bin (ketzerischerweise) immer gegen das Vergeben und Annehmen von Ehrentiteln gewesen und habe das auch in der Vergangenheit oft gesagt. So sehr ich Ihre Freundlichkeit zu

schätzen weiß, kann ich aus selbigem Grund sie nicht annehmen, aber ich hoffe, daß Sie deshalb nicht schlechter von mir denken. Vor Jahren bot Ramsay MacDonald Virginia die gleiche Ehre an, und da sie meine Ansichten darüber teilte, bat sie, man möge ihr verzeihen, wenn sie nicht annehme, und ich habe ihre Antwort etwa in den gleichen Worten abgefaßt, die ich jetzt für meine eigene benutze.«

Was Leonard viel mehr bedeutete, war das Abendessen, das ihm zu Ehren an seinem 86. Geburtstag am 25. November 1966 von der »Cambridge Conversazione Society« im Speisesaal bei »Kettners« in der Romilly Street gegeben wurde. Er trug einen »farbenprächtigen Tweedanzug inmitten all der weichen dunklen Anzüge«, und sein »zerklüftetes Profil« sah wie der »Kopf von Zeus« aus. So sprach er zu seinen »Apostel«-Freunden über die Euphorie, das Glück, das mit siebzig beginnt und mit zunehmendem Alter stetig größer wird.

Leonard konnte bis zum Sommer 1969 in seinem geliebten Garten arbeiten. Am 28. Juni war dieser – so war es Brauch – für das Publikum offen. Nach diesem Datum enden Leonards Tagebucheintragungen. Er bekam hohes Fieber, das auf kein Medikament ansprach, und am 14. August nahm er, 89 Jahre alt, aber unwillig zu sterben, Abschied von der Welt. Vielleicht hat er in jenen letzten Momenten der Zeilen von Swinburne gedacht, die er so oft seit seiner Zeit am Trinity College zitiert hatte:

> From too much hope of living,
> From hope and fear set free,
> We thank with brief thanksgiving
> Whatever Gods may be
> That no life lives for ever;
> That dead men rise up never;
> That even the weariest river
> Winds somewhere safe to sea.

> Von zuviel Lebenshoffnung,
> Von Hoffnung und Furcht befreit,
> Danken wir mit kurzer Andacht
> Den Göttern, welchen auch immer,
> Daß kein Leben ewig währt;
> Daß niemand vom Tod aufersteht;
> Daß selbst der müdeste Fluß sich
> Irgendwo sicher ins Meer schlängelt.

QUELLENNACHWEIS

Im Quellennachweis sind folgende Abkürzungen benutzt: »LW« für Leonard Woolf und »VW« für Virginia. Auf die fünf Bände von Leonards Autobiographie wird hingewiesen, indem vor dem »LW« die Band-Nummer verzeichnet ist und dahinter die jeweilige Seitenzahl. Zitate aus der Biographie von Quentin Bell (»QB«) sind der zweibändigen englischen Ausgabe entnommen und sind nach demselben System gekennzeichnet. Die vier Bände der *Collected Essays* von Virginia Woolf, die 1966 und 1967 bei der Hogarth Press erschienen, sind hier nur als *Essays* vermerkt. Die Initialen »AWD« stehen für *A Writer's Diary*, Virginias Tagebücher (von 1915– 1941), die 1953 in einer von Leonard herausgegebenen Auswahl bei der Hogarth Press erschienen; die Initialen »AWD(B)« dagegen verweisen auf Virginias Originaltagebücher, die sich im Besitz der Berg-Collection der New York Public Library befinden. Der Hinweis »VW Brief«, dem jeweils eine Zahl folgt, bezieht sich auf die Numerierung, die Nigel Nicolson in den von ihm herausgegebenen Bänden der Briefe von Virginia Woolf benutzt. Bei den Briefen, die Leonard erhielt, sind nur der Name des Schreibers und das Datum – sofern bekannt – angegeben. Material, das im Besitz der University of Sussex ist, ist mit »S« gekennzeichnet oder mit »SK«, wenn es sich um eine Kopie handelt; dies gilt auch für die Briefe, die Leonard schrieb, sofern es nicht ein Original-Durchschlag seiner Briefe ist. Das im Besitz der Berg-Collection befindliche Material ist mit »B« gekennzeichnet. »MH« steht für Material aus den Monks House Papers im Besitz der Universität von Sussex, »Ms.« für Manuskript; »CUP« steht hier kurz für Cambridge University Press, »OUP« für Oxford University Press. »FN« hinter der Seitenzahl verweist auf die dort stehende Fußnote.

1. Die frühen Jahre

37   die plumpen erotischen Tätschelversuche   VW Ms. MH/A5a (S) und
     1 QB 43
40   »jenes Haus mit all den Toten«   Leon Edel, *Henry James, The
     Master*, Hart-Davis (1972), S. 392
–   »einer jener seltsamen…«   1 LW 128
–   »in weißen Kleidern«   1 LW 183/184

2. Die Apostel

41   »Es ist an dieser Stelle…«   1 LW 129
42   »die meisten…«   *The Autobiography of Bertrand Russell 1872 –
     1914*, Allen & Unwin (1967), S. 68
43   »Wollen hoffen…«   Maitland, S. 47
–   »Denn die aktive Teilnahme…«   Walter Leaf (1852–1927), *Some
     Chapters of Autobiography* (1932), S. 90
–   Bevor man aufbrach…   Russell, S. 113
–   »Über die frühen Jahre…«   Christopher Layton Brief, 31. Juli 1969
     (S)
43 f. »Die sozialen Verhältnisse…«   LW an Kingsley Martin, 20. Januar
     1965 (S)
44   »neidischen und höhnischen«   *Autobiography of Charles Merivale*
     (hrsg. 1899), S. 80/81
–   »wir uns selbst ziemlich…«   Russell, S. 69
–   »einer der apostolischsten…«   Von Dennis Proctor auf der Jahres-
     versammlung vom 25. Juli 1970 verlesenes Papier
–   »Vom Geist der Wahrheitsfindung«   A. S. und E. M. Sidgwick,
     Henry Sidgwick A Memoir, Macmillan (1906), S. 34
45   »In der Diskussion…«   Russell, S. 69
–   lauteten die Trinksprüche…   R. G. Hawtrey Brief, 11. Juni 1922 (S)
–   Barthold Niebuhr   Frances M. Brookfield, *The Cambridge Apostles*
     (1906), S. 8
46   forensische Mittel   J. M. Keynes, *Two Memoirs*, Hart-Davis (1949),
     S. 85; 1 LW 137
–   »Diese Klarheit, Frische…«   1 LW 147
–   »zwei schwerwiegende Fehler…«   *The Listener*, 9. Juni 1949, S. 993
–   »das Kind von ihnen bisweilen…«   Pamela Diamond Brief, 14. Fe-
     bruar 1965 (S)
–   »Es war nicht meine Absicht…«   2 QB 215
47   »Persönliche Liebe…«   G. E. Moore, *Principia Ethica*, CUP (1903),
     S. 189
–   »wir erkannten…«   *Two Memoirs*, S. 98, 82
–   widersprach ausdrücklich Keynes' Aussage   1 LW 148
48   »in seiner Rolle als Sekretär…«   Holroyd, *Lytton Strachey The
     Unknown Years*, Heinemann (1967), S. 208
–   »Er sieht rosig und…«   Holroyd, S. 213, 216–219
–   »homosexuelle Beziehungen…«   Russell, S. 74
49   ist offenbar ein aktiver Homosexueller…   s. Schlußnote S. 235 in E.
     M. Forster, *Maurice* (1971)
–   »Saxon kann sich nie entscheiden«   VW Brief 500 (8. August 1909)
–   »Wir bezeichneten uns nicht nur…«   Walter Leaf, S. 85
–   »die Verbundenheit mit der Gesellschaft…«   Henry Sidgwick, S. 35

3. Die Apostel in Bloomsbury

52 »die Bloomsburier« (engl. orig.: »the Bloomsburians« – s. Nachtrag zum Oxford English Dictionary, OUP [1972], S. 298)

53 »sehr ungestüm und zu Scherzen aufgelegt« VW Brief 754 (22. April 1916)

– daß »Vanessa einen Blick...« (und alle folgenden Zitate über das Leben in Bloomsbury bis zum Brief an Lytton Strachey) VW Ms. MH/A16 (S)

60 »ap-s-les« VW Brief 617 (21. Mai 1912)

– »nichts in der ganzen Welt...« VW Ms. MH/A5a (S)

62 »*Sexuelle* Beziehungen...« VW an Jacques Raverat, 3. Oktober 1924 (S)

4. Ein Apostel im Dschungel

63 »George oder George oder beides?« 9. Mai 1903, Ms. (S)

64 »was Papa war...« 1 LW 192

– an 69. Stelle *The Oxford Magazine*-Supplement, 26. Oktober 1904, S. 2

– »Das Beste, was...« 1 LW 94

65 »Ich bin in entsetzlicher...« LW an G. E. Moore, 4. Oktober 1904 (S)

– von einem »verbitterten, enttäuschten jungen Mann« 2 LW 172

– »arrogant, eingebildet und aufbrausend« 2 LW 56

– »sein Herz...« 2 LW 172/173

66 »Ich arbeite, Gott...« LW an Strachey, 2. Oktober 1908 (S)

– »Immer wenn ich...« 2 LW 107–109

67 »Dies war eine ungewöhnlich...« 2 LW 170

– »In den zweidreiviertel Jahren...« 2 LW 180

71 »Heute kam eine große Menschenmenge...« LW, *Diaries in Ceylon 1908–1911*, Hogarth Press (1963), S. 185

– »Ich zog aus...« 2 LW 181

72 f. Er ging auf die Jagd... LW Ceylon Acct Bk (S)

73 es ging sogar das Gerücht um . . . J. A. Wilson Brief, 6. Juni 1912 (S)

74 »mittelmäßig« und als einen »Versager« LW Briefe an Strachey, 19. Februar 1905 (S) und 12. November 1905 (S)

– erwog er, Selbstmord zu begehen LW an Strachey, 14. Oktober 1906 (S)

– »Neulich nachts...« LW an Strachey, 21. April 1906 (S)

– »Mit mir ist es aus...« LW an Strachey, 17. November 1907 (S)

– »Mehr als alles andere...« LW an Strachey, 14. Oktober 1906 (S)

– »...eines der traurigsten Dinge...« LW an Strachey, 1. Februar 1909 (S)

– »Die Frauen scheinen...« LW an Strachey, 29. Juni 1905 (S)

– »das einzige Wesen...« LW an Strachey, 30. Juli 1905 (S)

75 »Nach der schlimmen Hitze...« 2 LW 102

– Leonards Hund Maggie Stephenson Brief, 17. August 1966 (S)

– »das Maximum an Intimität...« 2 LW 153

– »Ich fange an zu denken...« LW an Strachey, 19. Mai 1907 (S)

75	»nur aus dümmlicher Neugierde...« LW an Strachey, 17. November 1907 (S)
–	»amüsanter als Beischlaf...« LW an Strachey, 10. Februar 1907 (S)
–	»und wenn die Zuneigung...« G. E. Moore, *Principia Ethica*, CUP (1903), S. 203
–	ihre »zwei großen Kuhaugen« LW an Strachey, 17. November 1907 (S)
76	»Dein Brief...« LW an Strachey, 30. Juli 1905 (S)
–	»schöner als Virginia« 3 LW 27
–	»Clive war den ganzen September...« Strachey Brief, 8. Oktober 1908 (B)
–	»Sei nicht überrascht...« Strachey Brief, 29. Oktober 1908 (B)
77	»Aber ich stimme nicht...« LW an Strachey, 1. Februar 1909 (S)
–	»Dein Brief ist in dieser Minuten angekommen...« Strachey Brief, 19. Februar 1909 (SK)
78	»Vielleicht packst Du gerade...« Strachey Brief, 27. Mai 1909 (B)
79	»Dein Schicksal...« Strachey Brief, 21. August 1909 (B)

5. Brautwerbung und Ehe

83	in einem an »Mr. Wolf« adressierten Brief VW Brief 571 (8. Juli 1911)
84	Einen Monat später... LW Tagebuch 1911: 21. Oktober
–	...verschiedene Ärzte konsultiert... LW Tagebuch 1911: 5., 7., 22. und 27. September, 2., 9., 13. und 18. Oktober, 29. November
–	»einen Mann..., der fortwährend... zitterte...« VW Ms. MH/A16 (S)
–	König der Verrückten (King of the lunatics) VW Brief 606 (5. März 1912)
–	daß Leonard sich... bei... George Savage anmeldete... LW Tagebuch 1912: 21. März. Er suchte Savage noch ein zweites Mal am 5. Juni auf.
85	.. hatte er sich häufiger mit einer jungen Dame getroffen... LW Tagebuch 1911: 18., 21. und 23. August, 12. Oktober, 9. und 10. November, 10., 17., 25. und 31. Dezember
–	»war sein Leben lang...« LW im *New Statesman* v. 6. Oktober 1967
88	Virginia liebte Vanessas Kinder... VW an W. A. Robson, 26. Juli 1937 (S): »als wären sie meine eigenen Kinder«
–	»Mama« und »Pflegemutter« VW Briefe 197 (30. November 1904) und 201 (11. Dezember 1904)
–	»wie ein liebes Kind...« VW Brief 272 (Juni 1906)
–	Baby-Känguruh s. VW Briefe, 83 (4. Juni 1903), den sie schrieb, als ihr Vater sterbenskrank im Bett lag, und 295 (14. November 1906), als ihr Bruder Thoby todkrank war
–	»verschwendet an mich jene mütterliche Fürsorge...« 2 QB 118, aus AWD (B), 21. Dezember 1925
89	»seltsam und abwegig« 2 QB 175
–	sehne sich »danach zu lieben« Strachey Brief, 21. August 1909 (B)
–	»heftig« VW Brief 608 (März 1912): »Jetzt verlange ich nur nach jemandem, der mich heftig erregt, und dann heirate ich ihn.«

89 »Wie ich Dir neulich brutal gesagt habe...« VW Brief 615 (1. Mai 1912)

– »Es ist die Ausreise...« *The Wise Virgins* (1914), S. 315

90 »Ich liebe Aspasia« undatiert, Ms. (S)

91 »Sie... gierte nach Zuneigung...« J. R. Noble (Hrsg.), *Recollections of Virginia Woolf by her Contemporaries* (Virginia Woolf in Erinnerungen ihrer Zeitgenossen), Peter Owen (1972), S. 84

– kommt wieder in ihren Briefen zum Ausdruck s. z. B. VW Briefe 38, 50, 62, 78

– »Teuerstes und meist geliebtes Wesen« LW Brief, 24. Mai 1912 (B)

– daß sie ihn »liebe« LW Tagebuch von 1912: 29. Mai

– in den geheiligten Kreis... Virginia fand Leonard »Thoby sehr ähnlich... nicht nur im Gesicht«, VW Brief 631 (24. Juni 1912)

92 ›Was ist deiner Meinung nach...‹ Brief von Bobo Mayor, 26. Mai 1964 (S)

– Leonard schrieb an G. E. Moore LW Brief, 7. Juni 1912 (S)

– Virginia schrieb an Violet Dickinson VW Brief 620 (4. Juni 1912)

– Eine gemeinsame Notiz... VW Brief 623, 6. Juni 1912

94 Duckworth schrieb an Leonard George Duckworth Brief, 8. September 1912 (S)

– schrieb edelmütig an Leonard Walter Lamb Brief, 4. Juni 1912 (S)

– hatte Leonard... 105 Pfund abgehoben Bankauszüge, acct. Bk., S. 83 (S)

– wo »täglich eine Putzfrau kam...« 3 LW 86

95 fing Leonard an... täglich Aufzeichnungen... zu machen LW Tagebuch 1913

96 »Nie hast Du...« VW Brief 679 (4. August 1913)

– »Liebster, ich war widerlich...« VW Brief 680 (5. August 1913)

97 »Ich will Dich, Mungo...« VW Brief 678 (3. August 1913)

98 »Ohne Dich bin ich einsam...« LW Brief, 13. März 1914 (S)

102 »Sie sagt allen die bösartigsten Dinge...« 2 QB 26

– 1917 zum Beispiel LW Tagebuch 1917

103 Ein Vorfall von 1917... Gespräch mit Barbara Bagenal, 1975

– »und was werden sie jetzt...« AWD 46

104 »Ich sehe nicht ein...« nicht datiertes Ms. »Poetry & Prose« (S)

– berufstätige Durchschnittsfrau in Großbritannien Basierend auf Untersuchungen über Fernbleiben von der Arbeit aufgrund von Krankheit oder Unfällen; s. Tabelle 27, *Social Trends*, Nr. 4, 1973, HMSO

– »zusammenbricht und... das Bett hüten muß« 2 QB 248

– »eine solche Lügnerin« 2 QB 117 FN

105 »Ich selbst bin ein armes Geschöpf...« G. F. Watts an Leslie Stephen, 2. April 1896 (SK)

– »Ich glaube, diese Krankheiten...« AWD 153. Diese Ausdrucksweise wird von Sir George Pickering zitiert, der – ohne die Fakten zu analysieren – die Annahme vertritt, daß Virginia Woolf manisch-depressiv war. Pickering, *Creative Malady* (1974), S. 287

– Und unweigerlich fällt... Virginia selbst hat anscheinend (ihre Berechnungen waren aber bestimmt falsch) einen Zehn-Jahres-Zyklus festgestellt: »Alle zehn Jahre – mit 20 und dann wieder mit 30 – durchlebte ich solche Qualen verschiedenster Art, daß ich... ernsthaft versuchte, dem allen ein Ende zu bereiten.«

105 f. »Gewöhnlich war meine Frau...« LW Briefe an Frank Fish, 23. Oktober 1966 und 4. November 1966 (S)
106   Lady Oxford schrieb... Brief, 4. Mai 1941 (S)
–   Elizabeth Robins Brief, 18. August 1941 (S)
–   Professor William A. Robson Gespräch 1975
–   Virginias Neffe und Biograph Gespräch 1970
–   »Ich glaube, daß vielleicht neun...« AWD (B), 13. September 1919

6. Karrieren: Sorgenvolle Jahre

107   beschlossen sie, sich mit Schreiben zu ernähren VW Brief 628 (Juni 1912)
108   »etwas weniger als 400 Pfund« 3 LW 90
–   »sich ein kleines Haus zu mieten...« VW Brief 628 (Juni 1912)
109   Ein Brief Alec Waughs 22. Juli 1965 (S)
–   das Autorenhonorar.. 3 LW 89
110   Eine »seltsam starke Liebe«... *The Wise Virgins*, Hogarth Press (1914), S. 120, 148
–   »wird es wohl zu einem ernsthaften... Bruch kommen« Marie Woolf Brief, 11. Dezember 1913 (S)
–   Harry Davis hat... *The Wise Virgins*, Hogarth Press (1914), S. 37–48
–   »alle weniger guten Eigenschaften« Bella Southorn Brief, 12. August 1917 (S)
–   *Times Literary Supplement* T. L. S. v. 15. Oktober 1914
–   »Der Krieg...« 3 LW 91
111   Leonard verdiente... LW Tagebuch 1914. 1914 betrugen seine Gesamteinnahmen aus Büchern 46 Pfund 8 Shilling 1 Pence, 1915 102 Pfund 7 Shilling
–   »die eine Dampfwalze zum Walzertanzen bringen konnte« VW Brief 672 (28. Mai 1913)
114   »im Dezember 1918...« *The Times*, 21. August 1969
–   »Mr. L. S. Woolf...« im Besitz der Autoren befindliches Exemplar von *International Government*
–   »schlägt sich jedes Seelengeheimnis...« *Orlando*, Hogarth Press, S. 189/190 (*Orlando*, Fischer Taschenbuch Verlag, S. 148)
115   Die vom *Times Literary Supplement*... T. L. S. v. 1. April 1915
116   Zwei Harley-Street-Ärzte... Briefe von Dr. Craig und Dr. Wright v. 10. und 19. Mai 1916 (S)
–   »Leonard ist gänzlich...« VW Brief 770 (25. Juni 1916)
117   war auf weniger als die Hälfte... geschrumpft... Einkommensteuerklärungen v. 22. Mai 1919, 31. Mai 1921 und 29. April 1922 (S)
–   Wir wissen auch... VW Briefe 915, 940
–   sich nie wegen Geld »Sorgen machte« 3 LW 91, 93
–   Schon vor ihrer Heirat... VW Brief 631 (24. Juni 1912)
122   waren deswegen wütend auf Virginia VW Brief 1182 (Juni 1921)
–   »eine humorvolle Art von Zärtlichkeit« *Night and Day*, S. 107
–   »nur eine Geschichte...« *Night and Day*, S. 265
–   »Du hast meiner Einsamkeit...« *Night and Day*, S. 534
–   Der Kritiker vom *Times Literary Supplement*... T. L. S. v. 30. Oktober 1919

7. Die Hogarth Press

Die Zahlen in diesem Kapitel sind, sofern nicht anders vermerkt,
einem gebundenen »accounts book« entnommen, in dem Leonard
1912 über seine persönlichen Finanzen Buch führte (S. 1 – 87) und
von 1917 bis 1923/24 über die Einnahmen und Ausgaben der Hogarth Press (S. 88 – 190). Dieses »accounts book«, das sich jetzt in der
University of Sussex Library befindet, ist im folgenden als »Acct Bk«
erwähnt. Transaktionen, die nach 1923/24 stattfanden, waren in
einem anderen Buch eingetragen, das verlorengegangen ist.

133   der Gewinn der Hogarth Press Acct Bk 136, 146, 156

134   Kot und Leonard Es ist einmal vermutet worden, daß Leonard in der Lawrence-Koteljansky-Übersetzung einige Änderungen vorgenommen hat. Leland Fetzer, *Virginia Woolf Quarterly*, Bd. 1 Nr. 4 (1973), S. 31

–   Eine größere Minerva-Tiegeldruckpresse ... Acct Bk 89; sie kostete 70 Pfund und 13 Shilling

–   »ganz professionell« D. T. Stone Brief, 9. März 1968 (S)

135   Gewinnbeteiligung, die sich auf ... belief Acct Bk 88, 187

136   Einmal, als er unbedingt ... Gespräche mit Angus Davidson; s. auch J. R. Noble (Hrsg.), *Recollections of Virginia Woolf by her Contemporaries*, Peter Owen (1972), S. 55/56

–   Leonard stritt das in späteren Jahren ab LW Brief an den *Manchester Guardian*, 16. März 1960 (S)

137   »Ich las und las ...« AWD 150 (8. Dezember 1929)

138   ... in seiner Autobiographie ... John Lehmann, *The Ample Proposition*, Eyre & Spottiswoode (1966)

–   Miss Harriet Weaver 3 LW 246

–   »amüsiert, angeregt ...« AWD 47, 49 (16. August u. 6. September 1922)

140   »Das sind die Bücher ...« Gespräch mit Belinda Keown, 1970

8. Karrieren: Jahre des Triumphes

(Die jährlichen Einkünfte von Leonard, Virginia und der Hogarth Press sind LW's Tagebüchern entnommen.)

142   »Er ist meisterhaft« VW an Janet Case, 4. oder 11. Mai 1923 (S)

–   »außer in Extremfällen ...« LW an Richard Aldington, 27. August 1925 (S)

–   »Für Sie schreibe ich ...« Richard Aldington Brief, 4. März 1926 (S)

–   Raymond Mortimer *Sunday Times* v. 21. September 1975, S. 41

143   »Den besseren Teil des Lebens ...« Mrs. *Dalloway*, Hogarth Press, S. 83 (Mrs. *Dalloway*, Fischer Taschenbuch Verlag, S. 70)

–   »Ihre Romane schlagen mich ...« Max Beerbohm an VW, 30. Dezember 1927 (S)

–   ihren Artikel über die amerikanische Romankunst 2 *Essays*, S. 111, 118

144   1925 betrugen Virginias Einkünfte ... 4 LW 142

–   »Er war ein wunderbarer Mann ...« VW an Vita Sackville-West, 13. Mai 1927; zitiert von Quentin Bell in *Ariel*, Januar 1971, S. 101

–   »die wahre Verkörperung eines ausgehungerten Wolfshundes« *To the Lighthouse*, Hogarth Press, S. 307

145   »... Du hast von Mutter ...« 2 QB 128

–   Virginia sagte, er bedeute gar *nichts* VW an Roger Fry, 27. Mai 1927 (S)

–   »... ein bißchen Phantasie ...« »The New Biography«, 4 *Essays*, S. 233

146   »An einer Stelle ...« (und die folgenden Zitate) *Orlando*, Hogarth Press (1928), S. 243, 181, 172 (FTV-Ausgabe S. 192, 142, 135)

146   1928 wurde Virginia gebeten... AWD 123; *A Room of One's Own*, S. 5, FN
152   »Das Männermahl...« (und die folgenden Zitate) *A Room of One's Own*, S. 16/17, 27, 158
153   1929 stiegen Virginias Einkünfte... 4 LW 142
–   ein Viertel seiner Zeit 5 LW 99
–   Russell Sedgwick *Time and Tide* v. 17. Oktober 1931
–   *Times Literary Supplement* T. L. S. v. 22. Oktober 1931
154   »Das Meer ist ein Wunder...« VW Brief 407, 20. April 1908
–   »alles über nichts« 2 QB 162, Zitat aus AWD (B), 15. September 1931
–   »einer der bedeutendsten englischen Romane« *The Listener* v. 10. Oktober 1968
155   »es gibt sehr wenige Quellen...« *Flush*, Hogarth Press (1933), S. 151
156   »bis obenhin leid« VW Brief an Philippa Woolf, 29. September 1939 (SK)
–   1935 zum Beispiel... AWD 243
157   Von der anderen Seite des Atlantiks... Brief von Christabel Aberconway an VW, 12. September 1940 (S); Brief von Octavia Wilberforce an Elizabeth Robins, 23. Dezember 1940 (S)
–   Leonard glaubte, daß das Ziel... *Barbarians at the Gate*, Gollancz (1939), S. 61–63, 70, 73, 190–193
–   »Was Machtbesitz und...« *Barbarians at the Gate*, S. 181/182
159   Eliot hielt diesen... Stephen Spender Brief, 2. Juli 1953 (S)
–   *The Russian Point of View* *The Common Reader* (1925), S. 219, 223, 224/225

9. Alte und neue Freunde

161   »Es hat sich aufgelöst wie der Morgennebel« VW Brief 746, 19. März 1916
–   »Es ist schon so lange her...« AWD 12
167   »dieser Mr. Grant...« 1 QB 128/129
169   »Lytton sehe ich kaum noch...« 2 QB 155 aus AWD (B), 2. September 1930
–   »Wir waren alle ziemlich nett« Sydney-Turner an VW, 9. Februar 1919 (S)
–   »der, wenn er das Gesicht eines Schweins hat...« LW an Strachey, 4. November 1906 (S)
–   »Ich verabscheue Keynes...« LW an Strachey, 23. Oktober 1908 (S)
170   Virginia hielt Maynards Freundlichkeit... VW Brief 1082, 14. September 1919
–   »eine seltsame Mischung...« E. M. Forster Brief, 15. Mai 1923 (S)
–   »Ich habe Maynard immer gemocht...« Kingsley Martin Brief, 6. Juli 1945 (S)
171   »seine Versuche, sich an die jungen Leute zu halten« VW Brief 770 (25. Juni 1916)
–   »ein höchst durchtriebener und wurmstichiger Mensch« Michael Holroyd, *Lytton Strachey*, Heinemann (1968), Bd. 2, S. 70
–   »90 Prozent bei ihm...« LW an Quentin Bell, 1. Dezember 1966 (S)

171   »hinreißend ...« *New Statesman* v. 6. Oktober 1967, S. 438

–   »gelegentlich ... eine fast verächtliche ...« *New Statesman* v. 30. Januar 1932, S. 119

–   »liebevollem Spott« *The Times* v. 13. November 1962

171 f. »Beim Frühstück ...« VW Brief 499 (7. August 1909)

172   »wirklich fertig machen« Sydney Waterlow Brief, 18. Januar 1942 (S)

–   Wenigstens einmal ... Gespräch mit Barbara Bagenal, 1975

–   »ging fast ins Geniale« LW in *The Listener* v. 26. März 1953

–   »Desmond hat eine ungewöhnliche Begabung ...« AWD 77/78

–   »Er hat ein einfaches, recht sonniges Wesen ...« Undatiert, LW Ms. – »Aspasia«-Beschreibung (S)

172 f. Roger Fry behauptete Roger Fry Brief, 13. September 1924 (S)

173   »Cockatoo« VW Brief 903 (17. Januar 1918)

–   »little hop o' my thumb« VW Brief 1201 (2. November 1921)

–   »nichts als Hintern ...« VW Brief 1215 (11. Februar 1922)

174   »Niemand spürte ernsthafter ...« 1 *Essays*, 356, 357

–   »Überleg doch mal ...« Katherine Mansfield an VW, nicht datiert, aus der 141A Church Street, Chelsea (S)

–   »schlammfarben und stumpf« AWD 12

–   »einen sich in Pose setzenden ...« VW Brief 1228 (20. März 1922)

175   »etwas verfolgte« Katherine Mansfield Brief, nicht datiert, aus 141A Church Street, Chelsea (S)

–   Zwanzig Jahre nach ihrem letzten Abschied ... AWD 363

–   ... nie rasiert ... Robert Sencourt, *T. S. Eliot A Memoir*, Garnstone Press (1971), S. 68; s. auch 4 LW 109

–   bei einem Spaziergang auf dem Lande 4 LW 108

175 f. »Die Kritiker sagen ...« 4 LW 111

176   »Possum möchte nun ...« Berg

177   »Gardeoffizier ...« LW an Molly MacCarthy, 2. Oktober 1924 (S)

–   »Blechfeder« VW an Jacques Raverat, 26. Dezember 1924 (S)

–   »Virginia empfand, wie eine Liebende ...« 2 QB 117

–   »Vielleicht hat es ...« 2 QB 119

178   »Ich liebe Virginia ...« Nigel Nicolson, *Portrait of a Marriage*, Weidenfeld & Nicolson (1973), S. 203/204

–   »das physische Element ...« ibid. S. 205

–   »Am 24. kamen die Nicolsons ...« Vanessa Bell an VW, 27. April 1935 (S)

–   » ... es ist großartig ...« VW an Vita Sackville-West, 31. Januar 1927 (B)

180   sie »erhob sich und sah ...« VW Brief 978 (12. Oktober 1918)

–   »der Premierminister und ...« 4 LW 105

–   Lady Cunard *Emerald and Nancy*, Daphne Fielding (1968)

–   »gerne von sich reden zu machen ...« Christopher St. John, *Ethel Smyth A Biography*, Longmans (1959), S. 223

181   Er hielt Lady Colefax ... VW an Janet Case, 7. Juli 1937 (S)

–   »Mit wieviel kalter Geschäftigkeit ...« *Essays on Literature, History, Politics etc.* (1927), S. 13

185   Virginias Kauf   2 QB 47
186   »aufgeregt wie ein Schulmädchen«   Gerald Brenan, *South from
       Granada*, Hamish Hamilton (1957), S. 142
–   »süßes und kindhaftes Wesen«   *Portrait of a Marriage* (1973), S. 205
–   »voller Überraschungen...«   2 QB 92
–   »des öfteren voller Unsinn war...«   Aileen Pippett, *The Moth and
       the Star* (Boston, 1953), S. 180
–   »Ich wollte, mir fiele...«   VW an Hugh Walpole, 16. Juli 1930 (SK)
–   »Geh weg, Vita...«   Gespräch mit Nigel Nicolson, 1976
–   »Kommst du mit mir...«   J. R. Noble (Hrsg.), *Recollections of
       Virginia Woolf by Her Contemporaries* (1972), S. 153
187   »Aber auch noch in diesem Licht...«   *Jacob's Room*, S. 217
188   mit »Thomas Gage« unterzeichnet...   »Thomas Gage« Brief,
       12. Dezember 1922 (S)
189   Lytton Strachey und Dora Carrington   VW Brief 1340 (29. Dezem-
       ber 1922)
–   Diese Kenntnisse verarbeitete sie   MH/A 256 (S)
190   erschien... als Cupido verkleidet   Ronald Chapman, *The Laurel &
       the Thorn*, Faber (1945), S. 72
192   das Tagebuch, das man erst kürzlich entdeckt hat   Gladys Easdale,
       U. London Library, Ms. 656/4
193   »gnadenlosen Spott«   Dora Sanger Brief, 6. März (1930?) (S); aus
       diesem Brief geht jedoch auch klar hervor, daß Dora Sanger hinter
       der »Grausamkeit« den Ulk erkannte.
       »Virginia zu sagen...«   Barbara Rothschild Brief, nicht datiert (S)
–   »Ich wollte, Du würdest...«   VW an Dorothy Bussy, 3. September
       1930, angeboten im 1964er Katalog der Buchhandlung Alan G.
       Thomas, 7 (a) Wimborne Road, Bournemouth
194   »stinkt wie eine Zibetkatze«   2 QB 45 aus AWD (B), 11. Oktober
       1917

195   »wenn ich mir jemanden wünschte...«   James Bartholomew Brief,
       20. Oktober 1963 oder 1964 (S)
196   »Als kleiner Junge...«   VW Brief 748 (27. März 1916)
–   in einer hitzigen Debatte mit dem Erzbischof   LW an Lord Fisher of
       Lambeth, 1. April 1968 (S)
–   »Wir sind Juden«   VW an Margaret Llewelyn Davies, 28. April 1935
       (S)
–   Leonard erklärte   LW an Dan Jacobson, 3. Juni 1968 (S)
–   nicht genügend Dankbarkeit   Bella Southorn Brief, 21. November
       1959 (S)
–   »...unser Judentum nicht herausgestellt hast«   Philip Woolf Brief,
       4. Dezember 1953 (S)
197   »Mir geht es leidenschaftlich um...«   5 LW 166/167
–   »Ich bin kein Liberaler...«   LW an Gore Graham, 17. November
       1937 (S)
–   »Ich bewundere das Christentum...«   LW an Lyn Newman, 1. Au-
       gust 1957 (S)

198   Beatrice Webb beschreibt *Beatrice Webb's Diaries 1924–1932*, Longmans (1956), S. 131

–   Leonard allerdings behauptete ... 1 LW 50

–   er könne »nicht verstehen ...« 1 LW 46

–   »Wenn ich mir Mühe gäbe ...« 1 LW 52

–   »Ich glaube, T. S. Eliot ...« LW an Michael Goldman, 30. August 1967 (S)

–   »Im Gespräch und im täglichen Umgang ...« LW an Lyall Wilkes, 13. Januar 1968 (S)

199   böse attackiert *New Statesman* v. 18. September 1937

–   wofür er im nachhinein ... sein Bedauern ... LW an H. M. Swanwick, 29. September 1937 (S)

–   in einer Rezension für *Political Quarterly Political Quarterly*, Bd. 33 (1962), S. 228/229

–   »Ich hätte das Buch nicht rezensieren sollen« LW an Margaret Cole, 5. Juli 1962 (S)

200   mit einer Rezension bedacht *The Listener* v. 25. Januar 1951

–   In einem Brief, den Harrod Jahre später schrieb R. F. Harrod Brief, 31. August 1960 (S)

–   »Ich hätte es nie ...« LW an R. F. Harrod, 2. September 1960 (S)

–   den Rat vergaß, den er anderen ... LW an Richard Aldington, 27. August 1925 (S)

–   Der Panzer, den ... 1 LW 71

201   »Ich behaupte, ernsthafter ...« LW an Lyn Newman, 5. Juli 1957 (S)

–   »Mit ihm zu diskutieren war sinnlos« J. M. Keynes, *Two Memoirs* (1949), S. 85

–   Der Rezensent von *Quack, Quack!* *The Listener* v. 26. Juni 1935

202   fanden Leonard höflich und charmant Gespräch mit Angus Davidson, 1975

–   »waschechter Woolf« LW an Cecil Woolf, 28. August 1968 (S)

–   »Wenn Sie alte *Punch*-Nummern lesen ...« *Essays on Literature, History, Politics, etc.* (1927), S. 86

–   »Ich freue mich, daß Sie ...« LW an Gillian Tulip (1965), (S)

–   »Beschnitt Bäume ...« LW Tagebuch, 30. Dezember 1919

203   »bemerkenswert wegen ...« *Political Quarterly* 1967, S. 315

–   »Rudyard Kipling war ...« LW Ms

–   »Ich mochte Clifford Sharp ...« LW Ms. »The Prehistoric New Statesman and Nation« (S)

–   »Kingsleys Geist ...« *Political Quarterly* 1969, S. 241/242

–   »Wenn man Kalk für Zementbauten braucht ...« LW an East Sussex Country Council, 24. März 1968 (S)

–   »Ich hoffe, Ihr Gebrauch ...« LW an John Lehmann, 19. Oktober 1967 (S)

204   »hübsch, lebendig, sanft ...« 2 LW 102

–   »... ich bin also wirklich ...« LW an Lytton Strachey, 17. November 1907 (S)

–   »Die Lage ist die ...« LW an John Lehmann, 18. September 1943 (S)

–   »Ich weiß noch, wie ...« Noel Annan, *Leslie Stephen*, MacGibbon & Kee (1951), S. 270

12. Zuhause

206   Ehering unter eine Mehlspeise VW Brief 714 (10. Dezember 1914)

–   »meine Bücher belaufen sich...« VW Brief 824 (11. Februar 1917)

–   mit Sicherheitsnadeln VW Brief 923 (22. April 1918)

–   als Bob Trevelyan sich den Hosenboden verbrannt hatte LW Ms., geschrieben als Vorwort zu Briefen von C. P. Trevelyan (S)

–   »Oh, Leonard, sieh nur!« Gespräch mit Rose Schrager, 1974

–   »Lottie und Leonard...« VW Brief 980 (19. Oktober 1918)

–   »blöde Ziege« VW Brief 1079 (9. September 1919)

–   »besoffene Kuh« VW Brief 1196 (17. Oktober 1921)

–   »einfach engelhaft« VW Brief 1335 (22. Dezember 1922)

–   »lange Briefe, von Freundin zu Freundin« VW Brief 1249 (18. Mai 1922)

–   »...eine Maus aus Marzipan...« VW Brief 1336 (25. Dezember 1922)

207   Nellie hatte Probleme... VW Brief 1145 (12. September 1920)

–   von einem Auto überfahren VW Brief 1196 (17. Oktober 1921)

–   »verzauberte Welt« VW Brief 1099 (27. November 1919)

208   die Ergebnisse jedes einzelnen Spiels LW Tagebücher 1935–40

–   Tagebucheintragung vom 22. Juni 1940 AWD 336/337

–   »Leonard sagt...« VW Brief 1250 (21. Mai 1922)

209   lösten sie das Problem LW handschriftliche Buchführung (S)

–   persönlicher »Schatz« 4 LW 142

–   Leonards Tagebucheintragung Monks House Tagebuch (S)

210   »Wir reisen mit...« VW an Jacques Raverat, 30. Juli 1923 (SK)

–   Die Kosten für den Unterhalt von zwei Häusern (und alle folgenden Zahlenangaben) LW Tagebücher 1917–40

218   »Jahrelang hatte ich nie...« 2 QB 155 aus AWD (B), 2. September 1930

–   »sind alle meine Zimmer...« VW an Janet Case, 12. April 1924 (S)

219   »alten Schirm« Gespräch mit Angus Davidson, 1975

–   »Woolf hat wieder herumgebuddelt« Gespräch mit James Bartholomew, 1970

220   und manchmal borgte sie sich Sachen VW Brief 970 (12. September 1918)

–   »Mir ist ein Mißgeschick passiert...« VW Brief 1202 (8. November 1921)

–   »Ich kann doch nicht immer...« VW Brief 1321 (13. November 1922)

–   Raymond Mortimer *The Sunday Times* v. 21. September 1975, S. 41

–   »wie ein Rüsselkäfer...« VW Brief 1268 (10. August 1922)

221   »ein unglaubliches Durcheinander...« *Harold Nicolson Diaries and Letters 1939–1945*, Collins (1967), S. 146

–   »Noch voller durch Blechnäpfe...« ibid., 147

221 f.   »Ich wage zu behaupten...« 2 QB 71 aus AWD (B), 28. Dezember 1919

222   »Ich hätte keinen anderen Mann heiraten...« VW Brief 1280 (25. August 1922)

–   »Ich verdanke Dir alles Glück meines Lebens...« 2 QB 226

–   »ihrer Einsamkeit ein Ende bereitet« *Night and Day* (1919), S. 534

–   »Tu nie so...« 2 QB 89 aus AWD (B), 3. Januar 1923; s. auch AWD 29

222	»Saxon ... sprach viel ...« VW Brief 887 (30. Oktober 1917)
–	»die klügste Entscheidung ...« 1 QB 187
–	danach lebten sie »keusch« Gespräch mit Gerald Brenan, 1970
222 f.	»arme Billy« VW an Vanessa Bell, 23. Juli 1927 (B)
223	»eine übers Gebären hinaus bewahrte Jungfräulichkeit ...« *Mrs. Dalloway*, Hogarth Press (1925), S. 49 (FTV-Ausgabe: S. 42)
–	ziemlich ausführlich in Quentin Bells Biographie abgehandelt 1 QB 42, 43, 61, 95, 96 – immer George Duckworth betreffend. Virginia erwähnte auch einen solchen Zwischenfall mit Gerald Duckworth MH/A5 S. 6 (S). – Octavia Wilberforce berichtete in einem Brief über ein Gespräch, das sie im März 1941 mit Virginia führte, und schrieb: »... ihr Stiefbruder George D., den sie anscheinend verehrte ...« Brief an Elizabeth Robins, 14. März 1941 (S)

13. Verbannt ins Monks House

226	daß Leonard ... Schlittschuh laufen konnte LW Tagebücher 1939 und 1940
–	die »es seit jeher haßte zu frieren ...« Louie Mayer in J. R. Noble (Hrsg.), *Recollections of Virginia Woolf by her Contemporaries* (1972), S. 159
–	»Es bläst ein schneidender Wind ...« AWD 326 (9. Februar 1940)
–	»Das Haus ist feucht ...« AWD 364 (26. Januar 1941)
–	»so still, so aufmerksam« Christopher St. John, *Ethel Smyth A Biography* (1959), S. 224
228	brachte sie die Dienerschaft ... zum Lachen 2 QB 53
–	Leonards Krallenäffchen ... Gespräch mit Philippa Woolf Hardman, 1976
–	Eine Messerschmitt ... AWD 354 (2. Oktober 1940)
–	»Sie kamen sehr nah ...« AWD 342 (16. August 1940)
229	»Acht von meinen Stadtkirchen zerstört ...« AWD 362 (1. Januar 1941)
–	»Die traurigen Ruinen ...« AWD 363 (15. Januar 1941)
–	»Ein starker Verdacht einer Invasion ...« AWD 348 (13. September 1940)
–	»Kapitulation wird bedeuten ...« AWD 336 (9. Juni 1940)
–	»für den Selbstmord ...« AWD 332 (13. Mai 1940)
–	»Ich kann mir nicht vorstellen ...« AWD 337 (22. Juni 1940)
–	»Wie man jetzt Spaß am Essen hat ...« AWD 361 (29. Dezember 1940)
230	wie im Auftrag von J. P. Morgan ... Octavia Wilberforce an Elizabeth Robins, 23. Dezember 1940 (S)
–	»... Papiere sortiert ...« ibid.
–	»irreparable Schläge« Octavia Wilberforce an Elizabeth Robins, 14. März 1941 (S)
–	»Sie liebte und haßte ihren Vater ...« Octavia Wilberforce an Elizabeth Robins, 23. Dezember 1940 (S)
231	»hat eine gesündere Farbe ...« Octavia Wilberforce an Elizabeth Robins, 14. März 1941 (S)
–	»verzweifelt gefühlt« Octavia Wilberforce an Elizabeth Robins, 28. Februar 1941 (S)

14. Ein Epilog

KURZE BIBLIOGRAPHIE

Aufgrund der ausführlichen bibliographischen Angaben im Text und vor allem im Quellennachweis werden hier nur noch einmal einige der wichtigsten Werke aufgeführt – unter besonderer Berücksichtigung der im Deutschen erschienenen Ausgaben.
Bei den englischen Ausgaben ist der Verlagsort, wenn nicht anders vermerkt, London.

BELL, QUENTIN, *Virginia Woolf. A Biography*, The Hogarth Press 1972; deutsch u. d. T. *Virginia Woolf. Eine Biographie*, Frankfurt am Main, Insel Verlag 1977

NICOLSON, NIGEL, *Portrait of a Marriage*, Weidenfeld & Nicolson 1973; deutsch u. d. T. *Portrait einer Ehe – Harold Nicolson und Vita Sackville-West*, München, dtv 1978 (Band 1324)

WOOLF, LEONARD, *The Wise Virgins. A Story of Words, Opinions and a few Emotions*, Edward Arnold 1914 und The Hogarth Press 1979
— *Sowing: An Autobiography of the Years 1880–1904*, The Hogarth Press 1960
— *Growing: An Autobiography of the Years 1904–1911*, The Hogarth Press 1961
— *Beginning Again: An Autobiography of the Years 1911–1918*, The Hogarth Press 1964
— *Downhill all the Way: An Autobiography of the Years 1919–1939*, The Hogarth Press 1967
— *The Journey not the Arrival Matters: An Autobiography of the Years 1939–1969*, The Hogarth Press 1969

WOOLF, VIRGINIA (Mit Ausnahme des ersten und des vierten Titels sind alle englischen Originalausgaben in der Hogarth Press in Richmond bzw. London erschienen.)
— *The Voyage Out*, Duckworth 1915
— *The Mark on the Wall*, 1917; deutsch u. d. T. *Der Fleck an der Wand* in *Die Erzählungen* und *Flush*, Frankfurt am Main, S. Fischer 1965 und in *Die Dame im Spiegel und andere Erzählungen*, Frankfurt am Main, Fischer Taschenbuch Verlag 1978 (Band 1984)
— *Kew Gardens*, 1919; deutsch u. d. T. *Im Botanischen Garten* in *Erzählungen*, s. o., und in *Die Dame im Spiegel…*, s. o.
— *Night and Day*, Duckworth 1919
— *Monday or Tuesday*, 1921; deutsch u. d. T. *Montag oder Dienstag* in *Erzählungen*, s. o., und in *Die Dame im Spiegel…*, s. o.
— *Jacob's Room*, 1922
— *Mr. Bennett and Mrs. Brown*, 1924; deutsch unter dem gleichen Titel in *Granit und Regenbogen*, Frankfurt a. M., Bibliothek Suhrkamp 1960
— *The Common Reader*, 1925

— *Mrs. Dalloway*, 1925; deutsch u. d. T. *Eine Frau von fünfzig Jahren*, Leipzig, Insel Verlag 1928, unter dem Originaltitel, Frankfurt a. M., S. Fischer 1955 und Fischer Taschenbuch Verlag 1978 (Band 1982)
— *To the Lighthouse*, 1927; deutsch u. d. T. *Die Fahrt zum Leuchtturm*, Leipzig, Insel Verlag 1931; Frankfurt a. M., S. Fischer 1956 und Fischer Taschenbuch Verlag 1979 (Band 2119)
— *Orlando: A Biography*, 1928; deutsch u. d. T. *Orlando. Die Geschichte eines Lebens*, Leipzig 1929; *Orlando. Eine Biographie*, Frankfurt a. M., S. Fischer 1961 und Fischer Taschenbuch Verlag 1978 (Band 1981)
— *A Room of One's Own*, 1929; deutsch u. d. T. *Ein Zimmer für sich allein*, Berlin, Renate Gerhardt Verlag 1978
— *The Waves*, 1931; deutsch u. d. T. *Die Wellen*, Frankfurt a. M., S. Fischer 1974 und Fischer Taschenbuch Verlag 1979 (Band 2121)
— *Letter to a Young Poet*, 1932
— *The Common Reader, Second Series*, 1932
— *Flush: A Biography*, 1933; deutsch u. d. T. *Flush. Die Geschichte eines berühmten Hundes*, Berlin 1934; in: *Erzählungen*, S. Fischer s. o., und Fischer Taschenbuch Verlag 1980 (Band 2122)
— *Walter Sickert: a Conversation*, 1934
— *The Years*, 1937; deutsch u. d. T. *Die Jahre*, Frankfurt a. M., S. Fischer 1954 und Fischer Taschenbuch Verlag 1979 (Band 2120)
— *Three Guineas*, 1938
— *Roger Fry: A Biography*, 1940
— *Between the Acts*, 1941; deutsch u. d. T. *Zwischen den Akten*, S. Fischer 1963 und Fischer Taschenbuch Verlag 1978 (Band 1983)
— *A Writer's Diary*, Edited by Leonard Woolf, 1953
Posthum erschienen in der Hogarth Press:
— *The Death of the Moth and Other Essays*, 1942; deutsch u. d. T. *Der Tod des Nachtfalters* in: S. Fischer Almanach 1954
— *A Haunted House and other Short Stories*, 1943; deutsch u. d. T. *Die Dame im Spiegel*, Insel Bücherei 714 1960; in: *Erzählungen*, S. Fischer, s. o., und *Die Dame im Spiegel...*, Fischer Taschenbuch Verlag 1978 (Band 1984)
— *The Moment and Other Essays*, 1947
— *The Captain's Death Bed and Other Essays*, 1950
— *Granite and Rainbow*, 1958; deutsch u. d. T. *Granit und Regenbogen*, Frankfurt a. M., Bibliothek Suhrkamp 1960
— *Contemporary Writers*, 1965
— *Collected Essays*, 4 volumes, 1966–67
— *Freshwater*, 1976; deutsch u. demselben Titel, aber in der 1935 (12 Jahre nach der zitierten Fassung) entstandenen, stark veränderten Version in *Neue Rundschau* 1/80, Frankfurt am Main, S. Fischer Verlag 1980 (Fischer Taschenbuch Verlag, Band 9001)

ABBILDUNGSVERZEICHNIS

REGISTER

Virginia Woolf

Die Dame im Spiegel
und andere Erzählungen.
Band 1984

Die Fahrt zum Leuchtturm
Roman. Band 2119

Die Jahre
Roman. Band 2120

Mrs. Dalloway
Roman. Band 1982

Orlando
Roman. Band 1981

Die Wellen
Roman. Band 2121

Zwischen den Akten
Roman. Band 1983

Biographien/Erinnerungen Tagebücher/Briefe

Irma Brandes
Caroline
Lebensbild der Romantik
Ein biographischer Roman
um Caroline Schlegel-
Schelling, Bd. 2031

Max Brod
Über Franz Kafka
Bd. 1496

Gottfried Benn
Briefe an F. W. Oelze
1932–1945, Bd. 2187

Gottfried Bermann-Fischer
Bedroht, bewahrt
Weg eines Verlegers
Bd. 1169

Günter Blöcker
Heinrich von Kleist
oder Das absolute Ich
Bd. 1954

»Atze« Brauner
Mich gibt's nur einmal
Stars, Stories, Sensationen
aus der Welt des Films
Bd. 1945

Günter de Bruyn
Das Leben des Jean Paul
Friedrich Richter
Bd. 2130

Margarete Buber-Neumann
Die erloschene Flamme
Schicksale meiner Zeit
Bd. 2073

Elias Canetti
Die Provinz des Menschen
Aufzeichnungen 1942–1972
Bd. 1677

Pablo Casals
Licht und Schatten auf
einem langen Weg
Erinnerungen, aufgezeichnet
von Albert E. Kahn
Bd. 1421

Charles Chaplin
Die Geschichte meines
Lebens, Bd. 1836

Max Colpet
Sag' mir wo die Jahre sind
Erinnerungen eines unver-
besserlichen Optimisten
Bd. 1948

Alfred Einstein
Mozart
Sein Charakter – sein Werk.
Mit 99 Notenbeispielen
Bd. 2039

Franz Kafka
Das Kafka-Buch
Eine innere Biographie in
Selbstzeugnissen.
Hrsg.: Heinz Politzer.
Originalausgabe, Bd. 708

Lion Feuchtwanger
Goya oder Der arge Weg
der Erkenntnis
Bd. 1923

Anne Frank
Das Tagebuch der
Anne Frank
Bd. 77

Hans Gal
Johannes Brahms
Leben und Werk
Bd. 2222

Frederik Hetmann
Rosa L.
Die Geschichte der
Rosa Luxemburg und ihrer Zeit
Bd. 2132

Walter Kempowski
Immer so durchgemogelt
Erinnerungen an unsere
Schulzeit
Bd. 1733

Joel König
David
Aufzeichnungen eines
Überlebenden
Bd. 2196

Halldór Laxness
Zeit zu schreiben
Biographische Aufzeichnungen
Bd. 2218

Primo Levi
Ist das ein Mensch?
Erinnerungen an Auschwitz
Bd. 2226

Anaïs Nin
**Die Tagebücher der
Anaïs Nin. 1944–1947**
Bd. 2184

Alma Mahler-Werfel
Mein Leben
Bd. 545

Katia Mann
**Meine ungeschriebenen
Memoiren**
Bd. 1750

Yvonne Mitchell
Colette
Eine Biographie.
Mit 40 Abbildungen
Bd. 2135

Fritz J. Raddatz
Heine
Ein deutsches Märchen
Bd. 2216

**Franziska Gräfin zu
Reventlow**
Briefe 1890–1917
Bd. 1794
Tagebücher 1895–1910
Hrsg.: Else Reventlow
Bd. 1702

Arthur Rubinstein
Erinnerungen
Die frühen Jahre
Bd. 1676

Hilde Spiel
Fanny von Arnstein
oder die Emanzipation.
Ein Frauenleben an der
Zeitenwende 1758–1818
Mit 16 Bildtafeln, Bd. 2131

August Strindberg
Plädoyer eines Irren
Autobiographischer Roman
Bd. 2217

Egon Voss
Richard Wagner
Schriften
Ein Schlüssel zu Leben,
Werk und Zeit, Bd. 2075

Jakob Wassermann
Christoph Columbus
Der Don Quichotte des Ozeans.
Eine Biographie
Bd. 2219

Tennessee Williams
Memoiren
Bd. 2185

Stefan Zweig
Die Welt von gestern
Erinnerungen eines
Europäers, Bd. 1152

**Fischer
Taschenbücher**

Paula
Modersohn-Becker
IN BRIEFEN UND TAGEBÜCHERN

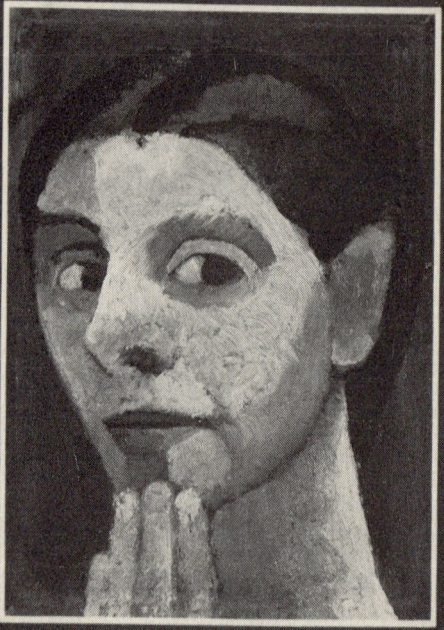

Herausgegeben von
Günter Busch und Liselotte von Reinken

S. FISCHER